Nuevo Avance
Básico

Concha Moreno | **Victoria Moreno** | **Piedad Zurita**

Primera edición: 2010
Tercera edición: 2013

Produce: SGEL - Educación
Avd. Valdelaparra, 29
28108 ALCOBENDAS (MADRID)

© Concha Moreno
Victoria Moreno
Piedad Zurita

© Sociedad General Española de Librería, S. A, 2010
Avd. Valdelaparra, 29. 28108 ALCOBENDAS (MADRID)

ISBN: 978 - 84 - 9778 - 595 - 2 (versión internacional)
ISBN: 978 - 84 - 9778 - 601 - 0 (versión Brasil)
Depósito Legal: M-25763-2010
Printed in Spain - Impreso en España

Cubierta: Track Comunicación (Bernard Parra)
Maquetación: Track Comunicación (Bernard Parra)
Ilustraciones: Gonzalo Izquierdo, Quino Marín
Fotografías: Getty Images, Shutterstock, Cordon Press, Concha Moreno, Victoria Moreno, Piedad Zurita.
Impresión: Edelvives Talleres Gráficos

Queda prohibida, salvo excepción prevista por la ley, cualquier forma de reproducción, distribución, comunicación pública y transformación de esta obra sin contar con autorización de los titulares de la propiedad intelectual. La infracción de los derechos mencionados puede ser constitutiva de delito contra la propiedad intelectual. (Art. 270 y ss. Código Penal). El Centro Español de Derechos Reprográficos (www.cedro.es) vela por el respeto de los citados derechos.

Presentación

Nuevo Avance es fruto de una larga experiencia docente y cuenta con la garantía de los miles de estudiantes que a lo largo de todos estos años han trabajado y aprendido con él. Renovado de acuerdo con los tiempos, permite estudiar los niveles A1, A2, B1 y B2 del Marco Común Europeo de Referencia, asimismo recoge las directrices del Plan Curricular del Instituto Cervantes y tiene siempre muy en cuenta la realidad de lo que ocurre en el aula. Todo ello se refleja en la forma en la que se han distribuido los contenidos y en las variadas prácticas que presentamos.

Su nuevo formato, de mayor tamaño, cuenta con más ilustraciones, que lo hacen más atractivo tanto para el profesorado como para el alumnado. Entre sus novedades está la grabación de los *pretextos*, de algunas actividades de los *contenidos gramaticales* y *léxicos* y de las *funciones comunicativas*, lo cual será una gran ayuda tanto en el aula como fuera de ella, de este modo, el estudiante dispondrá siempre de un excelente material para escuchar y repetir cuando trabaje en solitario.

Nuevo Avance Básico está dirigido a jóvenes y adultos que estudien español en países de habla hispana o en sus propios países y que por las características del curso (intensivos, en inmersión) permiten trabajar todo el nivel A del MCER. La cantidad y variedad de contenidos, así como su secuenciación, permiten una progresión adaptada a las necesidades personales y a las del contexto educativo. Al terminar este libro se habrán alcanzado los objetivos propuestos por el MCER y por el PCIC para el nivel A.

SU ESTRUCTURA

El libro se divide en dos partes en razón de los dos niveles en que se acostumbra a dividir el nivel A. La primera parte corresponde al nivel A1 del MCER, consta de 9 unidades y 3 repasos; la segunda parte consta de 8 unidades más extensas que en las de la parte anterior y dos repasos. Al final del libro hay un modelo de examen para preparar a los estudiantes que deseen presentarse al examen DELE, nivel A2 del Instituto Cervantes.

La estructura de las unidades en las dos partes del libro es similar, aunque en el nivel A2 se introducen una nueva sección, dado el mayor grado de competencia de los estudiantes y el tipo de trabajos que se les sugiere. Cada unidad consta de las siguientes secciones:

Pretexto
Se introducen de forma visual y reflexiva los contenidos y temas que se trabajarán posteriormente.
Las imágenes van reforzadas por las grabaciones correspondientes.

Contenidos
Presentamos en el mismo apartado los contenidos **gramaticales, funcionales y léxicos** por considerarlos inseparables en el aprendizaje de la lengua. Hemos incluido seis por unidad, relacionándolos entre sí para dar coherencia al conjunto. Su progresión está pensada para alcanzar las competencias que se proponen para este nivel.

Practicamos los contenidos
Avanzamos hacia la fluidez dentro de las posibilidades del nivel A partiendo de una práctica controlada para fijar estructuras, no solo gramaticalmente correctas, sino también pragmáticamente adecuadas.
A medida que se progresa en las unidades, la tipología de las prácticas se enriquece, pasando de los sencillos intercambios comunicativos a la variedad textual que servirá de modelo a la expresión oral y a la escrita.

De todo un poco
En esta sección se practican todas las destrezas, teniendo en cuenta el ámbito personal del alumnado.

Las unidades correspondientes al nivel A2 tienen, además, un apartado nuevo: **En situación**, donde presentamos y trabajamos diferentes funciones comunicativas, contenidos pragmáticos y socioculturales.
Una vez más, perseguimos la coherencia de toda la unidad, relacionando los contenidos presentados con las prácticas, que han sido estudiadas en su variedad y objetivos para que los estudiantes, usuarios de la lengua como agentes sociales, activen sus recursos cognitivos y afectivos, sin olvidar que el uso de todas sus estrategias y competencias los conducirán a la acción.

Repasos
Cada tres unidades en el nivel A1 y cada cuatro en el A2, se incluye **un repaso** que contiene:
- Actividades dedicadas al repaso de las cuatro destrezas.
- Ejercicios recopilatorios de elección múltiple.

El manual se completa con:
- Un modelo de examen de nivel A2 para la obtención del Certificado de Español como lengua extranjera.
- Un apéndice gramatical.
- La transcripción de las audiciones.

Al concluir este libro el/la estudiante, considerado/a usuario/a básico/a, empezará su camino para llegar a ser usuario/a independiente.

Agradecemos una vez más la buena acogida que desde 1995 (fecha de aparición del primer *Avance*) ha tenido nuestro trabajo y confiamos en que esta nueva edición, que comparte las bases metodológicas de la anterior pero renovada en su estructura, contenidos, textos y actividades, sea merecedora de la confianza de profesores y estudiantes de español.
Ese ha sido nuestro propósito.

Las autoras

Índice

TABLA DE CONTENIDOS	6
UNIDAD 0: *Unidad preliminar*	13
UNIDAD 1: *Ser o no ser*	17
UNIDAD 2: *¿Estudias o trabajas?*	23
UNIDAD 3: *Estoy en España*	31
REPASO: Unidades 1, 2 y 3	39
UNIDAD 4: *La familia bien, gracias*	41
UNIDAD 5: *De fiesta en fiesta*	49
UNIDAD 6: *Un día normal en la vida de...*	57
REPASO: Unidades 4, 5 y 6	67
UNIDAD 7: *Para gustos están los colores*	69
UNIDAD 8: *¡Qué bueno!*	77
UNIDAD 9: *¿Qué te ha dicho el médico?*	85
REPASO: Unidades 7, 8 y 9	93
UNIDAD 10: *Ser o estar, esta es la cuestión*	97
UNIDAD 11: *Hay que hacer muchas cosas*	105
UNIDAD 12: *De viaje*	115
UNIDAD 13: *Un poco de nuestra Historia*	125
REPASO: Unidades 10, 11, 12 y 13	135
UNIDAD 14: *¡Qué tiempos aquellos!*	139
UNIDAD 15: *Si tú me dices ven...*	149
UNIDAD 16: *Cuaderno de viajes*	159
UNIDAD 17: *Nos despedimos, pero seguiremos en contacto*	169
REPASO: Unidades 14, 15, 16 y 17	179
UNIDAD 18: *Modelo examen*	185
APÉNDICE GRAMATICAL	195
TRANSCRIPCIONES DE LAS AUDICIONES	207

Tabla de contenidos

UNIDAD 0
Unidad Preliminar

Contenidos temáticos
- Países de habla hispana.
- El aula.

Contenidos léxicos
- Palabras similares en varios idiomas.
- Vocabulario para presentar el alfabeto.
- Comunicación en el aula.

Contenidos funcionales y socioculturales
- Deletrear.
- Los saludos formales e informales.
- Algunas fórmulas de cortesía.
- Recursos básicos para comunicarse en el aula.
- Nombres propios españoles.
- Nombres de los países de Hispanoamérica.

Contenidos gramaticales
- Los números del 1 al 10.

Contenidos ortográficos
- b / v
- c / qu / k
- c / z
- g / gu
- g / j
- h
- r / rr

Contenidos fonéticos
- Fonemas del español.

UNIDAD 1
Ser o no ser

Contenidos temáticos
- Mujeres y hombres famosos. Sus nacionalidades y sus profesiones.
- Banderas de países hispanohablantes.
- Información sobre el español y el mundo hispano.

Contenidos léxicos
- Las profesiones.
- Las nacionalidades.
- Los colores.
- Adjetivos para describir personas y cosas.

Contenidos funcionales y socioculturales
- Describir personas y cosas.
- Presentarse, saludar y preguntar por la nacionalidad y la profesión.
....
- Relaciones formales e informales (tú y usted).

Tipología textual
- Texto dialógico: interacciones breves para presentarse.
- Texto descriptivo: pies de fotos.

Contenidos gramaticales
- Los pronombres personales sujeto.
- El presente del verbo ser.
- El género y número.
- El artículo determinado.
- Pronombres interrogativos: qué, de dónde, quién, cómo, de quién, de qué.

UNIDAD 2
¿Estudias o trabajas?

Contenidos temáticos
- Lugares públicos.
- Más personajes famosos y sus profesiones.

Contenidos léxicos
- Los días de la semana.
- La hora.
- Lugares y espacios públicos.
- Verbos regulares más usuales.

Contenidos funcionales y socioculturales
- Preguntar y responder sobre la hora.
- Preguntar y responder sobre la fecha.
- Hacer preguntas personales.
- Preguntar y contestar sobre acciones habituales.
- Preguntar de quién es algo.
....
- Las presentaciones.
- Los formularios.

Tipología textual
- Texto dialógico: interacciones breves para hablar sobre uno mismo.
- Texto descriptivo: para presentarse.

Contenidos gramaticales
- Presente de los verbos regulares en -ar, -er, -ir.
- Los pronombres interrogativos.
- Las contracciones al y del.
- Preposiciones: en, de, a.
- Los números del 11 al 30.

Tabla de contenidos

UNIDAD 3
Estoy en España

Contenidos temáticos
- España: geografía física, administrativa y económica.
- Lugares: calles, monumentos y su localización.
- Lugares: oficinas, aulas y su localización.

Contenidos léxicos
- Los puntos cardinales.
- Algunos accidentes geográficos.
- Los elementos de la clase/el aula.
- El mobiliario de oficina.

Contenidos funcionales y socioculturales
- Preguntar por el estado de las personas.
- Localizar con estar y hay.
- Preguntar y dar direcciones.
- Preguntar y expresar cantidad.
....
- Información sobre las puertas de embarque.

Tipología textual
- Texto dialógico: interacciones breves para:
  • preguntar y dar direcciones
  • saludarse
- Texto descriptivo: descripción de lugares.
- Texto explicativo: España.

Contenidos gramaticales
- Artículos: indeterminados y determinados.
- Presente del verbo estar.
- La forma verbal hay.
- Los números desde el 30 hasta el 50.
- Los cinco primeros números ordinales.
- Los adverbios demostrativos.
- Preposiciones y locuciones adverbiales que expresan localización.

REPASO: Unidades 1, 2, 3

UNIDAD 4
La familia bien, gracias

Contenidos temáticos
- El árbol genealógico y las relaciones familiares.
- Fotos personales.
- El amigo imaginario.

Contenidos léxicos
- Los miembros de la familia.
- El estado civil.
- Más profesiones.
- Saber y conocer: diferencias de uso.
- Ir y venir: diferencias de uso.
- Frases fijas con tener.

Contenidos funcionales y socioculturales
- Pedir y dar información en general.
- Preguntar y contestar sobre los horarios.
- Expresar la relación o la posesión.
- Expresar más acciones habituales.
- Describir fotografías personales.
....
- Los horarios españoles.
- La independencia de los hijos en España.

Tipología textual
- Texto dialógico: interacciones breves para:
  • pedir y dar información.
  • para preguntar y responder sobre horarios de acciones habituales.
- Texto descriptivo/narrativo: descripción de acciones habituales.
- Texto descriptivo: una fotografía.

Contenidos gramaticales
- Presente de los verbos irregulares hacer, salir, poner, traer, dar, estar, conocer, ofrecer, conducir, traducir, saber, tener, venir, decir, oír, ser e ir.
- Adverbios, expresiones y locuciones para expresar la frecuencia.
- Los posesivos.
- La causa: Porque + verbo.
- Algunas preposiciones que indican tiempo.

UNIDAD 5
De fiesta en fiesta

Contenidos temáticos
- Fiestas en España y en Hispanoamérica.
- La Naturaleza.
- La Navidad y otras fiestas religiosas.

Contenidos léxicos
- Los meses de año.
- Elementos paisajísticos.
- Verbos más usuales con cambio vocálico en presente.

Contenidos funcionales y socioculturales
- Pedir permiso: negarlo o concederlo.
- Pedir un favor: responder positiva o negativamente.
- Preguntar y contestar sobre el precio.
- Escribir postales.
....
- Información sobre espectáculos y actos culturales.
- El Guernica de Picasso.
- Lotería de Navidad y Lotería Primitiva.

Tipología textual
- Escribir postales.
- Texto explicativo: las fiestas.
- Texto dialógico: interacciones breves para pedir y dar información.
- Texto descriptivo: fotografías.

Contenidos gramaticales
- Presente de los verbos irregulares: recordar, volver, dormir, encontrar, costar, soñar, contar, soler, poder, morir, jugar.
- Presente de los verbos irregulares: empezar, querer, preferir, cerrar, pensar, entender, encender, pedir, conseguir, elegir, construir, sustituir.
- Adverbios y cuantificadores de cantidad:
  muy / mucho; mucho/a/os/as.
- Finalidad:
  ¿Para qué?
  Para + infinitivo

Tabla de contenidos

UNIDAD 6
Un día normal en la vida de...

Contenidos temáticos
- El aseo personal.
- La vida de una profesora de ELE.
- La forma de vestirse.
- El consumismo y el comercio justo.

Contenidos léxicos
- Los verbos reflexivos más usuales.
- Objetos necesarios para la higiene diaria.
- La ropa.
- Los porcentajes.

Contenidos funcionales y socioculturales
- Expresar coincidencia y divergencia.
- Leer estadísticas.
- Comprar ropa en una tienda.
- Hablar de cantidades y medidas.
- Hablar de un día normal en la vida de alguien.
....
- Las vacaciones de los españoles.
- La moda española.

Tipología textual
- Texto dialógico: interacciones breves para: expresar convergencia y divergencia.
- • Entrevista.
- Texto descriptivo/narrativo: Un día en la vida de una profesora de ELE.
- Texto explicativo: las normas de higiene.
- Texto descriptivo: describir fotografías.

Contenidos gramaticales
- Presente de los verbos reflexivos regulares e irregulares.
- Los números del 50 hasta el 1001.
- Los adjetivos demostrativos: este / ese / aquel.
- Preposiciones + pronombres: conmigo, contigo.

REPASO: Unidades 4, 5, 6

UNIDAD 7
Para gustos están los colores

Contenidos temáticos
- Profesionales famosos del mundo hispano y sus gustos.
- Los gustos y aficiones: conocerse por Internet.
- El tiempo atmosférico y las estaciones.
- Los deportes.

Contenidos léxicos
- Las estaciones.
- El tiempo atmosférico.
- Los deportes.
- Gustar, encantar, molestar, apetecer.
- También y tampoco.

Contenidos funcionales y socioculturales
- Expresar gustos y aficiones y manifestar convergencia y divergencia.
- Dar información sobre uno/a mismo/a para conocer gente.
- Hablar sobre el clima.
- Describir un deporte para adivinar cuál es.
....
- El clima en España en las cuatro estaciones.
- Los gustos de gente famosa del mundo hispano.
- Los gustos y las preferencias de la clase.

Tipología textual
- Texto explicativo: los gustos.
- Texto dialógico: interacciones breves para expresar convergencia y divergencia.
- Texto descriptivo: conocerse por Internet.

Contenidos gramaticales
- Verbos de objeto indirecto: gustar, encantar, molestar, interesar, apetecer, pasar, doler.
- Adverbios de tiempo, de cantidad y de modo.
- Doble negación: no + *verbo* + nada; no + *verbo* + nunca.

UNIDAD 8
¡Qué bueno!

Contenidos temáticos
- La dieta mediterránea.
- La comida y las fiestas.
- Los mercados.
- Tipos de vivienda.

Contenidos léxicos
- Los alimentos.
- Las fiestas y sus platos típicos.
- Los tipos de viviendas y partes de la casa.
- Mejor, peor / mayor; menor.

Contenidos funcionales y socioculturales
- Expresar gustos y preferencias.
- Expresar obligación.
- Expresar acciones futuras.
- Recursos para comprar en el mercado.
- Establecer comparaciones.
- Expresar énfasis.
- Rellenar formulario para un club de natación.
....
- La situación de la mujer española.
- Consejos de comportamiento en las playas españolas.
- El vino y el aceite españoles.

Tipología textual
- Texto explicativo: consejos sobre el consumo de alimentos.
- Texto dialógico: intercambio entre vendedora y cliente en el mercado.
- Texto descriptivo: una fiesta y el menú para la fiesta.
- Textos explicativos/descriptivos:
  • viaje a Perú.
  • la vivienda ideal.
  • dos productos españoles: el aceite de oliva y el vino.

Contenidos gramaticales
- Verbos + *infinitivo*: poder, querer, gustar, molestar, apetecer, encantar, preferir.
- Las perífrasis de obligación: tener que / hay que + *infinitivo*.
- La perífrasis ir a + *infinitivo* para acción futura.
- La comparación.
- Los exclamativos: qué, cuánto/a/os/as.

Tabla de contenidos

UNIDAD 9
¿Qué te ha dicho el médico?

Contenidos temáticos
- La sanidad española: avances, logros y proyectos.
- Médicos sin fronteras.
- Productos del mundo hispano conocidos internacionalmente: revista *Muy interesante*; perfumes; recetas de cocina; canciones; la película *Amores perros*.

Contenidos léxicos
- El cuerpo humano.
- Términos relacionados con la sanidad.
- Las catástrofes naturales.
- Actividades cotidianas y extraordinarias.

Contenidos funcionales y socioculturales
- Preguntar si se ha hecho algo alguna vez y si se va a hacer en el futuro.
- Proponer un plan: aceptarlo o rechazarlo.
- Hablar sobre lo mejor y lo peor del curso.
- El uso del pretérito perfecto en el mundo hispano.
- La Organización Médicos sin fronteras.
- La percepción personal del curso de español.

Tipología textual
- Textos explicativos:
  - Ministerio español de Sanidad.
  - El trabajo de Médicos sin fronteras a lo largo del año.
- Texto dialógico: proponer, aceptar y rechazar un plan.
- Texto narrativo: un día de mala suerte.
- Correo electrónico: resumen del curso.

Contenidos gramaticales
- El pretérito perfecto.
- Participios regulares y algunos irregulares.
- Los adjetivos y pronombres indefinidos.
- La doble negación (ampliación).
- Los pronombres de objeto directo (lo/la/los/las).
- Las preposiciones: a, de, en por, para, con y sin.

REPASO: Unidades 7, 8, 9

UNIDAD 10
Ser o estar; esta es la cuestión

Contenidos temáticos
- El carácter y el comportamiento de las personas.
- Dos ciudades con el mismo nombre en distintos continentes.
- Lugares famosos de España y América Latina.

Contenidos léxicos
- Materiales.
- Adjetivos de carácter (ampliación).
- Elementos paisajísticos.

Contenidos funcionales y socioculturales
- En situación: Pedir y dar direcciones.
- Expresar sentimientos.

Contenidos pragmáticos
- Tratamiento formal e informal.
- La cortesía con personas desconocidas.

Tipología textual
- Texto explicativo: pies de fotos.
- Textos dialógicos:
  - Interacciones con personas desconocidas en la calle.
  - Interacciones breves.
- Texto informativo.
- Texto descriptivo.

Contenidos gramaticales
- Repaso de los verbos ser y estar. Ampliación de sus usos.
- Apócope del adjetivo.

UNIDAD 11
Hay que hacer muchas cosas

Contenidos temáticos
- Obligaciones: la visita de un familiar.
- Los bares: las tapas y los pinchos.
- Actividades de la vida cotidiana.

Contenidos léxicos
- Los elementos de la mesa.
- Los nombres de las tapas y pinchos más populares.
- Las bebidas.

Contenidos funcionales y socioculturales
- En situación: Ir de tapas.
- Pedir en un bar.
- Pedir la cuenta en un bar.
- Dar o no dar la razón a alguien.
- Expresar obligación.
- La forma de pagar en grupo en España.

Contenidos pragmáticos
- Uso de la interjección ¡Ah!
- Enfatizar la afirmación: ¡vale!, ¡claro!
- Esperar confirmación de lo dicho: ¿verdad?
- Preguntar a la espera de confirmación: ¿de verdad?
- Justificar un enunciado: es que...

Tipología textual
- Texto explicativo: pies de fotos.
- Textos dialógicos:
  - Interacciones breves.
  - Conversación en el *Messenger*.
  - Interacción con un/a camarero/a.
- Textos descriptivos.

Contenidos gramaticales
- Repaso de poder, querer, preferir, gustar, molestar, apetecer, encantar + *infinitivo*.
- Repaso de las perífrasis tener que e ir a + *infinitivo*.
- Otras perífrasis: hay que, empezar a, dejar de + *infinitivo*. Estar + *gerundio*.
- Gerundios irregulares.
- Diferencia entre porque y es que.

UNIDAD 12
De viaje

Contenidos temáticos
- Los viajes:
  - Viaje a Argentina y Chile.
  - Viaje al Parque natural de Doñana.
- Paisajes, edificios, ciudades.
- Dos productos alimenticios españoles: El Chupa Chups y el Cola Cao.
- Inventos.
- Biografía de Shakira.

Contenidos léxicos
- Marcadores temporales.
- Accidentes geográficos.
- Los inventos y el léxico relacionado.
- Recursos para contar una biografía.
- Las lenguas hispanas.

Contenidos funcionales y socioculturales
- En situación: En el restaurante.
- En casa de un amigo: ofrecer algo.
- Contestar a una entrevista.
- Contar un hecho de la propia vida.
- Contar un viaje.

Contenidos pragmáticos
- Fórmulas para pedir en un restaurante, para llamar al camarero y para pedir la cuenta.

Tipología textual
- Textos dialógicos:
  - Conversación entre amigos.
  - Entrevistas breves.
  - Interacción con un/a camarero/a.
- Textos descriptivos.
- Textos narrativos.
- Carta de un restaurante.

Contenidos gramaticales
- Formas del pretérito indefinido regular.
- Formas del pretérito indefinido irregular de los verbos: *ir, ser, dar, dormir* y *morir*.
- Usos del pretérito indefinido.
- Contraste con el pretérito perfecto.
- Repaso de los posesivos.
- Ampliación de los posesivos: *mío/a, tuyo/a, suyo/a, etc.*
- Más números.

UNIDAD 13
Un poco de nuestra Historia

Contenidos temáticos
- La historia de los incas.
- Biografía de Simón Bolívar.
- La Transición española.

Contenidos léxicos
- Pesos y medidas.
- Saber, conocer, encontrar, poder, tocar; poner.
- Tomar la lección; llevar bien / mal un examen.
- Los alimentos.
- Recursos para contar una biografía.

Contenidos funcionales y socioculturales
- En situación: En el mercado: en la frutería y en la carnicería.
- Buscar los ingredientes para diferentes tipos de comidas y bebidas.
- Contar un hecho de la propia vida.
- Describir imágenes.

Contenidos pragmáticos
- El tratamiento entre cliente y dependiente.
- Felicitar a alguien: ¡Enhorabuena!

Tipología textual
- Textos dialógicos:
  - Conversación entre amigos.
  - Interacciones breves.
  - Interacción con las personas que atienden en el mercado.
- Textos narrativos.
- Correo electrónico.

Contenidos gramaticales
- Pretéritos indefinidos irregulares.
- Repaso de los indefinidos.

REPASO: Unidades 10, 11, 12, 13

UNIDAD 14
¡Qué tiempos aquellos!

Contenidos temáticos
- Tiempos pasados: la aspirina, el 600, las vacaciones en Benidorm y Torremolinos.
- Recuerdos personales.
- Países de Hispanoamérica: El Salvador, Argentina, México, Ecuador.

Contenidos léxicos
- Los marcadores de costumbre.
- Las partes del cuerpo.
- La salud y la enfermedad.
- Los muebles de la casa.

Contenidos funcionales y socioculturales
- En situación: En el médico.
- Explicar un problema de salud.
- Contar recuerdos personales.
- Comparar datos.
- Describir fotografías.
- Debatir organizadamente.

Contenidos pragmáticos
- Los relacionados con una visita médica entre médico y paciente.

Tipología textual
- Textos dialógicos:
  - Conversación con un camarero.
  - Interacción entre paciente y médico.
  - Interacciones breves.
  - Entrevistas breves.
- Textos descriptivos.
- Texto argumentativo: debate dirigido.
- Carta a una revista.

Contenidos gramaticales
- El pretérito imperfecto de indicativo regular e irregular. Forma y usos.
- Repaso de los comparativos.
- Otros comparativos: mayor / menor. Mejor / peor.

Tabla de contenidos

UNIDAD 15
Si tú me dices ven...

Contenidos temáticos
- La publicidad y los medios de comunicación.
- Beber alcohol con criterio.
- Los bailes caribeños.
- El consumo responsable.

Contenidos léxicos
- La publicidad y los medios de comunicación.
- Los ingredientes de algunos cócteles.
- Recursos para interactuar en la recepción de un hotel.

Contenidos funcionales y socioculturales
- En situación: En el hotel.
- Dar consejos y expresar obligación.
- Pedir favores y hacer peticiones.
- Debatir organizadamente.

Contenidos pragmáticos
- La justificación de las peticiones.

Tipología textual
- Texto explicativo: carteles publicitarios.
- Textos dialógicos:
  • Interacciones breves.
  • Interacción entre clientes y personal del hotel.
- Texto argumentativo: debate dirigido.
- Nota con peticiones.

Contenidos gramaticales
- El imperativo afirmativo regular e irregular.
- Los pronombres y el imperativo.
- Las oraciones condicionales con si + presente de indicativo.

UNIDAD 16
Cuaderno de viajes

Contenidos temáticos
- Los viajes.
- Costumbres contrastadas.
- Las invitaciones.
- El matrimonio: sí o no.

Contenidos léxicos
- El viaje en avión: aeropuerto y equipaje.
- Las actividades de tiempo libre.
- Los gestos.

Contenidos funcionales y socioculturales
- En situación: En casa de unos amigos que te han invitado a cenar.
- Interactuar con amigos.
- Responder a entrevistas.

Contenidos pragmáticos
- Fórmulas de cortesía al ser invitados a cenar a casa de amigos.
- Los gestos.
- La proxémica.
- Expresiones para enfatizar: ¡Dios mío!, ¡Enhorabuena!, ¡Qué bien!

Tipología textual
- Textos dialógicos:
  • Conversación con amigos.
  • Entrevistas breves.
- Textos descriptivos.
- Textos explicativos:
  • Pies de fotos.
  • Diarios.

Contenidos gramaticales
- Algunas conjunciones: porque, por eso, así que, y, ni, pero, cuando.
- El relativo que.
- Recursos para expresar otras relaciones temporales: desde (que) / hace (que).

UNIDAD 17
Nos despedimos, pero seguiremos en contacto

Contenidos temáticos
- Las relaciones personales.
- Preparar una fiesta.
- Transformaciones en el futuro.
- Las TICs.

Contenidos léxicos
- Creo que, me parece que, quizás, a lo mejor.
- Las TICs (tecnologías de la información y la comunicación).
- Elementos relacionados con las fiestas.
- Recursos para mostrar alegría y sorpresa.

Contenidos funcionales y socioculturales
- En situación: Fiesta de despedida.
- Preparar una fiesta de despedida.
- Dar direcciones electrónicas y números de teléfono.
- Expresar sorpresa y alegría.
- Expresar inseguridad / probabilidad.

Contenidos pragmáticos
- La forma de beber de los españoles.

Tipología textual
- Textos dialógicos:
  • Conversación con amigos.
  • Interacciones breves.
- Anuncios.
- El blog.
- Chistes gráficos.
- Modelo de CV (Currículum Vitae).

Contenidos gramaticales
- El futuro de indicativo regular e irregular. Forma y usos.
- Repaso de las preposiciones: a, con, sin, de, en, por.
- Ampliación de las preposiciones: desde, hasta, para.

REPASO: Unidades 14, 15, 16, 17

UNIDAD 18
Modelo examen DELE

Nuevo Avance Básico

Nivel
A1

Unidad Preliminar

1. Pretexto

¿Cómo se dicen estas cosas en tu idioma?

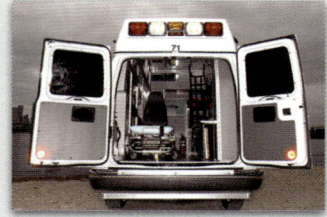

1 **Alfabeto.**

A	(a)	amigo, ayer
B	(be)	botella, Bolivia
C	(ce) → a, o, u	camarero, Colombia, coche, cuatro
	→ e, i	cerveza, ciudad, cinco
CH	(che)	chocolate, Chile
D	(de)	dos, domingo
E	(e)	España, Ecuador
F	(efe)	fábrica, fiesta
G	(ge) → a, o, u	goma, Guatemala
	→ e, i	gente, girasol
	→ ue, ui	guitarra, Miguel
H	(hache)	Honduras, hoy
I	(i)	Isabel, inteligente
J	(jota)	jefe, jueves
K	(ca)	kilo
L	(ele)	literatura, lunes
LL	(elle)	llave, lluvia

M	(eme)	martes, mujer
N	(ene)	Nicaragua, noche
Ñ	(eñe)	mañana, niño
O	(o)	oso, ocho
P	(pe)	Perú, problema
Q	(cu)	queso, quince
R	(ere)	pero, tres, cuatro
	(erre)	perro, Enrique, respuesta
S	(ese)	sábado, Sevilla
T	(te)	té, tequila
U	(u)	Uruguay, uno
V	(uve)	Venezuela, vaso
W	(uve doble)	Washington
X	(equis)	examen, excursión
Y	(y griega)	yo, ayer, rey
Z	(zeta)	zapato, zumo

0

Unidad Preliminar 0

Actividad 1
¿Recuerdas el nombre?

Camarero   M____   Ch____

C____   G____   C____

Z____   C____   T____

  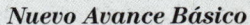

V____   B____   P____

Escucha y repite.

ATENCIÓN Ortografía

CA, QUE, QUI, CO, CU.
Casa, queso, quince, cocina, cuchara.

ZA, CE, CI, ZO, ZU.
Zaragoza, cerveza, cinco, zorro, zumo.

JA, JE/GE, JI/GI, JO, JU.
Jardín, jefe/gente, jirafa/girasol, joven, juntos.

GA, GUE, GUI, GO, GU.
Garaje, guerra, guitarra, gordo, Guatemala.

GÜE, GÜI.
Vergüenza, pingüino.

La b y la v se pronuncian igual: botella, vino.
La h no se pronuncia: hotel, hospital, alcohol.

Vocales: a, e, i, o, u.
Consonantes: b, s, n, t, h, c, etc.

ESTAS LETRAS SON MAYÚSCULAS.
estas letras son minúsculas.

2 Números.

0	cero	6	seis
1	uno	7	siete
2	dos	8	ocho
3	tres	9	nueve
4	cuatro	10	diez
5	cinco		

3 Instrucciones

En parejas

Lee

Escucha

Habla

Subraya

Completa

Contesta

Escribe

En grupos

Pregunta

Ordena

Actividad 2
Escucha y lee las instrucciones.

Actividad 3
Escucha y completa.

ca___e	Espa___a	___itarra	___uatro	e___amen
___otella	Vene___uela	___efe	___no	___ocolate
pe___o	___a___er	___os	e___cursión	___irasol
En___ique	___apato	inteli___ente	Avan___e	___inco

Actividad 4
Lee y deletrea estos nombres españoles.

María   Carmen   Pilar   Isabel   Ana   Dolores (Lola)
Francisca (Paqui)   María José (Pepa)   Lucía   Victoria

Juan   Javier   José (Pepe)   Antonio   Alejandro   Francisco (Fran, Paco)
Manuel (Manolo)   Miguel   Ángel   Carlos

4 Comunicación.

¿Cómo se escribe...?

¿Qué significa...? = ¿Qué quiere decir...?

¿Cómo? No entiendo.

¿Cómo se pronuncia...?

¿Puede escribir en la pizarra?

¿Puede deletrear?

¿Puede repetir?

Actividad 5
Escucha y repite.

5 Saludos.

Saludar
- Hola
- Buenos días
- Buenas tardes
- Buenas noches
- Bienvenido/a

- ¿Cómo estás?
- Bien / Muy bien
- ¿Qué tal?
- Mal / Regular

Hola: formal e informal
Buenos días: formal
Buenas tardes: formal
Buenas noches: formal
Mal / Regular: solo con amigos

Despedirse
- Hasta luego
- Hasta mañana
- Adiós
- Chao

Cortesía
- Por favor
- Muchas gracias
- De nada
- Perdón / Lo siento

Actividad 6
Lee, escucha, pregunta y contesta a tu compañero/a.

Ser o no ser

1. Pretexto

1 Escucha y lee.

Es Yelena Isinbayeva.
Es rusa.
Es atleta.

Es Alexandra Ambrossio.
Es brasileña.
Es modelo.

Es Kiran Desai.
Es india.
Es escritora.

Es Stephanie Rice.
Es australiana.
Es nadadora.

Es Wangari Maathai.
Es keniata.
Es ecologista.

Es Fatema Mernissi.
Es marroquí.
Es escritora y profesora.

Son Serena y Venus Williams.
Son estadounidenses.
Son tenistas.

Es Ángeles Mastretta.
Es mexicana.
Es escritora.

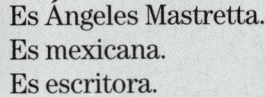
Es Patricia Durán.
Es chilena.
Es cantante.

2 Ahora tú.
Escribe debajo de estas fotos, como en el PRETEXTO.

1 Ser o no ser

2. Contenidos

1 Los pronombres personales sujeto. Presente del verbo *ser*.

	SER
Yo	soy
Tú	eres
Usted / Él / Ella	es
Nosotros/as	somos
Vosotros/as	sois
Ustedes / Ellos / Ellas	son

tú / vosotros/as (informal)
usted / ustedes (formal)

● ¿Quién **eres**?
◆ **Soy** María.

OBSERVA:
| él / ella | **es** | ellos / ellas | **son** |
| usted | **es** | ustedes | **son** |

Subraya lo que oyes y relaciona.

Soy →	Olga López
Eres	estudiante
Es	marroquí
Somos	profesores
Sois	inteligente
Son	médicas
	jóvenes
	brasileña
	de Uruguay

2 Masculino y femenino. Singular y plural.

Masculino	Femenino
-o italian**o**	**-a** italian**a**
-consonante españo**l**	**+a** español**a**
-e canadien**se**	
	-a turist**a**
	-í iran**í**

Singular	Plural
-vocal inteligent**e**	**+s** inteligent**es**
-consonante relo**j**	**+es** reloj**es**
-í iran**í**	**+es** iran**íes**
-z lápi**z**	**-ces** lápi**ces**
-s lune**s**	

Escucha y completa.

polaco / *polaca*
alemán / _____
francés / _____
sueco / _____
marroquí / _____
belga / _____

La carpeta **roja**. > Las carpetas **rojas**.
El cuaderno **pequeño**. > Los cuadernos **pequeños**.

Nuevo Avance Básico

Ser o no ser

3 El artículo determinado. Recuerda el vocabulario de la Unidad Preliminar.

EL
amigo, chocolate, té, examen, kilo, problema, queso, perro, zumo.

LOS
jefes, jueves, lunes, martes, tés, osos, problemas, sábados, viernes, zapatos.

LA
fiesta, gente, guitarra, llave, mañana, respuesta, fábrica.

LAS
fiestas, gomas, noches, excursiones, llaves.

4 Profesiones: *¿Qué eres? Soy economista.*

abogado/a	deportista	profesor/a
astronauta	economista	pintor/a
camarero/a	escritor/a	policía
cantante	jardinero/a	piloto
	médico/a	periodista
	mecánico/a	futbolista

5 Elementos para la descripción.

Para las personas	Para las personas y cosas	Para las cosas
alto/a bajo/a	moderno/a antiguo/a	grande pequeño/a
moreno/a rubio/a	bueno/a malo/a	caro/a barato/a
guapo/a ↔	feo/a	bonito/a
joven ↔	viejo/a* ↔	nuevo/a
gordo/a delgado/a	agradable	redondo/a cuadrado/a
trabajador/a vago/a		
rico/a pobre		
simpático/a antipático/a		

● *¿Cómo es Pau Gasol?*
◆ *Es **alto**.*

– *La clase es **grande**.*
– *La profesora es **simpática**.*
– *Luis es **alto**.*

* Para referirse a personas se usa más la palabra *mayor* en masculino y femenino.

6 Colores. *¿De qué color es? Es...*

Escucha y ordena los colores.

1. *blanco/a* 4. _____ 7. _____ 10. _____
2. _____   5. _____ 8. _____ 11. _____
3. _____   6. _____ 9. _____ 12. _____

Nuevo Avance Básico 19

1 Ser o no ser

7 Recursos para presentarse, saludar y preguntar el origen y la profesión. Lee, escucha, pregunta y contesta.

- ¿Cómo te llamas?
- ▼ Me llamo Hugo.
- Encantada. ¿De dónde eres?
- ▼ Soy de Argentina.
- ¿A qué te dedicas?
- ▼ Soy fotógrafo.

3. Practicamos los contenidos

1 Relaciona.

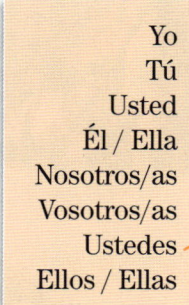

Yo
Tú
Usted
Él / Ella
Nosotros/as
Vosotros/as
Ustedes
Ellos / Ellas

somos brasileños.
es arquitecta.
son ecologistas.
eres simpática.
no son españoles.
es actriz.
no son jardineros.
soy Pilar.
somos chinas.
sois morenos.

2 Completa con la forma correcta del verbo *ser*.
Identificación: ¿Quién es…? Nacionalidad: ¿De dónde es…? Descripción: ¿Cómo es…?

1. • ¿De dónde _____es_____ usted?
   ▼ _____ de Ecuador.
2. • ¿Qué sois?
   ▼ (Nosotros) _____ arquitectos.
3. • ¿Quién es?
   ▼ (Ella) _____ Pilar.
4. • ¿Cómo es el profesor?
   ▼ _____ muy agradable.
5. • ¿Eres de Lima?
   ▼ Yo no _____ de Lima, _____ de Buenos Aires.
6. • ¿De qué color es el bolso?
   ▼ _____ beige.
7. • ¿Quién _____ profesora?
   ▼ Marta Morales.
8. • ¿De dónde _____ vosotros?
   ▼ _____ belgas.
9. • ¿Tú _____ de Chile?
   ▼ No, _____ de Ecuador.
10. • Ellos no _____ españoles.
    ▼ No, son argentinos.

3 Completa con el artículo determinado y escribe las oraciones en plural.

1. _El_ amigo de Antonio es mexicano.
   Los amigos de Antonio son mexicanos.
2. ____ jefe de Juan es simpático.
3. ____ silla de la clase es verde.
4. ____ catedral es antigua.
5. ____ lápiz es rojo.
6. ____ llave de Juan es de metal.
7. ____ hospital es moderno.
8. ____ puerta del aeropuerto es blanca.
9. ____ fotografía de Carmen es en blanco y negro.
10. ____ cuaderno es nuevo.

4 Relaciona.

1 Dimitri es	rubios
2 Los zapatos son	baratas
3 La catedral es	alta
4 Elena es	antigua
5 El mar es	caro
6 Tamara Rojo es →	española
7 El caviar es	bonito
8 Elena y Blas son	moreno
9 Las naranjas en España son	nuevos
10 La escuela es	moderna

Nuevo Avance Básico

5 Completa con:

| qué (profesión) • de dónde (nacionalidad) • quién (identificación) |
| cómo (descripción) • de quién (posesión) • de qué (color) |

1. ● ¿ _Cómo_ es Juan Luis?
   ▼ Alto, delgado, rubio y joven. Perfecto ¿no?
2. ● ¿_____ es Susana?
   ▼ Es azafata de Iberia.
3. ● ¿_____ es Antonio Banderas?
   ● De Málaga.
4. ▼ ¿_____ color es
   ● el coche de Aurora?
   ▼ Negro. ¡Ay, no!, gris.
5. ● ¿_____ es la profesora?
   ▼ Es Carmen Fernández.
6. ● ¿_____ es el bolígrafo rojo?
   ▼ Es de Fernanda.
7. ● ¿_____ son las llaves?
   ▼ De Manolo.
8. ● ¿_____ es tu pueblo?
   ▼ Pequeño pero bonito.
9. ● ¿_____ es José?
   ▼ Mecánico.
10. ● ¿_____ son Alberto y Ana?
    ▼ Inteligentes y simpáticos.

6 Completa con los recursos para presentar(se).

● Buenos días, ¿cómo _te llamas_?
▼ Hola, _____ Sonia.
● ¿De _____?
▼ _____ de Nicaragua.
● ¿_____?
▼ _____ periodista.

Pregunta a tu compañero/a con el modelo.

4. De todo un poco

1 Subraya las palabras que oyes en los diálogos.

A.
Buenas tardes — Hola
Regular — Muy bien
Buenos días — ¿Qué tal?
¿Cómo estás? — Bien, ¿y tú?

B.
¿Cómo estás? — De nada
¿Qué tal? — No hay de qué
Regular — Gracias

2 Lee los nombres de los países.

Argentina · Bolivia · Chile · Colombia · Cuba · Ecuador · El Salvador
Honduras · México · Nicaragua · España · Costa Rica · Guatemala
Perú · Puerto Rico · Paraguay · Panamá · República Dominicana · Venezuela · Uruguay

Pregunta a tu compañero/a.

● ¿De qué color es la bandera de España?
▼ La bandera española es roja y amarilla. // Es roja y amarilla. // Roja y amarilla.

Di los colores de una bandera y pregunta.

● ¿De qué país es la bandera roja y amarilla?
▼ Es de España. // Es la bandera española.

1 Ser o no ser

3 ¿Cómo es? Describe a una de las mujeres del PRETEXTO. Tus compañeros/as deben decir cuál es.

Es escritora, es morena, es delgada, es mayor y es de África.

→ ***Es Fatema Mernissi.***

4 En parejas. Contesta a las preguntas.

● *¿Eres español?*
▼ *No, soy alemán, de Berlín.*

1 ¿Eres español?
2 ¿De dónde eres?
3 ¿Quién es ella?
4 ¿Cómo es Eduardo?
5 ¿De qué color es el bolso?
6 ¿Qué sois vosotras?
7 ¿De quién es el diccionario?
8 ¿Qué es Lola?
9 ¿Cómo se llama el profesor / la profesora?
10 ¿De dónde es Tamara Rojo?

5 En parejas. Relaciona y escribe debajo de las fotografías como en el PRETEXTO.

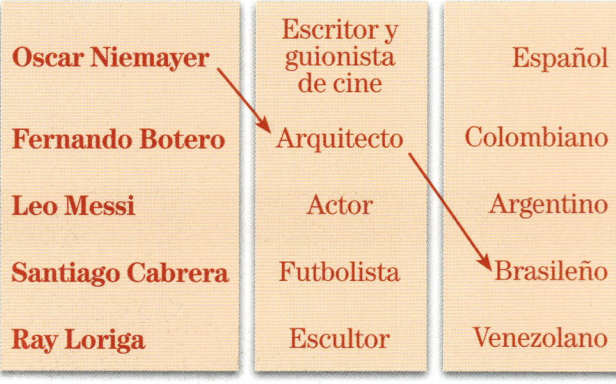

Oscar Niemayer	Escritor y guionista de cine	Español
Fernando Botero	Arquitecto	Colombiano
Leo Messi	Actor	Argentino
Santiago Cabrera	Futbolista	Brasileño
Ray Loriga	Escultor	Venezolano

6 Primero, escucha y luego subraya los colores y los números que oyes.

Ahora, escribe más números y más colores.

7 Escucha y di si son diálogos formales o informales.

A.
● Buenos días. Soy Agustín Carrero.
▼ Bienvenido, señor Carrero. Soy Carmen de la Fuente. ¿Cómo está usted?
● Encantado, señora La Fuente.

B.
● Hola, Manolo, ¿qué tal?
▼ Bien. Mira, esta es Cecilia.
● Hola Cecilia. ¿Cómo estás?
◆ Muy bien.
● Tú no eres española ¿no? ¿De dónde eres?
◆ Soy argentina, de Buenos Aires.

8 Escribe un diálogo formal y otro informal. ¿Cuál corresponde con esta imagen?

● Hola, _____
▼ _____

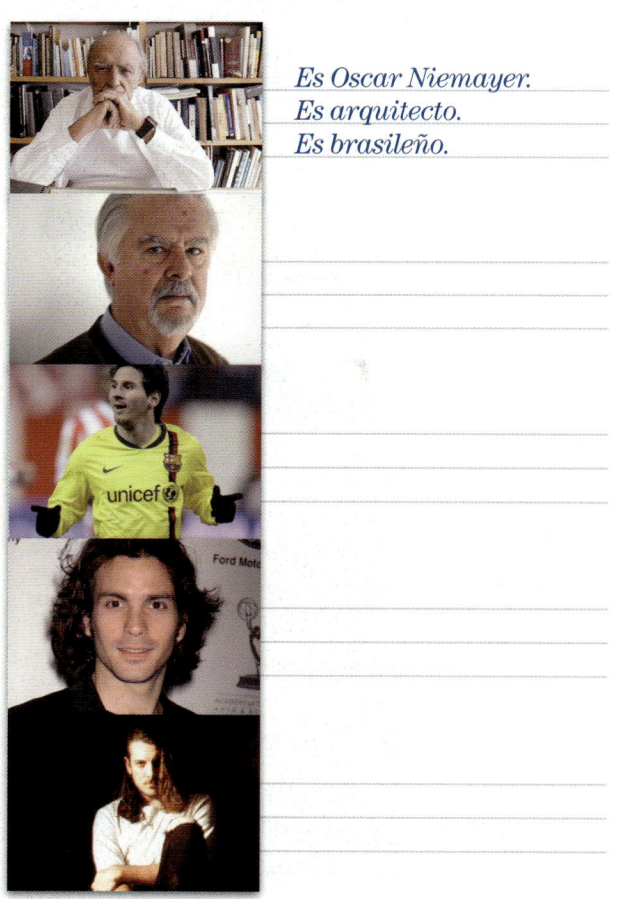

Es Oscar Niemayer.
Es arquitecto.
Es brasileño.

22 Nuevo Avance Básico

¿Estudias o trabajas?

1. Pretexto

 1. _____   a. _____

 2. _____   b. _____

 3. _____   c. _____

 4. _____   d. _____

 5. ___*Paco*___   e. _____

 6. _____   f. ___*Panadería*___

1 Ordena y relaciona.

2 Escucha y escribe el nombre de las personas y del lugar de estudio o de trabajo.

2. ¿Estudias o trabajas?

2. Contenidos

1 Más números: del 11 al 30.

11	once	16	dieciséis	21	veintiuno	26	veintiséis
12	doce	17	diecisiete	22	veintidós	27	veintisiete
13	trece	18	dieciocho	23	veintitrés	28	veintiocho
14	catorce	19	diecinueve	24	veinticuatro	29	veintinueve
15	quince	20	veinte	25	veinticinco	30	treinta

2 Presente del verbo *ser* (continuación).

a Los días de la semana.

Lunes	Martes	Miércoles	Jueves	Viernes	Sábado	Domingo

- ¿Qué día es hoy?
- ▼ Hoy es **jueves** 5.

b La hora.

Son las dos menos veinte.
Son las dos menos cuarto.
Son las dos menos diez.
Son las dos en punto.

en punto / cuarto / menos / y / cuarto / media

Es la una en punto.
Es la una y diez.
Es la una y cuarto.
Es la una y veinte.
Es la una y media.

 Las nueve en punto.  La una y cuarto. Las cuatro y media.

 Las ocho menos cuarto.  Las nueve menos veinticinco. Las diez y veinte.

3 Presente de los verbos regulares.

	TRABAJ-AR	COM-ER	VIV-IR
Yo	trabaj-**o**	com-**o**	viv-**o**
Tú	trabaj-**as**	com-**es**	viv-**es**
Usted / Él / Ella	trabaj-**a**	com-**e**	viv-**e**
Nosotros/as	trabaj-**amos**	com-**emos**	viv-**imos**
Vosotros/as	trabaj-**áis**	com-**éis**	viv-**ís**
Ustedes / Ellos / Ellas	trabaj-**an**	com-**en**	viv-**en**

Verbos regulares en -er:
beber, vender, comprender, leer, creer, coger.

ver = * veo/ves/ve/vemos/veis/ven

Verbos regulares en -ar:
hablar, estudiar, comprar, necesitar, escuchar, desayunar, tomar, preguntar, contestar, tocar, deletrear, borrar, apagar, acabar = terminar, cenar, pronunciar, borrar, apagar, cantar, bailar, nadar, bajar, viajar, entrar.

Verbos regulares en -ir:
escribir, recibir, subir, abrir.

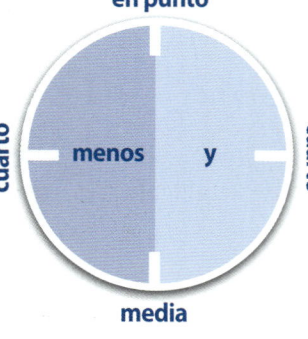

¿Estudias o trabajas?

4 Interrogativos.

a. Para identificar: ¿QUIÉN?
- ¿**Quién** es la directora de la escuela?
- ▼ Es Marta García.

Para expresar la posesión: ¿DE QUIÉN?
- ¿**De quién** son las llaves?
- ▼ Son del portero.

b. Para hacer preguntas generales: ¿QUÉ?
- ¿**Qué** desayunas normalmente?
- ▼ Desayuno café con leche y un bocadillo.

Para preguntar sobre el color: ¿DE QUÉ?
- ¿**De qué** color son las gafas de Pilar?
- ▼ Son azules.

Para preguntar sobre la hora de las acciones: ¿A QUÉ HORA?
- ¿**A qué** hora cenan?
- ▼ Cenamos a las 21:00 (las nueve).

Para preguntar sobre la profesión: ¿QUÉ?
- ¿**Qué** eres?
- ▼ Soy dentista.

d. Para preguntar sobre el lugar: ¿DÓNDE?
- ¿**Dónde** cenas?
- ▼ Normalmente ceno en casa.

Para preguntar sobre la nacionalidad y el origen: ¿DE DÓNDE?
- ¿**De dónde** eres?
- ▼ Soy de Cuenca.

c. Para describir: ¿CÓMO?
- ¿**Cómo** es Carlos?
- ▼ Es joven, moreno y simpático.

e. Para preguntar sobre el tiempo: ¿CUÁNDO?
- ¿**Cuándo** terminan las clases?
- ▼ Terminan a las 14:00 (dos).

f. Para seleccionar: ¿CUÁL?
- ¿**Cuál** es tu día favorito?
- ▼ El viernes.
- ¿**Cuál** es la capital de Hungría?
- ▼ Budapest.

Para preguntar sobre el modo:
- ¿**Cómo** viajas?
- ▼ Viajo en tren.

5 Lugares.
Escucha la grabación y completa con el artículo.

 _la_ casa

 _____ oficina

 _____ colegio

 _____ instituto

 _____ biblioteca

 _____ taller

 _____ farmacia

 _____ banco

 _____ bar

 _____ restaurante

 _____ discoteca

 _____ mercado

 _____ supermercado

 _____ piscina

 _____ ciudad

 _____ calle

 _____ parque

 _____ pueblo

Nuevo Avance Básico

2 ¿Estudias o trabajas?

6 Preposiciones: EN, DE, A.

- ● *¿Dónde trabajas?*
- ▼ *(Trabajo)* **En** *la cafetería Horizonte.*

- ● *Y tú, ¿dónde vives?*
- ▼ *(Vivo)* **En** *el centro.*

- ● *¿De quién es el diccionario?*
- ▼ *Creo que (el diccionario) es* **de** *Verónica.*

- ● *¿De qué color es el bolso de la profesora?*
- ▼ *Negro. No, no, es gris.*

- ● *¿De dónde eres?*
- ▼ *Soy* **de** *Tijuana.*

- ● *¿A qué hora acaba la clase?*
- ▼ *Acaba* **a** *las 13:00 (a la una).*

> **ATENCIÓN**
>
> A + EL = AL
> *Saludo* **al** *portero.*
>
> DE + EL = DEL
> *El coche* **del** *jefe es nuevo.*

3. Practicamos los contenidos

1 Escribe el número y lee en voz alta.

1. María y Juan viven en la Plaza de la Marina, número 18 ___dieciocho___.
2. La clase acaba a las 14:00 _____.
3. Hoy es martes, 29 _____.
4. En mi trabajo escribo unos 15 _____ correos electrónicos al día.
5. Nosotros tomamos el (autobús número) 17 _____.
6. 20 _____ + (más) 4 _____ son 24 _____.
7. 18 _____ − (menos) 3 _____ son 15 _____.
8. 14 _____ + (más) 7 _____ son 21 _____.
9. 29 _____ − (menos) 16 _____ son 13 _____.
10. Pilar trabaja 8 _____ horas diarias.

2 ¿Qué hora es?

Es la una; son las dos / las tres / las cuatro... de la mañana / de la tarde / de la noche.

 Son las siete menos cuarto.

3 Pon el infinitivo y el pronombre.

1. Bajáis: _____*bajar, vosotros*_____
2. Venden: _____
3. Terminan: _____
4. Cojo: _____
5. Recibís: _____
6. Comprendes: _____
7. Tomas: _____
8. Creemos: _____
9. Subís: _____
10. Deletreo: _____
11. Abres: _____
12. Veo: _____
13. Hablas: _____
14. Pronuncia: _____
15. Escribimos: _____

Ahora pregunta a tu compañero/a el presente de…

- ● *(Tú:) beber.*
- ▼ *(Tu compañero/a): bebes.*

Nuevo Avance Básico

¿Estudias o trabajas?

4 Relaciona.

Yo	trabajamos en un taller.
Tú	lee el periódico en la cafetería.
Usted	preguntas en clase.
Él / Ella	vivís en un pueblo pequeño.
Nosotros/as	abrís la puerta.
Vosotros/as	compras en el mercado.
Ustedes	canto mal.
Ellos / Ellas	toman té.
	nadas bien.
	tomamos el autobús.
	hablas muy bien español.

5 Completa con la forma correcta del presente.

1 ● ¿Qué periódico (comprar, nosotros) _compramos_ hoy?
   ▼ *El Sur*.

2 ● ¿Cuándo (escuchar, tú) _____ la radio?
   ▼ No escucho la radio, (ver, yo) _____ la televisión.

3 ● ¿Qué deportes (practicar, usted) _____?
   ▼ Tenis y natación.

4 ● ¿Qué (estudiar, él) _____?
   ▼ Historia.

5 ● ¿Qué autobús (tomar, ustedes) _____ normalmente?
   ▼ El doce.

6 ● ¿Qué (vender, ellos) _____ en la farmacia?
   ▼ Medicamentos y otras cosas.

7 ● ¿Dónde (vivir, vosotros) _____?
   ▼ En un pueblo muy pequeño.

8 ● ¿Qué hora (ser) _____?
   ▼ (Ser) _____ las 10:20.

9 ● ¿(Creer, tú) _____ que San Sebastián es una ciudad agradable?
   ▼ (Creer, yo) _____ que sí.

10 ● ¿Qué día (ser) _____ hoy?
    ▼ Hoy (ser) _____ jueves.

6 Completa.

1 ● ¿Cómo te llamas? ▼ Me llamo _____
2 ● ¿De dónde eres? ▼ Soy de _____
3 ● ¿Qué eres? ▼ Soy _____
4 ● ¿Dónde vives? ▼ Vivo en _____
5 ● ¿Dónde estudias? ▼ Estudio en _____
6 ● ¿Qué desayunas? ▼ Desayuno _____
7 ● ¿A qué hora comes? ▼ Como a las _____
8 ● ¿Dónde cenas? ▼ Ceno en _____
9 ● ¿Cuál es tu día favorito? ▼ Mi día favorito es _____
10 ● ¿Quién es tu profesor/a? ▼ Mi profesor/a es _____

7 Completa con:

quién (identificación) • de quién (posesión) • qué (profesión) • de qué (color) • a qué hora (tiempo)
cómo (descripción) • dónde (lugar) • cuándo (tiempo) • cuál (selección) • qué (alimento)

● ¿**Cómo** es tu profesora?
▼ *Inteligente y muy simpática.*

1 ● ¿_____ viven Marta y Alfredo?
   ▼ En Sevilla, en el centro.
2 ● ¿_____ es Ana María?
   ▼ Baja, morena, inteligente y agradable.
3 ● ¿_____ terminan las clases?
   ▼ A las 14:00 (dos).
4 ● ¿_____ es el cuaderno azul?
   ▼ Creo que es de Ángel.
5 ● ¿_____ es el color favorito de Yolanda?
   ▼ Creo que el rojo.
6 ● Buenos días, ¿_____ es usted?
   ▼ Soy Pedro Rubio Velasco.
7 ● ¿_____ es Juan?
   ▼ Es jardinero.
8 ● ¿_____ termina este curso?
   ▼ El viernes.
9 ● ¿_____ color son los autobuses en Málaga?
   ▼ Son azules.
10 ● ¿_____ desayunas normalmente?
    ▼ Té y un bocadillo.

Nuevo Avance Básico

2 ¿Estudias o trabajas?

4. De todo un poco

1 Pregunta a tu compañero/a con los verbos y con los interrogativos. Contesta a tu compañero/a.

comprar	necesitar	desayunar	tomar	deletrear	acabar/terminar
cenar	cantar	bailar	nadar	vender	comprender
leer	creer	vivir	escribir	ser	ver

¿QUIÉN?	¿DE QUIÉN?	¿QUÉ?	¿DE QUÉ?	¿A QUÉ HORA?
¿CÓMO?	¿DÓNDE?	¿DE DÓNDE?	¿CUÁNDO?	¿CUÁL?

Comer:
- *¿Qué comes?*
- *¿Dónde comes?*
- *¿A qué hora comes?*

2 Describe a tu amigo/a.

Mi amiga se llama Antonella, es de Italia, de Rimini. Es joven, morena, baja. Es inteligente y amable. Estudia Matemáticas. Habla tres idiomas. No trabaja.

Mi amigo/a se llama... Es de... Es (+ descripción)...

3 Con ayuda del diccionario, escribe sobre una profesión. Tus compañeros/as deben adivinarla.

- *Siempre estoy en el coche. Siempre con gente nueva. La gente paga por viajar en mi coche. ¿Qué soy?*
- *Taxista.*

4 Escucha y subraya las preguntas y las respuestas que oyes.

- Hola, ¿quién eres?
- Soy María.

- ¿Cómo es Valencia?
- Es una ciudad grande y agradable.

- ¿Cómo te llamas?
- Susana.

- Buenos días, ¿qué tal está usted?
- Muy bien, gracias.

- ¿Qué tal?
- Regular.

- ¿Cómo se escribe ciudad?
- C-i-u-d-a-d.
- ¿Puede repetir?
- Sí; C-I-U-D-A-D.

- ¿De dónde eres?
- Soy española, de Valencia.

- ¿Qué eres?
- Soy periodista.

- ¿Cómo estás?
- Bien, ¿y tú?

¿Estudias o trabajas?

5 Escucha y subraya los números y los lugares que oyes.

11 Once	15 Quince	19 Diecinueve	23 Veintitrés	27 Veintisiete
12 Doce	16 Dieciséis	20 Veinte	24 Veinticuatro	28 Veintiocho
13 Trece	17 Diecisiete	21 Veintiuno	25 Veinticinco	29 Veintinueve
14 Catorce	18 Dieciocho	22 Veintidós	26 Veintiséis	30 Treinta

casa

colegio

oficina

instituto

taller

banco

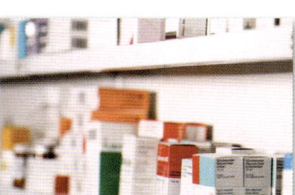
farmacia

bar

discoteca

supermercado

mercado

piscina

ciudad

calle

biblioteca

parque

restaurante

pueblo

Nuevo Avance Básico

2 ¿Estudias o trabajas?

6 Lee y relaciona.

a  Eva Amaral, cantante.
c  Isabel Coixet, directora de cine.
e  Margarita Salas, científica.
g  Elsa Pataky, actriz y modelo.
i  Michelle Bachelet, política.

b  Javier Bardem, actor.
d  Rafael Nadal, tenista.
f  Pedro Duque, astronauta.
h  Carolina Herrera, diseñadora de moda y perfumes.
j  Antonio Canales, bailaor.

1. ☐ Soy de Madrid. Ahora vivo en Estados Unidos. Trabajo en el cine y en el teatro. También soy modelo.
2. ☐ Soy de Mallorca. Para mi trabajo necesito una buena raqueta y mucha concentración. Viajo de continente a continente.
3. ☐ Soy de Las Palmas de Gran Canaria. Trabajo en el cine. Para mi trabajo necesito hablar y pronunciar muy bien. Mi premio más importante es un Oscar.
4. ☐ Soy de Asturias. Investigo en la bioquímica y publico con otros compañeros. Colaboro con sociedades científicas, academias y editoriales.
5. ☐ Soy andaluz. Para mi trabajo necesito unos buenos zapatos y música flamenca. Viajo y actúo por todo el mundo.
6. ☐ Soy de Zaragoza. Para mi trabajo necesito una buena voz. Toco instrumentos musicales. Vendo discos.
7. ☐ Soy de Madrid, pero trabajo en Estados Unidos. Para mi trabajo necesito una nave espacial. Viajo por el universo.
8. ☐ Soy de Chile. Trabajo en la política y mi puesto es muy importante, pero dura poco tiempo si la gente no está contenta con mi trabajo.
9. ☐ Soy de Caracas. Vivo en Nueva York. Trabajo en la moda y creo perfumes. Mi secreto es la elegancia en la manera de vestir.
10. ☐ Soy de Barcelona. También trabajo en publicidad y en la música. La gente ve mis películas en el cine.

7 Completa con tus datos personales.

TODOS NO SOMOS IGUALES

APELLIDOS: _____ NOMBRE: _____
NACIONALIDAD: _____ SEXO: _____
PROFESIÓN: _____ EDAD: _____
TELÉFONO: _____ DIRECCIÓN: _____

¿Dónde vives? _____ ¿A qué hora ves la tele? _____

¿Dónde trabajas o dónde estudias? ___ ¿Cuándo y dónde lees? _____

¿Qué desayunas? _____ ¿Qué idiomas hablas? _____

¿Qué tipo de programas escuchas en la radio? ___ ¿Adónde viajas de vacaciones? _____

Estoy en España

1. Pretexto

1 Subraya la respuesta correcta. En parejas: pregunta y contesta.

1. ¿Dónde está Valencia?
   a Está en el centro.
   b Está en el sur.
   c Está en el este.

2. ¿Dónde está San Sebastián?
   a Está en el este.
   b Está en el norte.
   c Está en el oeste.

3. ¿Dónde está Madrid?
   a Está en el sur.
   b Está en el centro.
   c Está en el este.

4. ¿Cuántas ciudades españolas hay en África?
   a Hay una.
   b Hay dos.
   c Hay tres.

5. ¿Dónde hay un volcán?
   a En Tenerife.
   b En Menorca.
   c En Granada.

2 Escucha y comprueba tus respuestas.

3 Pregunta usando: Málaga, Salamanca, Portugal. Tu compañero/a contesta.

3 Estoy en España

2. Contenidos

1 El artículo.

Indeterminado		Determinado	
UN	En la clase hay **un** mapa del mundo.	**EL**	**El** mapa de la clase está en la pared.
UNA	Vivo en **una** ciudad pequeña.	**LA**	**La** ciudad se llama Salamanca.
UNOS	Aquí hay **unos** mensajes para usted.	**LOS**	**Los** mensajes son de sus alumnos.
UNAS	Hay **unas** gomas amarillas.	**LAS**	**Las** gomas son amarillas.

2 Presente del verbo *estar*: saludar y localizar.

	ESTAR
Yo	est-**oy**
Tú	est-ás
Usted / Él / Ella	est-á
Nosotros/as	est-amos
Vosotros/as	est-áis
Ustedes / Ellos / Ellas	est-án

El verbo **estar** es irregular en la primera persona del singular.

● Hola Laura, ¿cómo **estás**?
▼ **Estoy** cansada.

Lo usamos para:

a Preguntar por el estado de las personas. 21

● Buenos días señor Goñi, ¿cómo **está** usted?
▼ Muy bien, gracias.

● Hola Laura, ¿cómo **estás**?
▼ **Estoy** cansada.

● Hola Carlos, ¿qué tal (**estás**)?
▼ Bien.

b Localizar.

En preguntas
1. ¿Dónde está + **nombre de persona**: *Luis, María*?   2. ¿Dónde están + **nombres de personas**: *Luis, María*?
+ *el / la* + **sustantivos referidos a:**   + *los / las* + **sustantivos referidos a:**
- **cosas:** *el libro, la silla*?   - **cosas:** *los libros, las llaves*?
- **lugares:** *el parque, la farmacia, El Amazonas*?   - **lugares:** *Los Pirineos, Las Canarias*?
- **personas:** *el chico, la profesora*?   - **personas:** *los chicos, las profesoras*?

En respuestas

1. **Nombre de persona** + está
   + en + **lugar**: *María está **en el parque**.*
   + **adverbios para localizar**: *Luis está **allí**.*

   Sustantivo de persona, lugar o cosa + está
   + en + **lugar**: *El parque está **en el centro**.*
   + **adverbio para localizar**: *La farmacia está **ahí**.*

2. **Nombres de personas** + están
   + en + **lugar**: *Luis y María están **en casa**.*
   + **adverbio para localizar**: *Luis y María están **aquí**.*

   Sustantivos de personas, lugares o cosas + están
   + en + **lugar**: *Los libros están **en la estantería**.*
   + **adverbio para localizar**: *Las llaves están **dentro del cajón**.*

Lee y escucha los ejemplos.

- ¿Dónde **está la Biblioteca General**?
- ▼ *La biblioteca está en el centro histórico.*

- ¿Dónde **está Marta**?
- ▼ *Está en la cafetería.*

- ¿Dónde **está Managua**?
- ▼ *Está en Centroamérica.*

3 La forma verbal *hay*.
La usamos para:

a Localizar.

En preguntas
¿Dónde **HAY** + *un, una* + sustantivo?

- ¿Dónde **hay un** banco?
- ▼ *En la siguiente calle a la derecha.*

En respuestas
HAY + *un, una, unos, unas* + sustantivo
+ lugar / numerales / sustantivo

- ¿Dónde **hay una** farmacia?
- ▼ ***Hay una*** *(farmacia) en la plaza.*

b Expresar cantidad.

Para preguntar y contestar
¿***Cuánto/a/os/as*** + sustantivo + ***hay***?

- ¿***Cuánto*** dinero **hay** en la caja?
- ▼ *(En la caja hay) 24,30 euros.*

- ¿***Cuántos*** empleados **hay** en la oficina?
- ▼ *Creo que 45.*

4 Localización: ¿Dónde está?

a Aquí, ahí, allí.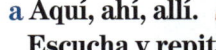
Escucha y repite.

Aquí

Ahí

Allí

b Los puntos cardinales.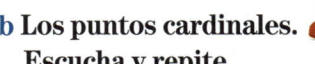
Escucha y repite.

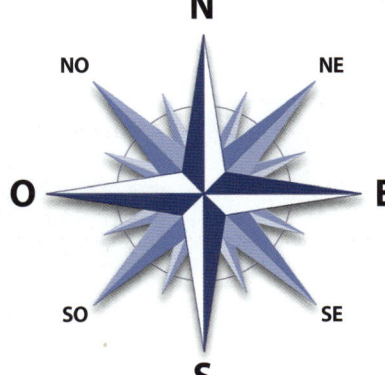

3 Estoy en España

c ¿Dónde está la rana Margarita?
*La rana Margarita **está en la caja**.*
*La rana Margarita **está entre dos cajas**.*

en

al lado de

sobre

encima de

junto a

a la izquierda de

detrás de

delante de

entre

debajo de

a la derecha de

al fondo de

5 La clase.

1. el cuaderno
2. el bolígrafo (el boli)
3. la tiza
4. el borrador
5. la pizarra
6. la goma
7. la regla
8. el sacapuntas
9. el lápiz
10. la mesa
11. la ventana
12. la silla
13. el libro
14. la puerta
15. la carpeta

6 Números cardinales del 30 al 50. Lee, escucha y subraya lo que oyes.

30	treinta	41	cuarenta y uno
31	treinta y uno*	42	cuarenta y dos
32	treinta y dos	43	cuarenta y tres
33	treinta y tres	44	cuarenta y cuatro
34	treinta y cuatro	45	cuarenta y cinco
35	treinta y cinco	46	cuarenta y seis
36	treinta y seis	47	cuarenta y siete
37	treinta y siete	48	cuarenta y ocho
38	treinta y ocho	49	cuarenta y nueve
39	treinta y nueve	50	cincuenta
40	cuarenta		

7 Números ordinales.

1.º	primero	1.ª	primera
2.º	segundo	2.ª	segunda
3.º	tercero	3.ª	tercera
4.º	cuarto	4.ª	cuarta
5.º	quinto	5.ª	quinta

*Pedro vive en el **quinto** derecha y su amiga Esther en el **segundo** izquierda.*

* ATENCIÓN
Desde el número 31 los números se escriben separados: treinta y uno.

3. Practicamos los contenidos

1 Escribe y completa.

● *¿Dónde está la rana Margarita?*

1. *Está delante de la caja.*
2. _____
3. _____
4. _____

5. _____
6. _____
7. _____
8. _____

9. _____
10. _____
11. _____
12. _____

3 Estoy en España

2 a Escribe con letras.

1. En el hotel hay 48 _cuarenta y ocho_ habitaciones.
2. Hoy es 31 _____ de octubre.
3. 41 _____ + (más) 9 _____ son 50 _____.
4. 49 _____ - (menos) 32 _____ son 17 _____.
5. En la escuela hay 44 _____ chicas y 36 _____ chicos.

b Escribe los números.

1. En el hotel hay (treinta y siete) _37_ habitaciones.
2. Hoy es (treinta) ____ de octubre.
3. (Veintisiete) ____ + (catorce) ____ son (cuarenta y uno) ____.
4. (Treinta y siete) ____ - (doce) ____ son (veinticinco) ____.
5. En la oficina hay (veintinueve) ____ hombres y (treinta y dos) ____ mujeres.

3 ¿Qué es? / ¿Qué son y cuántos hay?

Son lápices y hay...

Es una pizarra.

4 Completa con *un, una, unos, unas, el, la, los, las*.

1. ● ¿Dónde está _el_ cine Victoria?
   ▼ En ____ Plaza de la Merced.
2. ● Hay ____ chica en ____ puerta.
   ▼ Sí, es ____ hija de Roberto.
3. ● ¿Dónde está ____ Teide?
   ▼ En Tenerife.
4. ● ¿Dónde hay ____ biblioteca buena?
   ▼ En ____ centro.
5. ● ¿Qué desea?
   ▼ ____ vino tinto, por favor.
6. ● ¿De dónde es ____ profesora?
   ▼ De Valencia, creo.
7. ● En San Sebastián hay ____ playa preciosa*.
   ▼ Sí, se llama La Concha.
8. ● ¿Cuál es ____ capital de Ecuador?
   ▼ Quito.
9. ● ¿Qué hay en esta bolsa?
   ▼ ____ papeles importantes.
10. ● ¡Qué ruido!
    ▼ Sí, es que hay ____ fiesta en ____ primer piso.

Preciosa = muy bonita.

5 Completa con la forma correcta del presente del verbo *estar*.

1. ● ¿Dónde _está_ el sacapuntas?
   ▼ En el cajón de tu mesa.
   ● ¿Y los lápices?
   ▼ _____ encima de la mesa.
2. ● Oye, ¿Correos _____ cerca?
   ▼ En autobús, a 10 minutos.
3. ● ¿_____ Alicia?
   ▼ No, ahora _____ en clase.
4. ● Argentina y México _____ en América del Sur.
   ▼ No, México no.
5. ● ¿En qué armario _____ los libros de filosofía?
   ▼ En el número 7.
6. ● Por favor, ¿dónde _____ los servicios?
   ▼ Al fondo del pasillo.
7. ● ¿Dónde trabajas ahora?
   ▼ _____ en una empresa de publicidad.
8. ● Oye ¿dónde _____ Mario y Javier?
   ▼ En Buenos Aires.
9. ● ¿Dónde _____ el Museo de Arte Contemporáneo?
   ▼ Detrás de la Catedral.
10. ● ¿Y el profesor?
    ▼ _____ en el despacho del director.

Nuevo Avance Básico

3
Estoy en España

6 En parejas. Pregunta y contesta.

- Por favor, ¿dónde está la calle Flor Baja?
- ▼ Todo recto y la primera calle o la segunda calle a la izquierda.
- Muchas gracias.
- ▼ De nada.

- Perdón señora, ¿para ir a la calle San Ignacio?
- ▼ La tercera calle a la derecha y después la primera a la derecha.
- Muchísimas gracias.
- ▼ No hay de qué.

7 Completa con *está* y *hay*.

> **El salón de Pedro**
> A la derecha _____ un balcón muy grande. A la izquierda _____ una librería de madera. Delante de la librería _____ el sofá. Delante del sofá _____ una mesa pequeña. Enfrente _____ la televisión, sobre una mesa. Al lado del sofá _____ una mesa con seis sillas. En el salón _____ muchos cuadros modernos. _____ dos lámparas. Una _____ sobre la mesa y la otra _____ junto al sofá. _____ muchos libros y fotos. En el salón no _____ alfombras. El DVD _____ debajo de la tele.

4. De todo un poco

1 En parejas. Pregunta y contesta.

1. La biblioteca está en la plaza de la Marina.
   - *¿Es verdadero o falso que la biblioteca está en la Plaza de la Marina?*
   - ▼ *Es falso.*
2. El museo está al lado de la biblioteca.
3. La farmacia está cerca del museo.
4. La librería está enfrente de la farmacia.
5. El estanco está en una plaza.
6. La catedral está a la derecha de la biblioteca.
7. El banco está a la izquierda de la farmacia.
8. El colegio está junto al instituto.
9. El parque está lejos de la calle Álamos.
10. La fuente está en la plaza del Río.

Nuevo Avance Básico

3 Estoy en España

2 Escucha y completa con las puertas de embarque.

Señores pasajeros. Les informamos de las puertas de embarque ya asignadas para los vuelos de conexión de la compañía Iberia.

Iberia 4500 con destino Caracas, puerta (M) _48_.

Iberia 0249 con destino Bilbao, puerta (H) _____.

Iberia 3251 con destino Barcelona, puerta (J) _____.

Iberia 2443 con destino México DF, puerta (S) _____.

Iberia 1879 con destino Sao Paulo, puerta (R) _____.

Ahora, lee tú los números de vuelo. Recuerda que debes leer los números así: *cuatro, cinco, cero, cero.*

3 En dos grupos.

Mira el mapa del PRETEXTO y escribe preguntas para el otro grupo.
Un compañero o compañera responde rápidamente.
¿Quién gana?

¿Dónde está Barcelona?
¿Cuántos ríos hay?

4 Escucha y contesta.
¿De qué lugar hablan?
¿De la ilustración 1, de la 2 o de la 3? ¿Cómo es tu oficina?

1

2

3

5 Lee.

España está en el sudoeste de Europa, en la Península Ibérica. La capital es Madrid y está en el centro del país. En España hay diecisiete Comunidades Autónomas. Ceuta y Melilla son ciudades autónomas; están en el norte de África. España es una monarquía parlamentaria; Juan Carlos I es el rey de España.
En España hay más de cuarenta y seis millones de habitantes y cuatro lenguas oficiales: el español (castellano), el gallego, el vasco y el catalán.
Hay dos archipiélagos: las Baleares en el Mediterráneo y las Canarias en el Atlántico.

Los principales ríos son: Duero, Tajo, Guadiana y Guadalquivir (Océano Atlántico) y Ebro (Mar Mediterráneo).
España es un país montañoso; el Mulhacén es el monte más alto de la Península.
Ciudades importantes son: Barcelona, Bilbao, Valencia, Sevilla y Zaragoza. Málaga es la capital de la Costa del Sol. Salamanca es una ciudad monumental, con una universidad muy antigua. En San Sebastián hay un festival internacional de cine muy importante.
El turismo es el principal recurso económico.

Contesta.
1 ¿Cuántas Comunidades Autónomas hay en España? _____.
2 ¿Cuáles son las lenguas oficiales de España? _____.
3 ¿Qué lugares de España no están en la Península Ibérica? _____.

6 Escribe.

Con el modelo de la actividad anterior, escribe sobre tu país. Usa las formas adecuadas de *ser, estar* y *hay* y el vocabulario que ya sabes.

Repaso

Unidades 1, 2 y 3

1 Escucha y di quién es quién: Benicio del Toro, Alejandro Sanz, Karlos Arguiñano.

Cantante: _____   Cocinero: _____   Actor: _____

2 Pregunta a tu compañero/a por:
- su nacionalidad
- su día favorito
- su color favorito
- las características de su amigo/a

3 a Cuenta con quién vives, dónde vives y qué haces en casa.
b Describe un lugar.

4 Lee.

> Madrid 9/11/09
>
> Hola Marta:
> ¿Qué tal estás? ¿Todo bien en Boston? Yo estoy en Madrid. Hago un curso de español para extranjeros. Estoy en el nivel A2. Tengo ocho compañeros: tres de Marruecos, dos senegaleses, una chica japonesa y una chica de Nueva Zelanda. Son muy amables. A veces salgo con las dos chicas. Vemos museos y comemos en bares, cafeterías y restaurantes. Madrid es una ciudad preciosa.
> Un beso.
> Chantal

Di si es verdadero o falso.

		V	F
1	Marta vive en Boston.	V	F
2	Chantal tiene compañeros europeos.	V	F
3	Los chicos no son amables.	V	F
4	Chantal come siempre en bares, cafeterías y restaurantes.	V	F

5 Escribe con el modelo anterior una postal a tu amigo/a imaginario/a.

6 Señala la respuesta adecuada.

1. Saluda a una chica de 15 años.
   a. ¿Cómo estás?   **b.** ¿Cómo está usted?

2. Cuando quieres ir a un lugar y no sabes cómo se va, preguntas:
   a. ¿Conoce dónde está…?   **b.** ¿Para ir a…?

3. ¿Cómo se deletrea esta palabra?
   a. z-u-i-d-a-d   **b.** c-i-u-d-a-d

4. La persona que proyecta casas y edificios se llama
   a. arquitecto   **b.** fontanero

5. El contrario de *antiguo* es:
   a. moderno   **b.** joven

6. Eva Amaral es:
   a. cantante   **b.** científica

7. Las personas que apagan incendios son:
   a. bomberos   **b.** carpinteros

8. El Teide está:
   a. en Tenerife   **b.** en Mallorca

Repaso   Unidades 1, 2 y 3

9 El _____ pasa por Zaragoza.
   a. Guadalquivir   b. Ebro

10 ¿_____ es la capital de España?
   ▼ Madrid.
   a. Qué   b. Cuál

11 ¿Dónde _____ un banco?
   ▼ En la segunda calle a la derecha.
   a. hay   b. está

12 ¿A qué te _____?
   ▼ Trabajo en una oficina.
   a. trabajar   b. dedicas

13 ¿Dónde trabajas?
   ▼ _____ un taller.
   a. En   b. A

14 ¿_____ eres?
   ▼ Soy Ramona Araújo.
   a. Quién   b. Cual

15 ¿_____ es el diccionario?
   ▼ De la profesora.
   a. A quién   b. De quién

16 ¿_____ el principal recurso económico de España?
   ▼ El turismo.
   a. Qué esta   b. Cuál es

17 ¿En que ciudad _____ Festival Internacional de cine?
   ▼ En San Sebastián.
   a. hay un   b. está

18 ¿_____ Salamanca?
   ▼ Monumental.
   a. Qué está   b. Cómo es

19 ¿De dónde eres?
   ▼ _____
   a. Estoy chileno.   b. Soy chileno.

20 Antonio está _____ la escuela.
   a. en   b. a

21 Por favor, la Plaza de la Hispanidad, ¿_____ cerca?
   ▼ Sí, muy cerca de aquí.
   a. es   b. está

22 El coche _____ jefe es nuevo.
   a. del   b. de el

23 José es _____. Trabaja en un taller.
   a. abogado   b. mecánico

24 ¿Dónde _____ una biblioteca pública?
   ▼ En el centro.
   a. está   b. hay

25 La profesora escribe en _____ con _____.
   a. la pizarra / tiza   b. libro / sacapuntas

26 ¿Cómo es tu padre físicamente?
   ▼ Un poco _____.
   a. gordo y rubio   b. inteligente y amable

27 ¿Qué eres?
   ▼ _____
   a. Soy mecánico.   b. Veo la tele.

28 A las 7 de la mañana _____.
   a. cenamos   b. desayunamos

29 Hola, ¿cómo _____?
   ▼ Bien, pero _____ un poco cansada.
   a. eres / estoy   b. estás / estoy

30 ¿_____ vale un paquete de tabaco en España?
   ▼ Ni idea, no fumo.
   a. Cuántos   b. Cuánto

7 Ortografía.

a **Completa con C o Z.**
- Los __apatos de Sergio son caros.
- Los españoles beben __erve__a y vino.
- Donde yo vivo hay una pis__ina muy grande.
- El __ielo es a__ul.

b **Completa con C o QU.**
- Mis hermanas son pe__eñas.
- ¿__ién es la directora?
- Re__ibo __ien correos electrónicos al mes.
- __iero saber __uántos alumnos hay en tu clase.

8 Fonética. Escucha, lee y repite tres veces.

El perro de san Roque no tiene rabo porque Ramón Ramírez se lo ha robado.

La familia bien, gracias

1. Pretexto

1 Ahora tú.
Escucha el texto. Pregunta y contesta a tu compañero/a.
1 ¿Dónde está Rita?
2 ¿Qué hace Rita?
3 ¿Cómo es Rita?
4 ¿Cuántos años crees que tiene Rita?

2 Escribe, como Rita, sobre tu familia.

4 La familia bien, gracias

2. Contenidos

1 Presente de los verbos irregulares en primera persona del singular (yo).

a -g-

	HAC-ER	SAL-IR	PON-ER
Yo	ha**g**-o	sal**g**-o	pon**g**-o
Tú	hac-es	sal-es	pon-es
Usted / Él / Ella	hac-e	sal-e	pon-e
Nosotros/as	hac-emos	sal-imos	pon-emos
Vosotros/as	hac-éis	sal-ís	pon-éis
Ustedes / Ellos / Ellas	hac-en	sal-en	pon-en

- ¿Qué **haces** los sábados?
- ▼ **Hago** muchas cosas: deporte, veo una película en el DVD...
- ¿**Sales** con tu novio/a?
- ▼ No, **salgo** con mis amigas.
- ¿**Pongo** la mesa?
- ▼ Sí, por favor.

b -ig-

	TRA-ER
Yo	tra**ig**-o
Tú	tra-es
Usted / Él / Ella	tra-e
Nosotros/as	tra-emos
Vosotros/as	tra-éis
Ustedes / Ellos / Ellas	tra-en

c -oy

	D-AR	EST-AR
Yo	d-**oy**	_____
Tú	d-as	_____
Usted / Él / Ella	d-a	_____
Nosotros/as	d-amos	_____
Vosotros/as	d-ais	_____
Ustedes / Ellos / Ellas	d-an	_____

- ¿**Traes** el diccionario a clase?
- ▼ Sí, **traigo** el diccionario todos los días.
- ¿Paseas todos los días?
- ▼ Sí, todas las tardes **doy** un paseo por la playa.
- Hola, Alfonso, ¿qué tal **estás**?
- ▼ **Estoy** bien, ¿y tú?
- Bien, gracias.

Observa y completa la conjugación de *estar*.

d -zc-

	CONOC-ER	OFREC-ER
Yo	cono**zc**-o	_____-o
Tú	conoc-es	_____-es
Usted / Él / Ella	conoc-e	_____-e
Nosotros/as	conoc-emos	_____-emos
Vosotros/as	conoc-éis	_____-éis
Ustedes / Ellos / Ellas	conoc-en	_____-en

	CONDUC-IR	TRADUC-IR
Yo	condu**zc**-o	_____
Tú	conduc-es	_____
Usted / Él / Ella	conduc-e	_____
Nosotros/as	conduc-imos	_____
Vosotros/as	conduc-ís	_____
Ustedes / Ellos / Ellas	conduc-en	_____

- ¿**Conoces** a la señora Fernández, la nueva directora comercial?
- ▼ No, no la **conozco**.
- Laura **conduce** muy bien.
- ▼ Estoy de acuerdo.
- ¿Cómo **traduzco** 'e-mail' al español?
- ▼ Correo electrónico.

Observa y completa la conjugación de *ofrecer* y *traducir*.

La familia bien, gracias **4**

e Un caso especial: SABER.

	SAB-ER
Yo	sé
Tú	sab-es
Usted / Él / Ella	sab-e
Nosotros/as	sab-emos
Vosotros/as	sab-éis
Ustedes / Ellos / Ellas	sab-en

- *Perdón, señora, ¿**sabe** dónde está el Hotel Irache?*
- *No sé, no sé... ¡Ah, sí! Está al final de la calle Iribarren.*

2 Presente verbos irregulares excepto en las personas *nosotros/as* y *vosotros/as*.

	TEN-ER	VEN-IR	DEC-IR	O-ÍR
Yo	ten**g**-o	ven**g**-o	di**g**-o	oi**g**-o
Tú	t**ie**n-es	v**ie**n-es	d**ic**-es	o**y**-es
Usted / Él / Ella	t**ie**n-e	v**ie**n-e	d**ic**-e	o**y**-e
Nosotros/as	ten-emos	ven-imos	dec-imos	o-ímos
Vosotros/as	ten-éis	ven-ís	dec-ís	o-ís
Ustedes / Ellos / Ellas	t**ie**n-en	v**ie**n-en	d**ic**-en	o**y**-en

- *¿Cuántos años **tienes**, Marta?*
- ***Tengo** seis.*
- *¿De dónde **vienes**?*
- ***Vengo** de la farmacia.*

- *¿Qué dices, Pepe? No **oigo** bien.*
- *(**Digo**) que **tengo** frío.*

3 Presentes de verbos completamente irregulares.

	SER	IR
Yo	___	v-oy
Tú	___	v-as
Usted / Él / Ella	___	v-a
Nosotros/as	___	v-amos
Vosotros/as	___	v-ais
Ustedes / Ellos / Ellas	___	v-an

- *¿De quién **son** esas gafas?*
- *Creo que **son** de Paqui.*

- *¿Adónde **vas**?*
- ***Voy** a clase.*

- *¿De dónde **eres**?*
- *De Tucumán. Está en Argentina.*

Completa la conjugación de *ser*.

4 Palabras y expresiones que indican frecuencia.

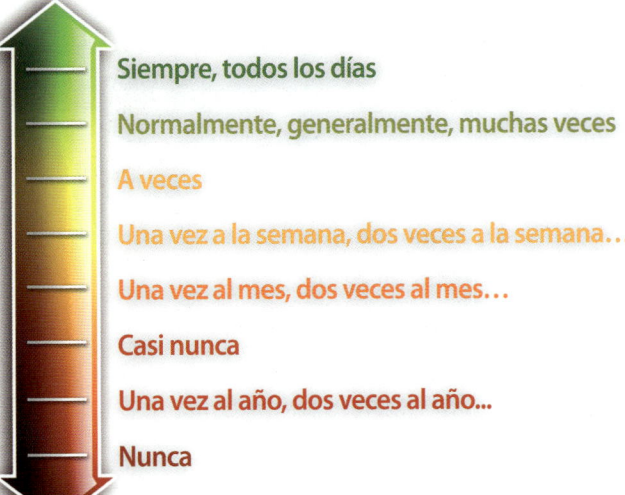

Siempre, todos los días
Normalmente, generalmente, muchas veces
A veces
Una vez a la semana, dos veces a la semana…
Una vez al mes, dos veces al mes…
Casi nunca
Una vez al año, dos veces al año…
Nunca

- *¿Andas todos los días?*
- *Sí, **siempre**.*

- *¿Lee usted periódicos deportivos?*
- ***A veces**.*

- *¿Comes en casa a mediodía?*
- ***Dos veces a la semana**.*

En parejas. Tu compañero/a te pregunta. Tú contestas.

1 ¿Andas todos los días?
2 ¿Lees periódicos deportivos?
3 ¿Comes en casa a mediodía?

Tú puedes hacer más preguntas.

Nuevo Avance Básico 43

4 La familia bien, gracias

5 El verbo *tener*.

Tener fiebre

Tener sueño

Tener frío

Tener miedo

Tener años

Tener calor

6 La familia de Nuria.

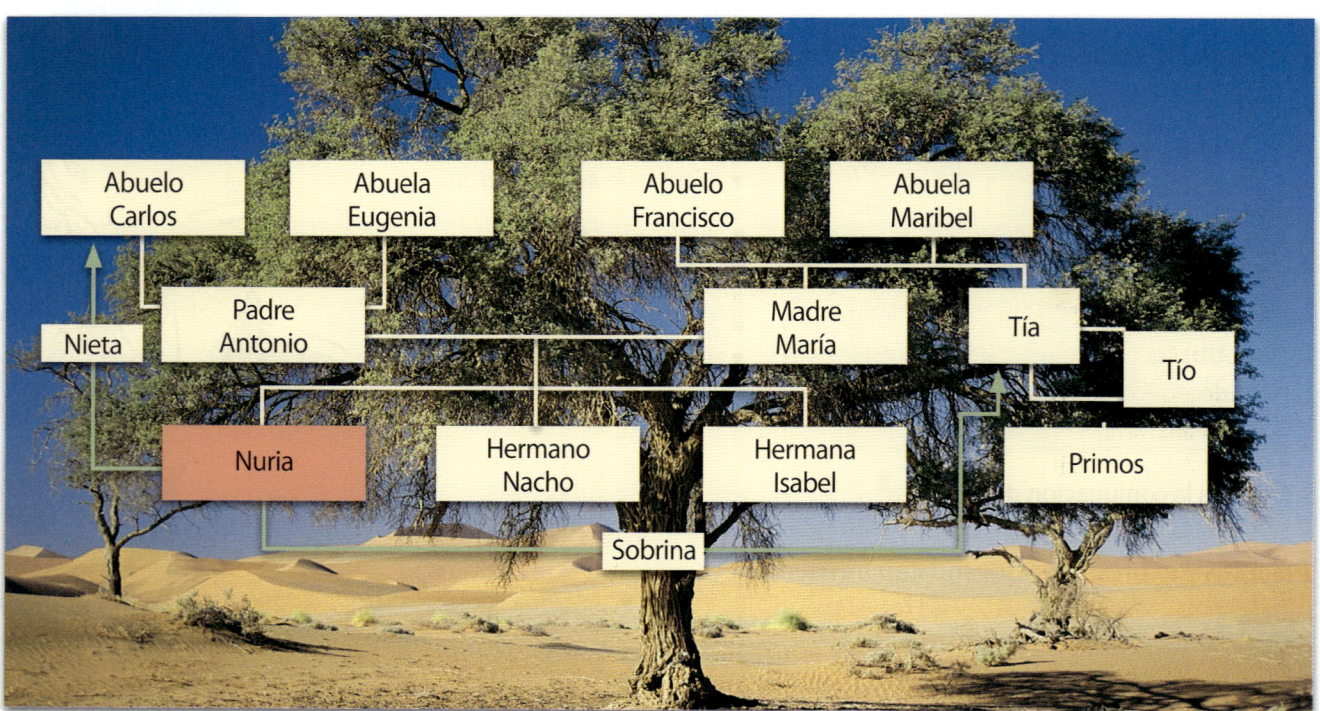

Estado civil: soltero/a, casado/a, divorciado/a, viudo/a.

7 Posesivos.

Masculino singular	Femenino singular	Masculino plural	Femenino plural
mi	mi	mis	mis
tu	tu	tus	tus
su	su	sus	sus
nuestro	nuestra	nuestros	nuestras
vuestro	vuestra	vuestros	vuestras
su	su	sus	sus

● ¿Y **tus** padres?
▼ *Están de viaje.*

● *¿Quiénes son?*
▼ **Nuestros** *vecinos.*

● *¿Mar es* **tu** *hermana?*
▼ *No, es* **mi** *prima.*

● *¿Pedro y Marcos son* **vuestros** *vecinos?*
▼ *Sí, viven en el piso de al lado.*

Nuevo Avance Básico

La familia bien, gracias — 4

8 Saber / Conocer.

Saber

Infinitivo	*Laura no **sabe** esquiar.*
	*Carmen **sabe** bailar flamenco.*
Quién	*No **saben** quién es Cervantes.*
Qué	*No **sabemos** qué hacer hoy.*
Cómo	*¿**Sabes** cómo se hace la mayonesa?*
Cuándo	*Ya **saben** cuándo va a llegar.*
Dónde	*No **sé** dónde está la calle Córdoba.*
Cuánto	*¿**Sabes** cuánto cuesta un sello?*
Cuál/Cuáles	*¿**Sabes** cuál es el autobús para el centro?*
Por qué	*No **sé** por qué existen la b y la v.*
Para qué	*¿**Sabes** para qué sirve esto?*
Lo que	*¿**Sabéis** lo que pasa en la calle?*

Conocer

Lugares
*¿**Conoces** Argentina?*
*Mis padres **no conocen** la Alhambra.*
*Enrique **conoce** muy bien Centroamérica.*

Personas
- *¿**Conoces** a Felisa?*
▼ *Sí, la **conozco** bien.*

- *¿Qué te parece Agustín?*
▼ *No puedo opinar porque lo **conozco** poco.*

9 Pedir y dar información.

- *Perdón, ¿**sabe usted dónde** está la parada del autobús número 7?*
▼ *Creo que está cerca de aquí, en la primera calle a la derecha.*
- *Muchas gracias.*

- *Buenos días, **necesito información sobre** los trenes a Córdoba para esta tarde.*
▼ *Esta tarde hay dos. Uno a las 16:15 y otro a las 18:30.*
- *Muy amable.*

- *Hola, ¿**sabes si** Juan está en su despacho?*
▼ *No tengo ni idea. Lo siento.*

- *¿**Sabes algo de** Antonio?*
▼ *Sí, que está de vacaciones en el Caribe.*

3. Practicamos los contenidos

1 Completa.

1. ● ¿Dónde (poner, yo) _pongo_ las flores?
   ▼ En la entrada.
2. ● ¿Qué tal (conducir) _____ tu novia?
   ▼ Muy bien.
3. ● ¿Adónde (ir, tú) _____?
   ▼ Al médico, con mi mamá.
4. ● ¿Cuándo (salir) _____ las notas?
   ▼ Pasado mañana.
5. ● ¿De dónde (ser, ustedes) _____?
   ▼ De Chihuahua, México.
6. ● ¿Qué (traer, tú) _____ en la bolsa?
   ▼ El diccionario y los libros de Román.
7. ● María Pilar siempre (venir) _____ en coche.
   ▼ Sí, porque vive lejos.
8. ● ¿Qué (traducir, tú) _____?
   ▼ Una carta para la directora del instituto.
9. ● ¿Qué (decir, tú) _____? No (oír, yo) _____ bien.
   ▼ (Decir, yo) _____ que (tener, yo) _____ sueño.
10. ● ¿(Pasear, tú) _____ todos los días?
    ▼ Sí, todas las tardes (dar, yo) _____ un paseo por la playa.

2 Completa.

Mi amigo Carlos y yo *vivimos* juntos. Él (ser) _____ profesor de informática. (Tener, él) _____ 32 años y (salir) _____ con Patricia, una chica muy agradable. Por las mañanas (trabajar) _____ en una empresa de publicidad y por las tardes (dar) _____ clases particulares. Yo (estudiar) _____ Arquitectura y (ir) _____ a clase por las tardes. Por eso, normalmente, yo (preparar) _____ la comida y él (limpiar) _____ la cocina. Los fines de semana nosotros (hacer) _____ fiestas en casa y (venir) _____ muchos amigos y (traer) _____ comida y bebida.

Entre semana (estar, él) _____ en casa; (ver) _____ la tele si hay partido de fútbol, o (escuchar) _____ la radio. Entre nosotros no hay problemas. ¡Ah! Me (llamar, yo) _____ Rafa.

ATENCIÓN

Por la mañana	A las 7 de la mañana
Por la tarde	A las 4 de la tarde
Por la noche	A las 11 de la noche

4 La familia bien, gracias

3 Relaciona.

Abrimos la ventana 1.
No tiene carné de conducir 2.
Bebéis agua 3.
Hago un bocadillo 4.
Va a la cama 5.
Toman té caliente 6.
Tienes prisa 7.
No viaja en avión 8.
Mi hijo no va al colegio 9.
No sé contestar 10.

porque

a. tiene sueño.
b. tienen frío.
c. tengo hambre.
d. *tenemos calor.*
e. llegas tarde.
f. tiene miedo.
g. tiene fiebre.
h. tenéis sed.
i. tiene 14 años.
j. no tengo ni idea.

4 Posesivos.

a Escribe.

1 Tiene dos amigos peruanos.
   Son sus amigos.

2 Tenemos dos casas.
   _____

3 Tenéis una empresa.
   _____

4 Tienen dos socios italianos.
   _____

5 Tengo unas tijeras.
   _____

b Completa con el posesivo adecuado.

1 ● ¿Sales hoy con _____*tus*_____ amigos?
   ▼ Sí, vamos al cine.

2 ● Señora, ¿ _____ marido se llama Alberto de los Ríos?
   ▼ No, se llama Alfredo del Río.

3 ● ¿Usted tiene una empresa?
   ▼ Sí, _____ empresa se llama *Maratex*.

4 ● ¿Tienen ustedes socios italianos?
   ▼ Sí, _____ socios italianos son el señor di Luca y la señora Bettini.

5 La familia. El estado civil.
Completa.

1 José no está casado, es _____*soltero / viudo / divorciado.*_____
2 El padre de mi padre es mi _____
3 La hermana de mi madre es mi _____
4 El hijo de mi hermana es mi _____
5 Las hijas de mis tíos son mis _____
6 Mi madre es _____ de mi abuelo.
7 Mi madre y mi padre están _____
8 La señora Rubio es _____
9 Los padres de Margarita están _____
10 Los hijos de mis hijas son mis _____

6 Completa ¿saber o conocer?

1 ● ¿(Conocer, usted) _____*Conoce*_____ París?
   ▼ No, todavía no.
2 ● Por favor, ¿ _____ (usted) cómo se va a la Catedral?
   ▼ Sí, todo recto y la primera a la derecha.
3 ● ¿_____ (tú) a Pablo?
   ▼ No, ¿qué tal, Pablo? Mucho gusto.
4 ● ¿_____ (vosotros) el número de teléfono de Irene?
   ▼ Sí, aquí tengo su tarjeta.

5 ● ¿Tienes coche?
   ▼ No, es que no _____ conducir.
6 ● Hoy voy a _____ a los padres de mi novia.
   ▼ ¡Qué nervios!
7 ● Oye, ¿tú _____ para qué sirve Internet?
   ▼ Bueno, creo que para _____ más cosas y para _____ a más personas.
8 ● ¿Cuántos idiomas _____?
   ▼ Inglés, alemán y un poco de español.

Nuevo Avance Básico

La familia bien, gracias **4**

7 Completa con las fórmulas necesarias para pedir información.

1 ● ¿*Sabes algo de* (tú) Elena?
▼ Sí, sé que tiene un trabajo nuevo y está muy contenta.

2 ● Perdone, ¿ _____ (usted) _____ la estación de tren?
▼ Lo siento, no tengo ni idea.

3 ● Buenos días, ¿ _____ (tú) está Lisa en casa?
▼ Sí, sí está.

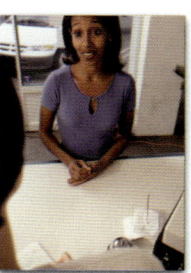
4 ● Buenas tardes, _____ (yo) los horarios de autobuses para Santander.
▼ Los domingos hay tres, uno a las 7:00, otro a las 12:15 y otro a las 15:30.
● Muchas gracias.

5 ● Perdón, ¿ _____ (tú) _____ el Parque de María Luisa?
▼ Sí, está al final de esta avenida.
● Gracias.
▼ De nada.

6 ● Buenas tardes, _____ información sobre los cursos de baile.
▼ Un momento, enseguida viene el profesor.
● Muy amable.

7 ● ¿Sabes algo de Joaquín?
▼ No, _____.

4. De todo un poco

1 Relaciona. En parejas, pregunta y contesta.

Nacho	salir con sus amigos	por las noches
Esperanza	preparar una paella	los domingos
Arturo	**ir a la peluquería**	todos los días
Mariano	tener resaca*	los fines de semana
Inma	ir a la iglesia	los lunes
Mª José	escuchar música	casi siempre
Santiago	tener calor	**una vez al mes**
Isabel	poner la mesa*	dos veces por semana
Gonzalo	hacer la comida	a veces
Gema	poner la radio	a mediodía

● ¿Cuándo va Nacho a la peluquería?
▼ *Una vez al mes.*

PARA ACLARAR LAS COSAS

Tener resaca: estar mal por la mañana después de beber mucho alcohol por la noche.

Poner la mesa: preparar la mesa con todas las cosas necesarias para comer.

Nuevo Avance Básico 47

4 La familia bien, gracias

2 En parejas, describe a las personas de esta familia. Explica cómo se llaman, qué son, de dónde son, cuántos años tienen, cómo son.

El niño se llama Rubén. Tiene dos años. Es moreno. Tiene el pelo corto y es simpático.

3 Lee y relaciona.

¿Sabes dónde está el cine Astoria? — Sí, en la plaza de la República Argentina.

¿Conoces a Luis Miguel?

¿A qué hora haces la comida?

¿Cuánto tardas de tu casa al colegio?

¿A dónde vas?

¿A qué hora sales del trabajo?

¿Cuántos años tienes?

¿Sabes cuántos hijos tienen Carmen y Lorenzo?

¿De dónde vienes?

Vengo de la farmacia.

40 minutos.

Salgo a las tres (15:00).

No.

A mi casa; estoy cansado.

A las dos y cuarto (14:15).

Tengo 32.

Sí, es el novio de mi amiga Leti.

4 Lee la actividad 2 de PRACTICAMOS LOS CONTENIDOS. Con el modelo, explica con quién vives, qué haces normalmente, etc.

5 Lee.

Hola:
Me llamo Héctor y estoy con mi abuela en una plaza del pueblo delante de la casa.
La casa está en Istán, un pueblo de la Sierra de las Nieves, en Málaga.
Estamos muy contentos porque estamos de vacaciones los dos.
Mi abuela es profesora, es la madre de mi padre.
Mi mamá se llama Sandra y mi papá, Francisco.

Escucha y subraya en el texto anterior la información que es igual.
Ahora, trae una foto a clase y escribe un texto parecido.

Nuevo Avance Básico

De fiesta en fiesta

1. Pretexto

Antigua, 28 de marzo

Querida Carmen:
Estoy en Antigua. La Semana Santa aquí es maravillosa. Hay alfombras de flores naturales de todos los colores. Es muy diferente a la Semana Santa de Valladolid.
Un abrazo y hasta pronto.
José Luis

Málaga, 23 de junio

Hola, Juan:
¡Felicidades! Estoy en Málaga. Hoy es la fiesta de san Juan. Todo el mundo va a la playa por la noche. A medianoche se encienden hogueras por todas partes y luego hay una verbena en la playa.

Pienso mucho en ti.
Besos.
Marta

Janitzio, 1 de noviembre

Queridos padres:
Estamos en Janitzio. Hoy es la fiesta de Todos los Santos y mañana el día de los muertos. Aquí se celebra la fiesta de un modo diferente al de España. Es muy curioso: preparan altares increíbles y pasan todo el día y toda la noche en el cementerio sin dormir acompañando a la persona muerta.

Un abrazo para vosotros y un beso para el abuelo.
Tere y Fernando

1 Escucha y contesta.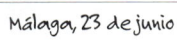

1. ¿En qué países están Antigua, Málaga y Janitzio?
2. ¿Qué es más formal «hola», o «querida» / «querido»?
3. ¿Por qué escribe «¡Felicidades!» en la segunda postal?
4. ¿En qué hemisferio va la gente a la playa en enero, en el norte o en el sur?
5. ¿En qué hemisferio esquía la gente en diciembre, en el norte o en el sur?

2 Habla.
¿Existen estas fiestas en tu país?

5 De fiesta en fiesta

2. Contenidos

1 Los meses del año en el hemisferio norte.

2 La naturaleza.

3 *Muy y mucho.*

a Verbo + **MUY** (invariable) + adjetivo (*alto, delgada, inteligentes, simpáticas*).
Verbo + **MUY** (invariable) + adverbio (*lejos, cerca, bien, mal, despacio*).

- Mi conexión a Internet es ___muy___ rápida.
- Las modelos son _____ delgadas.
- Hablas _____ bien español.
- Como _____ despacio.

b Verbo + **MUCHO** (invariable).
- Desayuno ___mucho___.
- Pedro habla _____.
- Guillermina trabaja _____.

c Verbo + **MUCHO** + sustantivo masculino singular.
Verbo + **MUCHA** + sustantivo femenino singular.
- Alfredo toma _____ café.
- Los niños beben _____ leche.

d Verbo + **MUCHOS** + sustantivo masculino plural.
Verbo + **MUCHAS** + sustantivo femenino plural.
- Ángela lee _____ libros de historia.
- María tiene _____ amigas.

Nuevo Avance Básico

5 De fiesta en fiesta

4 Presentes irregulares.

Irregularidad vocálica.

Estos verbos son irregulares en todas las personas excepto en *nosotros/as* y *vosotros/as*.

a Cambio vocálico o > ue.

	RECORD-AR	VOLV-ER	DORM-IR
Yo	rec**ue**rd-o	v**ue**lv-o	d**ue**rm-o
Tú	rec**ue**rd-as	v**ue**lv-es	d**ue**rm-es
Usted / Él / Ella	rec**ue**rd-a	v**ue**lv-e	d**ue**rm-e
Nosotros/as	record-amos	volv-emos	dorm-imos
Vosotros/as	record-áis	volv-éis	dorm-ís
Ustedes / Ellos / Ellas	rec**ue**rd-an	v**ue**lv-en	d**ue**rm-en

Otros verbos que funcionan igual.

Encontrar   No **encuentro** mis gafas.
Costar   Un paraguas **cuesta** 20 euros.
Soñar   ¡**Sueño** con unas vacaciones!
Contar   Ya sé **contar** hasta 50 en español.
Soler   Los domingos **solemos** ir al campo.
Poder   Esta noche no **puedo** salir.
Morir   Muchos animales **mueren** por el calor.

No **recuerdo** su nombre.
Marta **vuelve** de Barcelona en el tren de las siete.
Duermo ocho horas.

Y ahora tú. Conjuga *soñar y poder*.

Soñar _____ _____
        _____ _____

Poder _____ _____
       _____ _____

b u > ue.

	JUG-AR
Yo	j**ue**g-o
Tú	j**ue**g-as
Usted / Él / Ella	j**ue**g-a
Nosotros/as	jug-amos
Vosotros/as	jug-áis
Ustedes / Ellos / Ellas	j**ue**g-an

● ¿Qué tal **juegas** a las cartas?
▼ **Juego** muy mal.

c e > ie.

	EMPEZ-AR	QUER-ER	PREFER-IR
Yo	emp**ie**z-o	qu**ie**r-o	pref**ie**r-o
Tú	emp**ie**z-as	qu**ie**r-es	pref**ie**r-es
Usted / Él / Ella	emp**ie**z-a	qu**ie**r-e	pref**ie**r-e
Nosotros/as	empez-amos	quer-emos	prefer-imos
Vosotros/as	empez-áis	quer-éis	prefer-ís
Ustedes / Ellos / Ellas	emp**ie**z-an	qu**ie**r-en	pref**ie**r-en

Otros verbos que funcionan igual.

Cerrar   Los bancos **cierran** a las 14:30.
Pensar   **Pienso** mucho en mi novio.
Entender   No **entiendo** el problema.
Encender   **Enciendo** la luz porque veo mal.

Las clases **empiezan** a las 9:00 (nueve).
Quiero tener un día libre.
Soledad **prefiere** ir al campo que a la playa.

Nuevo Avance Básico

5 De fiesta en fiesta

Y ahora tú. Conjuga *pensar, entender* y *cerrar*.

Pensar _____ _____ _____ _____ _____ _____
Entender _____ _____ _____ _____ _____ _____
Cerrar _____ _____ _____ _____ _____ _____

d e > i.

	PED-IR	CONSEGU-IR	ELEG-IR
Yo	pid-o	consig-o	elij-o
Tú	pid-es	_____	elig-es
Usted / Él / Ella	_____	_____	elig-e
Nosotros/as	_____	_____	eleg-imos
Vosotros/as	_____	_____	eleg-ís
Ustedes / Ellos / Ellas	_____	_____	elig-en

Otros verbos que funcionan igual.

Repetir
● *Perdón, ¿puede repetir?*
▼ *Sí, por supuesto.*

Servir
● *¿Para qué sirve esto?*
▼ *Para sacar los corchos. Es un sacacorchos.*

Sonreír
● *Tu hija sonríe mucho.*
▼ *Sí, es muy simpática.*

Completa la conjugación de *pedir* y *conseguir*.

● *¿Tú repites para aprender?*
▼ *Sí, claro.*

(En un restaurante)
● *¿Elijo yo la comida?*
▼ *Sí, que tú la conoces mejor.*

(En un bar)
● *¿Pido café para todo?*
▼ *No, yo quiero un té.*

Y ahora tú. Conjuga *servir* y *repetir*.

Servir _____ _____ _____ _____ _____ _____
Repetir _____ _____ _____ _____ _____ _____

e ui > uy.

	CONSTRU-IR	SUSTITU-IR
Yo	constru**y**-o	_____
Tú	constru**y**-es	_____
Usted / Él / Ella	constru**y**-e	_____
Nosotros/as	constru-imos	_____
Vosotros/as	constru-ís	_____
Ustedes / Ellos / Ellas	constru-**y**en	_____

Los ingenieros construyen autovías y autopistas.
Isabel sustituye a Marta esta semana.

Y ahora tú. Conjuga *sustituir*.

5 El verbo *poder*.

Pedir, dar o no dar permiso:

● *¿Puedo fumar aquí?*
▼ *Sí, por supuesto.*
◆ *Lo siento, está prohibido.*

● *¿Podemos abrir la ventana?*
▼ *Sí, por supuesto.*
◆ *No, hace mucho frío.*

Pedir un favor:

● *¿Puedes hablar un poco más alto, por favor?*
● *¿Puede repetir, por favor?*
● *¿Podéis hablar un poco más bajo, por favor?*
● *¿Pueden ustedes cerrar la puerta?*

5. De fiesta en fiesta

3. Practicamos los contenidos

1 Relaciona.

Enero — Diciembre — Noviembre — Julio — Mayo — Agosto

2 Completa con *muy* o *mucho*.

1. ● ¿Es alto el novio de Cristina?
   ▼ Sí, es _muy_ alto. Juega al baloncesto.
2. ● ¿Qué tal este libro?
   ▼ Es _____ interesante.
3. ● ¿Cuántas horas duermes?
   ▼ De lunes a viernes duermo seis horas, pero los sábados y domingos duermo _____.
4. ● Manolo tiene _____ dinero.
   ▼ Sí, pero es que trabaja _____.
5. ● Este ejercicio no es _____ difícil.
   ▼ Porque tú estudias _____.
6. ● Marisa está _____ delgada.
   ▼ Es que come _____ poco.
7. ● Tengo _____ calor.
   ▼ Ahora mismo abro la ventana.
8. ● ¿Compro pan?
   ▼ No, hay _____.

3 Completa con el presente.

1. ● Yo no (poner) _pongo_ nunca la mesa.
   ▼ Yo, siempre.
2. ● Marta (sonreír) _____ siempre mucho.
   ▼ Sí, es muy agradable y simpática.
3. ● El gato (seguir) _____ siempre a María.
   ▼ ¿Por qué?
   ● No (tener, yo) _____ ni idea.
4. ● Yo nunca (traer) _____ el diccionario a clase.
   ▼ Pues yo, sí.
5. ● ¿Quién (sustituir) _____ hoy a Lucía?
   ▼ La profesora nueva.
6. ● Yo (decir) _____ siempre la verdad.
   ▼ ¿Siempre?
   ● Bueno... casi siempre.
7. ● ¿Quiénes (construir) _____ los puentes y las autopistas?
   ▼ Los ingenieros.
8. ● Yo (conducir) _____ desde los 18 años.
   ▼ Yo, desde los 21.

4 Completa con el presente.

1. ● No (encontrar, yo) _encuentro_ mis gafas.
   ▼ Están en la mesa, junto a las revistas.
2. ● ¿Cuánto (costar) _____ este bolso?
   ▼ 50 euros.
3. ● ¿Cuántas horas (dormir, tú) _____ normalmente?
   ▼ Depende, siete horas más o menos.
4. ● ¿Cuándo (volver, vosotros) _____ del viaje?
   ▼ El 31 de agosto.
5. ● ¿De quién es el *Guernica*?
   ▼ Ahora no (recordar, yo) _____. ¡Ah, sí! De Picasso.
6. ● ¿Cuándo (jugar) _____ la Selección Nacional de fútbol?
   ▼ Creo que el jueves.
7. ● Nunca (encontrar, tú) _____ tus llaves.
   ▼ Es verdad, es que soy muy despistado.
8. ● Todos los días (soñar, yo) _____ que estoy en una casa vieja.
   ▼ Pues yo nunca (recordar) _____ mis sueños.

5 Completa con la forma de presente.

1. ● ¿A qué hora (empezar) _empiezan_ las clases?
   ▼ A las nueve en punto.
   (En un bar)
2. ● ¿Qué (querer, usted) _____ tomar?
   ▼ Un zumo de naranja.
3. ● ¿Qué tipo de música (preferir, ustedes) _____?
   ▼ El jazz.
4. ● ¿A qué hora (volver) _____ María José de Valladolid?
   ▼ (Creer, yo) _____ que a las cuatro de la tarde.
5. ● ¿(Poder, tú) _____ salir esta noche?
6. ▼ No, lo (sentir, yo) _____ mucho.
   ● ¿En qué (pensar tú) _____?
   ▼ En que mañana es sábado y no trabajo.
7. ● ¿(Empezar, usted) _____ con las preguntas?
   ▼ De acuerdo, sin problemas.
8. ● ¿(Entender, tú) _____?
   ▼ ¿(Poder, tú) _____ repetir, por favor?

Nuevo Avance Básico

5 — De fiesta en fiesta

6 Ordena.

1. tiene / Esta / empleados / empresa / muchos
   Esta empresa tiene muchos empleados.
2. del / incluye / traslado / hotel / al / el / precio / no / viaje / El
3. vamos / cine / miércoles / los / al / Todos
4. salen / y / 9 / Ramón / casa / Lola / su / a / de / las
5. al / señor García / No / conozco
6. sé / tema / de / Yo / nada / no / este
7. mucho / casa / dinero / vale / Esta
8. hermano / pasear / Mi / suele / por / la / playa
9. mi / es / Aurelio Pérez / marido / el / de / compañera
10. su / No / apellido / recuerdo

7 En parejas, pide permiso y pide favores. Acepta y rechaza.

Permiso
- Ir a los servicios.
    - ● *¿Puedo ir a los servicios?*
    - ▼ *Claro que sí.*

- Salir 10 minutos antes de clase.
- Beber té en la clase.
- Hablar sobre un tema.
- Aparcar aquí.

Favor o un servicio
- Poner la mesa
    - ● *¿Puedes poner la mesa?*
    - ▼ *No, lo siento, no tengo tiempo.*

- Hablar más despacio.
- Abrir la ventana.
- Apagar la tele.
- Encender la luz.

4. De todo un poco

1 En parejas: pregunta a tu compañero/a cuál es su mes favorito y por qué; y cuál es su fiesta favorita y por qué.

- ● *¿Cuál es tu mes favorito y por qué?*
- ▼ *Julio, porque estoy de vacaciones y viajo a diferentes países.*

- ● *¿Cuál es tu fiesta favorita y por qué?*
- ▼ *Navidad, porque voy a esquiar y cenamos todos los amigos en un hostal.*

Pregunta lo mismo a tu profesor/a.

2 Pregunta a tu compañero/a. Puedes contestar con humor.

1. ¿Estudias o trabajas?
2. ¿A qué juegas?
3. ¿Dónde almuerzas normalmente?
4. ¿Con qué sueñas?
5. ¿Pierdes mucho el tiempo?
6. ¿Sueles llegar tarde?
7. ¿Eres simpático/a o antipático/a?
8. ¿Qué haces los fines de semana?
9. ¿Qué piensas de la situación política de tu país?
10. ¿Cómo pides permiso en español?

3 En parejas. Pregunta y contesta.

¿CUÁNDO?	¿QUÉ?	¿A QUÉ HORA?	¿DÓNDE?
1 diciembre	Conferencia	18:00 horas	Facultad de Derecho
● *¿Cuándo y dónde hay una conferencia?* ▼ *El 1 de diciembre a las 18:00 en la Facultad de Derecho.*			
1-6 diciembre	Exposición: «La mirada del 98»	10:00 a 21:00 horas	Palacio episcopal
1-9 diciembre	Exposición de Arte Azul	11:00 a 17:00 horas	Ayuntamiento de Málaga
1-3 diciembre	Teatro: *Entre bobos anda el juego*	21:00 horas	Teatro Alameda
3 diciembre	Concierto	21:00 horas	Teatro Cervantes
4 diciembre	Concierto	22:30 horas	Koncierto Sentido
4-5 diciembre	Teatro: *Bodas de Sangre*	21:00 horas	Teatro Cervantes
5 diciembre	Concierto	22:30 horas	Koncierto Sentido
5 diciembre	Concierto en solidaridad con Centroamérica	21:00 horas	Auditorio de Torremolinos
7 diciembre	Concierto	21:00 horas	Teatro Cervantes
11 diciembre	Concierto de la Orquesta Ciudad de Málaga	21:00 horas	Teatro Cervantes
15 diciembre	Concierto	21:00 horas	Teatro Cervantes
9 diciembre	Concierto de la Orquesta Ciudad de Málaga	21:00 horas	Teatro Cervantes
30 diciembre	Concierto de la Orquesta Ciudad de Málaga	21:00 horas	Teatro Cervantes

4 Escucha la grabación y escribe el mes del que hablan y el nombre de la fiesta.

1 Mes _____   Nombre de la fiesta _____
2 Mes _____   Nombre de la fiesta _____
3 Mes _____   Nombre de la fiesta _____

5 Describe una de las fotografías de la actividad 1 de PRACTICAMOS LOS CONTENIDOS de esta unidad. Tu compañero/a dice cuál es.

Si prefieres, lleva a clase una foto y descríbesela a tu compañero/a. Tiene que dibujarla.

En esta foto hay nubes en el cielo, montañas... Estamos en... porque...

6 Lee este texto y contesta a las preguntas.

La Navidad en España

La Navidad española empieza el día 22 de diciembre con la famosa lotería. Todos sueñan con ganar el premio gordo*. En Nochebuena (24 de diciembre) o en Navidad (25 de diciembre), la familia española come junta y canta villancicos*. Los platos más característicos son el pavo o el besugo. Los postres son muy variados.

En Nochevieja (31 de diciembre), los españoles se reúnen con la familia o con amigos para despedir el año, tomando las doce uvas de la suerte. Después, la fiesta continúa toda la noche.

El 5 de enero los niños españoles ven la cabalgata* por las calles o por televisión, dejan sus zapatos junto a la ventana, se acuestan pronto y esperan al día siguiente.
El día 6 ven los regalos de los Reyes Magos y juegan todo el día.

Si en tu país se celebra la Navidad, contesta:
1 ¿Es la fiesta de Navidad igual en tu país?
2 Explica qué es diferente.
3 ¿Qué día se celebra especialmente?
4 ¿Qué hacéis en fin de año?
5 ¿Quién trae los regalos?

* El premio gordo: el premio más importante.
* Villancicos: canciones de Navidad.
* Cabalgata: procesión con los Reyes Magos.

Si en tu país no se celebra la Navidad:
1 Explica cómo se llama, qué se hace y cómo se celebra la fiesta más importante.

7 Escribe un texto breve sobre la fiesta más importantes de tu país. Toma como modelo las fiestas que aparecen en DE TODO UN POCO, actividad 4 y el texto de *La Navidad en España*.

Un día normal en la vida de...

1. Pretexto

1 Vamos a jugar un poco. Mira estas fotos. ¿Qué hacen? ¿Cómo se dice en tu idioma?
2 Escucha y escribe con lápiz los verbos debajo de la foto correcta.

> depilarse • secarse • despertarse • maquillarse • vestirse o ponerse la ropa
> peinarse • afeitarse • levantarse • ducharse • bañarse • lavarse los dientes

3 Después de corregir, compara con tus compañeros/as y explícales qué acciones haces y cuáles no y por qué.

6

6 Un día normal en la vida de...

2. Contenidos

1 Verbos reflexivos.

a El sujeto hace la acción y recibe el resultado.

*Si yo **me cepillo** los dientes, mis dientes están limpios.*

> depilarse • lavarse • maquillarse • vestirse o ponerse la ropa
> secarse • afeitarse • ducharse • bañarse • peinarse • cepillarse

b Construcciones reflexivas.

Son aquellas en las que coinciden en la misma persona el sujeto; (*yo*), el pronombre (*me*) y el verbo (*marcho*):

(Yo) me voy; (Tú) te sientas; etc.

march-ar-se o ir-se

sent-ar-se

divert-ir-se

aburr-ir-se

re-ír-se

acost-ar-se
despert-ar-se
levant-ar-se

dorm-ir-se

- ¿A qué hora **te levantas** normalmente?
- ◆ Muy temprano. (**Me levanto**) A las 06:00.

- ¿**Te maquillas** antes de salir?
- ◆ ¡Qué va!*, no tengo tiempo.

*¡Qué va! = no; todo lo contrario.

Observa:
dormir = proceso
dormirse = empezar a dormir

Subraya los verbos que se refieren a acciones que haces todos los días. Pregunta a tu compañero/a si hace las mismas acciones.

c Otros verbos reflexivos:

Encontrarse (O>UE) = Sentirse (E>IE) (= estar)

- *Hola, Santiago, ¿cómo estás?*
- ◆ *No sé... no **me encuentro** bien, **me siento** regular, creo que tengo fiebre.*

2 a Presente de los verbos reflexivos regulares.

		LAV-AR-SE			PEIN-AR-SE
Yo	ME	lav-o	Yo	ME	pein-o
Tú	TE	lav-as	Tú	TE	pein-as
Usted / Él / Ella	SE	lav-a			
Nosotros/as	NOS	lav-amos			
Vosotros/as	OS	lav-áis			
Ustedes / Ellos / Ellas	SE	lav-an			

Lee *lavarse* y completa *peinarse*.

6 Un día normal en la vida de...

b Presente de los verbos reflexivos irregulares.
Lee y completa *sentarse, sentirse, divertirse* y *dormirse*.
Recuerda que ya sabes conjugar los verbos irregulares.

		DESPERT-AR-SE (E>IE)	VEST-IR-SE (E>I)	IR-SE	ACOST-AR-SE (O>UE)
Yo	ME	desp**ie**rt-o	v**i**st-o	v-oy	ac**ue**st-o
Tú	TE	desp**ie**rt-as	v**i**st-es	v-as	ac**ue**st-as
Usted / Él / Ella	SE	desp**ie**rt-a	v**i**st-e	v-a	ac**ue**st-a
Nosotros/as	NOS	despert-amos	vest-imos	v-amos	acost-amos
Vosotros/as	OS	despert-áis	vest-ís	v-ais	acost-áis
Ustedes / Ellos / Ellas	SE	desp**ie**rt-an	v**i**st-en	v-an	ac**ue**st-an

		SENT-AR-SE (E>IE)	SENT-IR-SE (E>IE)	DIVERT-IR-SE (E>IE)	DORM-IR-SE (O>UE)
Yo	ME	s**ie**nt-o	s**ie**nt-o	div**ie**rt-o	d**ue**rm-o
Tú	TE	s**ie**nt-as	s**ie**nt-es	div**ie**rt-es	_____
Usted / Él / Ella	SE	s**ie**nt-a	s**ie**nt-e	_____	_____
Nosotros/as	NOS	sent-amos	sent-imos	_____	_____
Vosotros/as	OS	_____	_____	_____	_____
Ustedes / Ellos / Ellas	SE	_____	_____	_____	_____

- ¿Cuántas horas **duermes** normalmente?
- **Duermo** siete horas.
- ¿A qué hora **te duermes**?
- **Me acuesto** sobre las 23:00 (once) y **me duermo** media hora más tarde más o menos.

3 El aseo diario.
Lee, escucha y completa con el artículo.

____ cepillo de dientes

____ toalla

____ secador

____ cepillo de pelo

jabón

____ gel de baño

____ champú

____ cuchilla de afeitar

el peine

el cortaúñas

la pasta de dientes o dentífrico

6 Un día normal en la vida de...

4 La ropa.
Pon el artículo delante de las palabras.

___ falda
___ pantalón 
___ abrigo 
___ camisa (blusa) 
___ jersey 
___ camiseta 
___ cinturón 
___ medias 
___ calcetines 
___ guantes 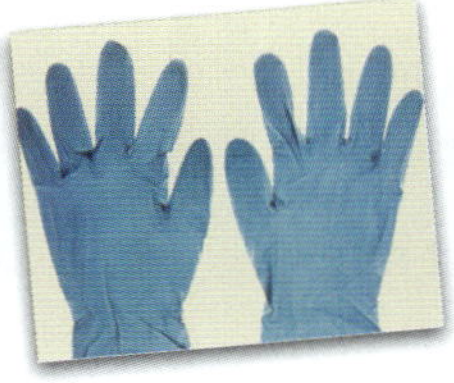
___ traje 
___ vestido 
___ zapatos 
___ paraguas 
___ bufanda 
___ pijama 
___ camisón 
___ ropa interior 

5 Números del 50 al 1001.
Lee y repite.

50 cincuenta
51 cincuenta y uno
60 sesenta
62 sesenta y dos
70 setenta
73 setenta y tres
80 ochenta
84 ochenta y cuatro
90 noventa
95 noventa y cinco

100 cien
101 ciento uno
112 ciento doce
123 ciento veintitrés
134 ciento treinta y cuatro
145 ciento cuarenta y cinco
156 ciento cincuenta y seis
167 ciento sesenta y siete
178 ciento setenta y ocho
189 ciento ochenta y nueve

200 doscientos/as
300 trescientos/as
400 cuatrocientos/as
500 quinientos/as
600 seiscientos/as
700 setecientos/as
800 ochocientos/as
900 novecientos/as
1000 mil
1001 mil uno

¿Cuánto valen? Escribe el valor de los billetes de euro.

1. _____
2. _____ 
3. _____ 
4. _____ 
5. _____ 
6. _____ 
7. _____

Un día normal en la vida de...

6 Demostrativos.

AQUÍ	AHÍ	ALLÍ
Este	Ese	Aquel
Esta	Esa	Aquella
Estos	Esos	Aquellos
Estas	Esas	Aquellas

Este hombre	**Ese** hombre	**Aquel** hombre
Esta mujer	**Esa** mujer	**Aquella** mujer
Estos libros	**Esos** libros	**Aquellos** libros
Estas revistas	**Esas** revistas	**Aquellas** revistas

- *¿De quién son **estas** revistas?*
- *Creo que son de Germán.*

- *¿Quién es **aquella** mujer?*
- *Es la dueña del bar Chao.*

- ***Ese** hombre de ahí, ¿no es Mauricio?*
- *No, Mauricio es más joven.*

7 Expresar coincidencia y divergencia.

Coincidencia

Desayuno mucho.	=	Yo también.
Me levanto a las 08:00.	=	Yo también.
No sé hablar chino.	=	Yo tampoco.
No me siento bien.	=	Yo tampoco.

Divergencia

No sé hablar italiano.	≠	Yo sí.
No me aburro nunca.	≠	Yo sí.
Tomo té.	≠	Yo no.
Hablo cuatro idiomas.	≠	Yo no.

3. Practicamos los contenidos

1 Completa con el presente de los verbos reflexivos. Recuerda que el pronombre reflexivo va primero.

1. • ¿(Afeitarse, tú) *Te afeitas* todos los días?
   ▼ No, porque tengo la piel muy sensible. (Afeitarse, yo) _____ dos veces a la semana.
2. • ¿A qué hora (acostarse, tú) _____?
   ▼ A las 23:00 más o menos.
3. • ¿Cómo (llamarse, ella) _____ tu novia?
   ▼ Beatriz, pero no es mi novia, es una amiga.
4. • ¿Por qué (depilarse, él) _____ Julián?
   ▼ Porque es ciclista, creo.
5. • Bueno y ¿cómo (sentirse, ustedes) _____ en España?
   ▼ Muy bien, pero la verdad es que nos acordamos mucho de nuestro país.
6. • ¿Quieres el secador?
   ▼ No, gracias, solo (secarse, yo) _____ el pelo con la toalla, dicen que es mejor.
7. • ¿A qué hora (despertarse, nosotros) _____ para la excursión?
   ▼ A ver... es a las nueve, pues a las ocho menos cuarto.
8. • Hoy no (ducharse, vosotros) _____; no hay agua.
   ▼ Jo, ¿otra vez?
9. • (Bañarse, yo) _____ en la piscina todas las noches.
   ▼ ¡Qué lujo, chica!
10. • ¿Vienes?
    ▼ Sí, (lavarse, yo) _____ las manos y voy contigo*.
11. • ¿Cómo (sentirse, usted), _____ señor Carrión?
    ▼ Gracias, (encontrarse, yo) _____ bastante bien.

ATENCIÓN

Con + yo > **conmigo**   Con + tú > **contigo**

Pero: con él / con ella / con usted / con nosotros / con nosotras / con vosotros / con vosotras / con ustedes / con ellos / con ellas.

Nuevo Avance Básico

6 Un día normal en la vida de...

2 Relaciona y haz frases.

Cepillarse los dientes con pasta de dientes. > Me cepillo los dientes con pasta tres veces al día.

Lavarse	con una cuchilla	todos los días
Secarse	con pinzas	una vez al mes
Bañarse	con jabón	**tres veces al día**
Ducharse	con champú	todas las noches
Secarse el pelo	**con pasta (de dientes)**	
Afeitarse	con una toalla	
Depilarse	con gel de baño	
Peinarse	con secador	
Cepillarse los dientes	con un cepillo	
Lavarse el pelo		

3 Completa con el pronombre reflexivo si es necesario.

1. ● ¿*Os* sentáis? Vuelvo en un momento.
   ▼ De acuerdo.
2. ● ¿No ____ aburres con el ordenador?
   ▼ No, porque ____ tengo muchos juegos y puedo chatear con mis amigos. No, la verdad, no ____ aburro.
3. ● ¿____ marcháis ya?
   ▼ Sí, ____ tenemos prisa.
4. ● Esta máquina ____ traduce automáticamente.
   ▼ Sí, pero las traducciones no son muy buenas.
5. ● Los niños ____ construyen castillos en la playa.
   ▼ Y tú ____ construyes castillos en el aire*.
6. ● ¿____ tienes tiempo para tomar un café?
   ▼ Sí, claro. Encantado.
7. ● ¿____ acostamos? Es tarde.
   ▼ Yo no ____ puedo. Todavía ____ tengo trabajo.
8. ● ¿Cómo ____ sientes hoy?
   ▼ ____ encuentro mucho mejor, gracias.
9. ● ¿Cuándo ____ despierta Elena?
   ▼ No sé, abuela, normalmente ____ duerme a las tres y ____ despierta a las seis o seis y media para tomar la papilla.
10. ● ¿____ maquillas normalmente?
    ▼ Solo cuando ____ salgo por la noche.

* **Castillos en el aire:** *fantasías.*

4 Completa con las palabras del recuadro.

zapatos ● paraguas ● guantes ● corbata
camisas ● camiseta ● medias ● traje ● vestido
pantalones ● faldas ● pijama

1. Para trabajar, Enrique tiene que llevar *traje* y _____.
2. La Selección española de fútbol lleva una _____ roja.
3. Tengo muy pocas _____ porque siempre voy en moto.
4. Creo que está lloviendo. Voy a llevar el _____.
5. Mickey Mouse lleva siempre unos _____ blancos y su novia un _____ blanco y rojo.
6. Me encanta andar por mi casa sin _____.
7. Fran nunca lleva _____ de cuadros.
8. Los domingos desayuno en _____.
9. Quiero comprarme unos _____ vaqueros en las rebajas.
10. No comprendo cómo puedes usar _____ en verano.

Observa.

En una tienda de ropa el/la vendedor/a pregunta: ● ¿*Qué talla tiene?*   ● ¿Qué talla tienes tú?
          Y el/la cliente contesta: ▼ *La 40.*   ▼ _____

En una zapatería el/la vendedor/a pregunta: ● ¿*Qué número tiene?*   ● ¿Qué número tienes tú?
          Y el /la cliente contesta: ▼ *El 38.*   ▼ _____

Nuevo Avance Básico

6 Un día normal en la vida de...

5 Completa con el demostrativo adecuado.

____ niños son los hijos de mi hermano.
¡Qué guapos!
1.

____ sofá es muy cómodo.
Yo prefiero ____ otro.
2.

¿No son incómodos ____ pantalones?
No abuelo, ____ pantalones son muy cómodos.
3.

¿____ flores son orquídeas?
Sí, son orquídeas verdes.
4.

¿De quién son ____ gafas?
Creo que son de Sandra.
5.

¿Quién es ____ chico que va con Lidia?
Es un compañero de clase.
6.

6 Escribe los números que oyes.

1. En este autocar caben 65 pasajeros.
2. La entrada para el concierto cuesta _____ euros.
3. En esta escuela hay _____ estudiantes.
4. El abuelo de Mercedes tiene _____ años.
5. Mi hermano mide _____ metro _____.
6. De Málaga a Madrid hay _____ kilómetros aproximadamente.
7. Córdoba (España) está a _____ metros sobre el nivel del mar.
8. Córdoba (Ecuador) está a _____ metros sobre el nivel del mar.
9. Isabel pesa _____ kilos.
10. Este libro tiene _____ páginas.

7 Habla con tu compañero y expresa coincidencia o divergencia.

- ● Me levanto a las 7:00.
- ▼ Yo no.
- ● Estudio con música.
- ▼ Yo también.

+ no toco la flauta
Yo tampoco

- Acostarse con pijama.
- Tener dos amigas coreanas.
- Pasar las vacaciones en la playa.
- Nadar una hora todos los días.
- Tocar la flauta.
- Hablar tres lenguas.
- Maquillarse todos los días.

6 Un día normal en la vida de...

4. De todo un poco

1 En parejas.
Diferentes personas españolas van a hacer cosas distintas esta noche. Tenéis que elegir la ropa, el calzado, etc., que va a llevar cada una de ellas.

- Esta noche Marta Solórzano Eugui (37 años) va a una fiesta en la Embajada Española en Buenos Aires.
- Esta noche Ernesto Allende Lago (48 años) va a pescar en una barca.
- Esta noche Ramón Altolaguirre Usandizaga (52 años) va a una cena en un hotel de cinco estrellas de Lima.
- Esta noche Rosa Andreu Palau (5 años) va a acostarse temprano.

Ahora tú. Pregunta a tu compañero/a cómo se viste:

- Un jardinero para ir a trabajar.
- Una abogada para una reunión de trabajo.
- Un policía para su trabajo.
- Una chica de 16 años para ir al cine.
- Un chico de 25 años para ir a una discoteca el viernes por la noche.

> un bolso pequeño
> una camisa de seda
> unas botas de goma
> un traje azul marino
> unos zapatos de tacón
> un pijama
> un jersey viejo de lana
> unos calcetines finos negros
> unos pantalones vaqueros viejos
> unos zapatos negros
> una corbata azul con rayas amarillas
> unos calcetines de lana
> un vestido largo de seda
> un cinturón de piel

2 ¿Eres consumista?

Lee estos textos.

«Soy cuidadoso en mi forma de vestir, pero no gasto mucho en ropa.»

«Gasto mucho en cosmética. Solo compro primeras marcas.»

«Gasto mucho en zapatos especialmente de tacón muy alto.»

«Yo no compro marcas, gasto muy poco en ropa.»

«Tengo 8 pares de zapatos, 4 de botas y 6 de deportivas. Creo que gasto demasiado.»

«Gasto mucho en ropa, siempre quiero estar a la moda.»

«Solo compro en tiendas de segunda mano o en las tiendas de 'comercio justo'*. Gasto lo imprescindible; soy anticonsumista.»

* El comercio justo es una forma alternativa de comercio que promueve una relación comercial voluntaria y justa entre productores y consumidores.

Un día normal en la vida de... 6

Contesta:

1 ¿Qué es «ser consumista»?
2 ¿Conoces el comercio justo?
3 ¿Compras normalmente en las tiendas de comercio justo?
4 ¿Conoces a alguien muy consumista? ¿De qué lo conoces o qué consume?

3 Escucha y completa.

El _____ % de los españoles es feliz en sus vacaciones. Esta es la conclusión de un informe sobre la felicidad basado en entrevistas personales.
Según este estudio, los jóvenes entre _____ y _____ años son los que están más satisfechos y felices (_____ %). Este porcentaje disminuye entre las personas de más edad. El _____ % de los españoles pasa sus vacaciones con la familia; un _____ % con la pareja, un _____ % con amigos y un _____ % en solitario.

4 Escucha, completa con los números que oyes y contesta a las preguntas.

MODA INTERNACIONAL

Inditex abre su tienda número _____

Tokio, 21/09/2008
Zara abre en Tokio su tienda número _____. Zara está en una de las zonas más comerciales de la ciudad. Inditex tiene ya _____ tiendas en este país y espera tener _____ antes de final de año. Inditex es uno de los grupos de moda más importantes del mundo (Zara, Pull & Bear, Massimo Dutti, Bershka, Stradivarius, Oysho, Zara Home, Uterqüe). Hay tiendas en _____ países de Europa, América, Asia y África.

Inditex en el mundo	
Zara	_____
Pull and Bear	555
Massimo Dutti	454
Bershka	_____
Stradivarius	430
Oysho	348
Zara Home	233
Uterqüe	_____
TOTAL	_____

Contesta:

1 ¿Cuántas tiendas tiene Inditex en Japón?
2 ¿En cuántos países del mundo tiene tiendas Inditex?
3 ¿En cuantos continentes?
4 ¿Cuántas marcas tiene el grupo Inditex?

Nuevo Avance Básico

6
Un día normal en la vida de…

5 Un día en la vida de una profesora de ELE, Victoria Moreno Rico.
Lee y escucha la entrevista.

SGEL:
Buenos días, Victoria. Queremos saber cómo es un día normal de tu vida.

VICTORIA:
Me despierto muy temprano, sobre las seis, pero no me levanto hasta las seis y media. Me ducho y me preparo un buen desayuno: zumo de naranja, café con leche, un bocadillo de tomate con aceite y queso fresco. Después organizo un poco la comida. Me visto, nunca me maquillo porque no tengo tiempo, me peino, despierto a mis dos hijos y me marcho. Normalmente salgo de casa a las ocho menos cuarto. ¡Ah! Y nunca olvido coger fruta para la pausa entre las clases.

¿Vives lejos de tu centro de trabajo?
A cuatro kilómetros. Voy siempre andando, tardo 40 minutos.

¡Qué bien! Así estás en forma, claro.
Sí, es estupendo llegar al trabajo a pie, así no tengo problemas de aparcamiento.

¿Cuántas clases das cada día?
Doy cinco. Las clases son de 50 minutos que pasan muy rápidos. Nunca me aburro.

¿Nunca?
De verdad, nunca, nunca. Me divierto y me río con frecuencia.

¿Das las clases sentada?
No. Me levanto y me siento continuamente. Es bueno para la salud, lo dicen los médicos.

Entonces, ¿terminas las clases a las dos?
Sí. Vuelvo a mi casa en autobús. Llego a casa a las tres menos veinte y como con uno de mis hijos. No podemos comer todos juntos porque tenemos diferentes horarios.
Luego veo las noticias, leo el periódico y corrijo los deberes de los estudiantes. Después estudio.

¿Estudias?
Sí, para mí es muy importante avanzar. Quiero aprender siempre.

Bueno, ¿y cómo termina tu día?
Cenamos juntos mis hijos y yo, pero poco. Nunca comemos mucho por la noche; charlamos un rato y me acuesto sobre las once, pero no me duermo inmediatamente.

Pues muchísimas gracias, Victoria.
A vosotros. Adiós.

Lee de nuevo el texto y subraya los verbos que llevan delante el pronombre *me*.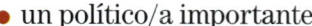

Contesta a estas preguntas.

Según Victoria:

1 ¿Es bueno andar para estar en forma?
2 ¿Es fácil aparcar cerca de su trabajo?
3 ¿Disfruta la profesora con su trabajo?

Y ahora, habla.

1 ¿A qué hora te levantas?
2 ¿Desayunas, comes y cenas solo?
3 ¿A qué hora te acuestas?

6 Después de leer la entrevista, escribe un día normal de tu vida. Si prefieres, imagina que eres:

- un político/a importante
- un/a deportista famoso/a
- un/a artista muy conocido/a

… y escribe sobre un día normal de sus vidas.

Nuevo Avance Básico

Repaso
Unidades 4, 5 y 6

1 Escucha y marca sí o no.

	Alfonso	Jaime
1 Se levanta a las seis.	No	No
2 Se afeita todos los días.		
3 Toma café.		
4 Trabaja lejos de su casa.		
5 Va en bicicleta al trabajo.		
6 Come en casa a mediodía.		
7 Trabaja hasta las ocho de la tarde.		
8 Cena en su casa.		
9 Se acuesta tarde.		

2 Pregunta a tu compañero/a.
1. A qué hora se levanta.
2. Qué desayuna y dónde.
3. Cómo va a la escuela.
4. Qué horario tiene.
5. Dónde come.
6. Dónde cena.
7. A qué hora se acuesta.

3 Cuenta con quién vives, dónde vives y qué haces en casa.

4 Describe una profesión. Tus compañeros/as tienen que saber cuál es.

5 Lee.

Madrid 17/11/09

Hola Marta:
¿Qué tal estás en Boston? ¿Sigues sin conexión a Internet? Me preguntas con quién vivo en Madrid..., pues vivo con una familia española. Es una familia un poco especial. Roberto es viudo y tiene dos hijos Teresa y Gonzalo. Teresa, tiene 26 años, vive de lunes a viernes en casa y el viernes por la tarde va a Burgos donde vive su novio. Gonzalo, de 24, trabaja en Toledo y viene todos los fines de semana a casa, a Madrid. Roberto, el padre, tiene un restaurante y siempre comemos allí. La madre de Roberto viene al restaurante algunas veces.
Estoy contenta. Creo que aprendo mucho español con ellos.
Me voy a clase.
Un beso. Chantal.

Di si es verdadero o falso.

		V	F
1	La mujer de Roberto no vive.	V	F
2	Los hijos siempre están juntos.	V	F
3	Gonzalo trabaja fuera de Madrid.	V	F
4	El novio de Teresa vive en Madrid.	V	F
5	Roberto ve a su madre algunas veces.	V	F

6 Escribe sobre el carnaval u otra fiesta en tu país.

7 Elige la respuesta correcta.

1 ● ¿_____ es tu dirección en Palma?
▼ General Riera nº 3, 1.º izquierda.
  a. Dónde   **b.** Qué   **c.** Cuál

2 ● ¿Cómo se llama ese objeto que sirve para borrar?
▼ _____ ¿no?
  a. Goma   **b.** Bolígrafo   **c.** Carpeta

3 ● ¿_____ es la chica que está con Laura?
▼ Creo que es la novia de su hermano.
  a. Qué   **b.** Cómo   **c.** Quién

4 ● Por favor, ¿dónde _____ la Avenida de las Américas?
✤ Creo que al final de la calle, a la izquierda.
  a. es   **b.** está   **c.** hay

5 ● ¿Qué hora es?
▼ _____ la una y diez.
  a. Son   **b.** Es

6 ● ¿_____ termina la película?
▼ A las 19:30.
  a. Cuánto tiempo   **b.** A qué hora

7 ● ¿Quieres un té?
▼ No, gracias. No tengo _____.
  a. hambre   **b.** sed

8 ● ¿Dónde _____ (vosotros)?
▼ En el centro, cerca de la Avenida de la Libertad.
  a. vivéis   **b.** vivís

Repaso Unidades 4, 5 y 6

9 ● ¿Estudias en la _____ con frecuencia?
▼ Sí, voy todos los días.
a. biblioteca   b. librería

10 ● ¿A qué hora _____ normalmente?
▼ A las once de la noche.
a. te levantas   b. te acuestas

11 ● ¿Cómo vas a la universidad?
▼ Normalmente voy en coche, pero a veces voy _____.
a. andando   b. autobús

12 ● ¿Vamos a pasear?
▼ Lo siento, pero no _____ bien, estoy cansada.
a. me encuentro   b. me despierto

13 ● No como carne.
▼ _____.
a. Yo también   b. Yo tampoco

14 ● ¿Cuántas horas _____ normalmente?
▼ Menos de ocho, casi siempre siete.
a. te duermes   b. duermes

15 ● ¿Dónde está _____ cine Astoria?
▼ Al lado de la Plaza de Guipúzcoa.
a. la   b. el

16 ● ¿_____ fumar aquí?
▼ Lo siento, está prohibido.
a. Podemos   b. Puedes

17 ● ¿Dónde vives?
▼ _____ Salamanca.
a. En   b. A

18 ¿Qué es para mí el hermano de mi padre?
a. Mi tío   b. Mi primo

19 ● ¿Qué tal las clases de Literatura?
▼ Son _____ interesantes.
a. muy   b. mucho

20 ● ¿Un piso o una casa?
▼ En la ciudad _____ un piso.
a. prefiero   b. prifero

21 ● ¿_____ cuál es el número de teléfono del puerto?
▼ No, no _____.
a. Conoces / sé   b. Sabes / tengo ni idea

22 ¿Dónde hay _____ quiosco?
a. el   b. un

23 Hay mucho ruido; no _____ nada.
a. oyo   b. oigo

24 ● Esta chica siempre _____ vestidos y zapatos de tacón.
▼ Claro, es que es recepcionista de un hotel de lujo.
a. se pone   b. se quita

25 ● ¿Cómo se dice O.K. en español?
▼ Se dice _____.
a. vale, de acuerdo   b. hasta pronto

26 ¿Quién _____ cómo se _____ la paella?
a. sabe / hace   b. conoce / prepara

27 ● ¿Con qué te depilas?
▼ Me depilo con _____.
a. unas pinzas   b. un cortaúñas

28 (*En una tienda de ropa*) ¿Qué _____ tiene usted?
a. talla   b. tamaño

29 ● Los sábados me levanto a las 11:00.
▼ Yo _____.
a. tampoco   b. también

30 Ya sé _____ hasta 50 en español.
a. decir   b. contar

8 Ortografía.

a Completa con G o GU.
- El ___ato está en el tejado.
- La ___erra es terrible.
- *Los ___irasoles* es uno de los cuadros más famosos de Vincent Van Gogh.
- Hay muchas personas que tocan la ___itarra, pero muy pocas la tocan perfectamente.

b Completa con S, C o Z.
- Ne___e___ito ___ilen___io para trabajar.
- Antonio es muy inteligente y muy ___urio___o.
- La ___erve___a del bar de ___armen es de Dinamar___a.
- Mi abuelo fuma ___in___o ___igarrillos al día.

9 Fonética. Escucha, lee y repite tres veces.

Un tigre, dos tigres, tres tristes tigres comen trigo en un trigal.

Para gustos están los colores

1. Pretexto

1 Escucha y relaciona las afirmaciones con las fotos de estos personajes. ¿Te acuerdas de ellos? Aparecen en la Unidad 2 y en el Repaso 1. Son:

Rafael Nadal (tenista)

Isabel Coixet (directora de cine)

Cecilia Roth (actriz)

Carolina Herrera (diseñadora de moda y de perfumes)

Karlos Arguiñano (cocinero)

Antonio Canales (bailaor)

Margarita Salas (científica)

Alejandro Sanz (cantante)

a «Me gusta mucho la música y el arte. Voy a conciertos y a visitar exposiciones. Me gusta el cine, pero no la ciencia ficción; está muy lejos de ser ciencia.»

b «Comemos muy bien en el País Vasco porque nos gusta mucho comer.»

c «Me gustan muchísimo Truffaut, Bergman, Scorsese, WalkerWay, Alexander Pynne.»

d «Me gusta bailar flamenco con el alma.»

e «Me gusta pescar y jugar al golf en Mallorca.»

f «Me gustan las camisas blancas. Una camisa blanca siempre está bien, es muy fresca, femenina.»

g «Me gustan mucho Stravinsky, Rachmaninoff, Ravel y Bach.»

h «Me gusta trabajar con Pedro Almodóvar. Me siento muy bien con él.»

2 Contesta.

1 Hay un tipo de verbo nuevo. Es diferente a los reflexivos. Solo va en tercera persona del singular y del plural, ¿qué verbo es?
2 Compara esta forma de expresar gustos con otras lenguas que conoces.

3 Habla.

1 ¿Se puede bailar con el alma?
2 ¿Qué aficiones encuentras en los textos?

7 Para gustos están los colores

2. Contenidos

1 **Las cuatro estaciones.**

Las estaciones son diferentes en los dos hemisferios. Por ejemplo, en enero, en el hemisferio norte hace frío y en el hemisferio sur hace calor.

Pon el artículo delante de los sustantivos anteriores.

_____ primavera

_____ verano

_____ invierno

_____ otoño

2 **El tiempo atmosférico.**

Lee, pregunta y contesta.

● ¿Qué tal día **hace** hoy?
▼ Hace **bueno**.

Hace	Está, hay
frío calor viento sol buen tiempo / bueno mal tiempo / malo	Está nublado Hay niebla

| llover | llueve | la lluvia |
| nevar | nieva | la nieve |

LA TEMPERATURA

*En Madrid, en verano, **hace** treinta grados.*
*En Madrid, en verano, **están** a treinta grados.*
*En invierno, en Ávila, **hace** siete grados bajo cero.*
*En invierno, en Ávila, **están** a siete grados bajo cero.*

Pregunta a tu compañero/a qué día hace hoy.

3 **Los verbos de objeto indirecto.**

a **Son verbos especiales. Observa el caso del verbo *gustar*.**

- El pronombre no es el sujeto. Representa a la persona que siente el gusto.
- El sujeto gramatical es el sustantivo o infinitivo que suele ir detrás.
- Con el sustantivo en singular y el infinitivo el verbo va en 3.ª persona de singular.

Nuevo Avance Básico

Para gustos están los colores

b Pronombre de objeto indirecto (OI) + verbo en 3.ª persona del singular + sujeto singular

	PRONOMBRE DE OI	VERBO	SUJETO
(A mí)	ME	gusta	el mar
(A ti)	TE	gusta	la playa
(A usted)	LE	gusta	el cine
(A él, a ella)	LE	gusta	Alejandra
(A nosotros/as)	NOS	gusta	Mallorca
(A vosotros/as)	OS	gusta	comer
(A ustedes)	LES	gusta	el deporte
(A ellos, a ellas)	LES	gusta	pasear

c Pronombre de objeto indirecto + verbo en 3.ª persona del plural + sujeto plural

	PRONOMBRE DE OI	VERBO	SUJETO
(A mí)	ME	gustan	**los** perros
(A ti)	TE	gustan	**las** naranjas
(A usted)	LE	gustan	**los** niños
(A él, a ella)	LE	gustan	**Mónica y Nuria**
(A nosotros/as)	NOS	gustan	**tus** amigos
(A vosotros/as)	OS	gustan	**las** cataratas del Iguazú
(A ustedes)	LES	gustan	**los** árboles
(A ellos, a ellas)	LES	gustan	**los** Pirineos

Otros verbos que funcionan igual:

Encantar
Molestar
Interesar
Apetecer
Pasar
Doler

- ¿**Te interesan** los deportes?
- No mucho.

- ¿Qué **te pasa**?
- Que **me duele** la cabeza.

- ¿**Os apetece** ir al cine?
- A mí sí.
- Pues a mí no.

Le encanta comer

Piensa en cómo se dicen las mismas cosas en tu lengua.

Pregunta a tu compañero/a usando los verbos anteriores.

- ¿**Te gusta** la leche?
- ¿**Te interesan** los deportes?

4 Los deportes.

El ciclismo, la natación, el atletismo, el tenis, el baloncesto, el fútbol, el balonmano...

Con ayuda del diccionario, escribe el nombre de otros deportes.

Pregunta a tu compañero/a.

¿Qué deportes practicas?

Nuevo Avance Básico

7 Para gustos están los colores

5 Algunos adverbios.

Recuerda que ya sabes cómo se usan *muy* y *mucho* (Unidad 5)
Aquí tienes algunos adverbios más.

antes	tarde	nunca
después	deprisa	bastante
ahora	despacio	poco
pronto / temprano	siempre	nada

- ¿**Nunca** llegas **tarde**?
- No, soy **muy** puntual.

- ¿Te gusta trabajar por la noche?
- No, **no** me gusta **nada**.

ATENCIÓN

No me gusta nada el calor.
NO + verbo + NADA

No llego nunca tarde.
NO + verbo + NUNCA, pero NUNCA llego tarde.

6 Preguntar sobre gustos y aficiones.

Preguntar:
¿Te gusta...?
¿Qué te parece...?
¿Eres aficionado a...?

Expresar lo que a uno le gusta.
Me gusta mucho.
Me encanta.
Soy muy aficionado a...

Expresar lo que a uno no le gusta.
No me gusta...
No me gusta nada...
Odio...
No soy aficionado a...

Expresar coincidencia. Expresar divergencia.
A mí, sí.   A mí, no.
A mí, también.   A mí, tampoco.

3. Practicamos los contenidos

1 Completa las frases con las palabras del recuadro.

> lluvia • primavera • invierno • temperatura
> llueve • nieva • verano • clima • viento
> está nublado • otoño • grados

1. En ___invierno___ hace mucho frío en Castilla.
2. En _____ nacen muchas flores.
3. En _____ muchos días el cielo _____.
4. En _____ hace mucho calor en España.
5. La _____ es necesaria.
6. No me gusta el _____.
7. • ¿Qué _____ hace?
   ▼ Estamos a 28 _____ centígrados.
8. En invierno _____ mucho en los Pirineos.
9. ¿Cómo es el _____ de tu país?
10. En el norte de España _____ mucho.

2 Completa con las palabras apropiadas.

> nieva • frío • llueve • clima (2) • norte
> verano • muy • 23 • invierno • calurosos

El clima
En el norte de España ___llueve___ mucho. El invierno no es muy frío y en el verano la temperatura es _____ agradable, unos _____ grados. En Castilla el invierno es _____ y los veranos muy _____. En la zona mediterránea el _____ es muy suave y el _____ es caluroso. En las montañas como los Pirineos, en el _____, y en Sierra Nevada, en el sur, _____ mucho durante el _____. En las islas Canarias el _____ es subtropical.

Para gustos están los colores

3 Completa con el pronombre correcto.

1. ● A nosotros no _nos_ gusta la clase de filosofía.
   ▼ Es que es un rollo*.
2. ● A mi abuelo _____ duele mucho la espalda.
   ▼ Pues a mi abuelo las piernas.
3. ● A Juan y a Germán _____ encanta hablar de política.
   ▼ Y de fútbol también.
4. ● ¿_____ gusta el teatro?
   ▼ Sí, _____ gusta mucho.
5. ● ¿_____ gusta la música de Paco de Lucía**?
   ▼ Sí, me encanta.
6. ● A mí _____ duele la cabeza.
   ▼ ¿Por qué no tomas una aspirina?
7. ● A Ricardo y a mí no _____ gustan las películas románticas.
   ▼ Pues a mi hermano _____ encantan.
8. ● ¿A Gonzalo y a ti _____ gusta la comida india?
   ▼ No, no _____ gusta mucho.
9. ● ¿_____ gusta a usted la montaña?
   ▼ Me encanta.
10. ● ¿_____ gusta a ustedes el ciclismo?
    ▼ Sí, _____ gusta mucho.

* **Un rollo:** *muy aburrido.*
** **Paco de Lucía:** *guitarrista español muy famoso.*

4 Escribe la forma correcta del verbo.

1. ● A mi hermana le _gustan_ mucho los perros.
   ▼ Pues yo prefiero los gatos.
2. ● ¿Te (gustar) _____ las Navidades?
   ▼ Sí, me (encantar) _____.
3. ● Me (gustar) _____ el calor.
   ▼ Pues yo prefiero el frío.
4. ● ¿Te (importar) _____ cerrar la ventana?
   ▼ No. Ahora mismo la cierro.
5. ● A Carlos le (doler) _____ mucho los pies.
   ▼ Es que anda mucho.
6. ● No me (gustar) _____ las matemáticas.
   ▼ Es que son difíciles.
7. ● Me (encantar) _____ nadar.
   ▼ Yo prefiero pasear.
8. ● ¿Te (apetecer) _____ ir al cine esta noche?
   ▼ Sí, estupendo.
9. ● ¿Os (interesar) _____ la política?
   ▼ A mí no mucho.
   ◆ A mí sí.
10. ● ¿Les (gustar) _____ el jazz?
    ▼ No, a mí no me (gustar) _____ nada.
    ◆ A mí, un poco.

5 Completa con los adverbios del recuadro. Fíjate en la doble negación.

> siempre ● despacio ● mucho ● temprano
> poco ● nada ● deprisa ● tarde (2) ● nunca

Me levanto *temprano* porque me gusta _____ desayunar en casa. Mientras desayuno leo el periódico porque me interesa la actualidad. Voy a pie al trabajo y ando _____ para hacer un poco de ejercicio y así no llego _____. _____ hago una pausa a las doce y fumo un cigarrillo _____, tranquilamente. Fumo muy _____: tres cigarrillos al día. No bebo _____ de alcohol. No me acuesto _____ muy _____, a las once.

6 Ordena.

1. golf / interesa / el / me / No.
   No me interesa el golf.
2. mucho / Me / en / esquiar / Sierra Nevada / gusta
   _____
3. en la tele / de / ver / los partidos / Me / encanta / tenis
   _____
4. ¿Te / domingo / en / montar / apetece / bici / el?
   _____
5. ciclismo / Me / interesa / mucho / el
   _____
6. No / mucho / el / gusta / voleibol / me
   _____
7. campeona regional / Mi / es / vela / hermana / de
   _____
8. que / fútbol / habla de / Me / la gente / molesta / solo
   _____
9. los / 30 minutos / En verano / todos / nado / días
   _____
10. bastante / La vela / caro / es / deporte / un
    _____

7 Para gustos están los colores

7 Pregunta a tu compañero/a por sus gustos y aficiones.

Recuerda que puedes usar: *gustar, encantar, molestar...*

- ● ¿Te gusta el cine?   ¿Te gusta...?   Me gusta mucho...
- ▼ Me encanta.   No me gusta nada...
                                           Me encanta...
                                           Prefiero...

Y que puedes expresar coincidencia   **O divergencia**

- ● ¿Te gusta el cine?   ● ¿Te gustan los pájaros?
- ▼ Me encanta.   ▼ Sí, me gustan mucho.
- ● A mí también.   ● Pues a mí no.

vivir en el campo	los perros
vivir en la ciudad	los gatos
ir al cine	la carne
ir al teatro	el pescado
el mar	el vino
la montaña	la cerveza
montar en bici	el té
montar en moto	el café
vivir en un piso	vivir en una casa

4. De todo un poco

1 Las vacaciones.

1. Elige dos fotos y describe lo que ves.
2. Compara tu descripción con las de tus compañeros/as.
3. Habla con tu compañero/a sobre qué estación del año prefieres y por qué.
4. Cuenta qué se puede hacer durante quince días, un mes, etc.
5. Decide qué producto anuncia esta imagen. ¿Te gusta este anuncio?

Imagina:
15 días en primavera.
1 mes en verano.
1 fin de semana en otoño.
1 semana en invierno.
365 días al año.

2 Adivina qué deporte es.

Practico este deporte en invierno. Necesito ropa especial y gafas de sol. Puedo practicarlo solo o en grupo. Llevo unas botas muy duras.

Solución > **El esquí.**

Ahora tú.
Piensa en un deporte de los que has aprendido. Con algunos datos, tus compañeros/as tienen que adivinarlo.

Nuevo Avance Básico

Para gustos están los colores 7

3 Escucha. ¿Quién es quién?
Relaciona los textos que oyes con las personas.

5. *A Alfonso le encantan las iglesias.*

1. _____
2. _____
3. _____
4. _____
6. _____
7. _____
8. _____
9. _____

4 Escucha y escribe lo que les gusta.

A Gaspar le gusta... _____
A Pedro le gusta... _____
A Miguel le gusta... _____
A Guillermo le gusta... _____

¿Qué es lo que no le gusta a Guillermo?
_____

¿Por qué vive Gaspar con otros estudiantes?
_____

5 Habla o escribe sobre el clima de tu país durante las cuatro estaciones. Antes de escribir repasa el vocabulario sobre el tiempo atmosférico y la actividad 2 de PRACTICAMOS LOS CONTENIDOS de esta unidad.

_____

6 En parejas. Pregunta y contesta: ¿Te interesa/n…?
- los deportes
- la religión
- la moda
- la política
- los coches
- el dinero
- la vida de los famosos

Añade tres.
1 _____
2 _____
3 _____

Nuevo Avance Básico 75

7 Para gustos están los colores

7 Lee.

> Me llamo Gabriel y vivo en Valencia. Soy alto, delgado y moreno. Me gustan mucho los deportes: vela, golf, esquí, senderismo… Me encanta el cine y el teatro. No me interesa la política, pero sí los temas relacionados con la vida y las personas. Me molesta la hipocresía y odio la violencia. Estoy aquí porque no me apetece pasar mi vida solo. Espero tu respuesta.

> Hola, soy Belén. Vivo en un pueblo de Valencia. Me encanta el mar, la montaña y la naturaleza en general. Pero también me gusta mucho la ciudad, sobre todo me gustan los espectáculos. Me molesta la gente que no dice la verdad y odio la mala educación. Estoy aquí para hacer amigos.

Contesta:

1. ¿Crees que Belén y Gabriel son compatibles? ¿Por qué?
2. ¿Cuántos años crees que tienen?
3. ¿Conoces el nombre de algún sitio en Internet de este tipo?
4. ¿Crees que es peligroso conocer gente a través de Internet?

8 Escribe un anuncio en el periódico para relacionarte con gente.

Aquí tienes un ejemplo:

> Me llamo Jorge y vivo a 65 kilómetros de Sevilla. No soy muy alto, soy un poco gordo y estoy bastante calvo. No me gustan nada los deportes. Voy a todos los sitios en transporte público y me encanta pasar el tiempo delante del ordenador. Me gusta el *heavy* metal. Me molesta el consumismo. Necesito encontrar gente como yo.

¡Qué bueno!

1. Pretexto

La alimentación tiene que ser variada. Cada persona tiene que comer según sus necesidades.

Tenemos que consumir preferentemente alimentos vegetales.

Tenemos que tomar pocos dulces.

Tenemos que tomar menos sal.

Tenemos que beber pocas bebidas alcohólicas.

Tenemos que comer menos alimentos de origen animal.

1 Escucha y contesta: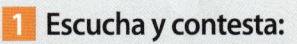
 1 ¿Qué alimentos conoces del primer dibujo?
 2 ¿Qué costumbres practicas tú?
 3 ¿Recuerdas otras cosas buenas para la salud?

8

8 ¡Qué bueno!

2. Contenidos

1 Verbos + infinitivo.

> Ya conoces el verbo **poder** + infinitivo para pedir un favor y pedir permiso.
>
> • ¿**Puedes hablar** más despacio, por favor?   • Por favor ¿**podemos salir** 5 minutos antes?
>
> El verbo **querer** + infinitivo para proponer un plan.
>
> • ¿**Quieres** ir al cine esta tarde?
>
> También sabes que el infinitivo es el sujeto de los verbos **gustar**, **molestar**, **apetecer**, **encantar** y que con ellos expresamos lo que nos gusta y lo que no nos gusta.
>
> • A Marisa **le encanta pasear**.   • A mis amigos **les molesta trabajar** hasta las 21:00.
>
> Ya sabes que el verbo **preferir** seguido de infinitivo sirve para expresar una elección.
>
> • ¿Qué **prefieres**, **ir** al cine o **ver** una película en casa?

Pues ahora vas a conocer más verbos seguidos de infinitivo.

2 Expresar obligación.

Tener + que + infinitivo.

Yo	tengo	que	llamar a Telefónica.
Tú	tienes	que	llevar uniforme en tu trabajo.
Usted	tiene	que	hablar con su jefe.
Él / Ella	tiene	que	levantarse a las 8:00.
Nosotros/as	tenemos	que	hacer la compra esta tarde.
Vosotros/as	tenéis	que	ir a la reunión a las 14:00.
Ustedes	tienen	que	pagar la cuenta del hotel.
Ellos / Ellas	tienen	que	volver a casa pronto.

*En mi contrato pone que **no tengo que trabajar** los sábados.*

¿Puedes decir qué tienes que hacer?

3 Expresar una acción futura.

Ir + a + infinitivo.

Yo	voy	a	ir al campo el sábado que viene (= próximo).
Tú	vas	a	estudiar en la biblioteca esta tarde.
Usted	va	a	cenar con Juan esta noche.
Él / Ella	va	a	pasar el fin de semana con sus padres.
Nosotros/as	vamos	a	ir a Sevilla para la Feria de Abril.
Vosotros/as	vais	a	visitar esta tarde el Museo Picasso.
Ustedes	van	a	viajar a Toledo pasado mañana.
Ellos / Ellas	van	a	celebrar el cumpleaños de su abuela mañana.

¿Puedes decir adónde vas a ir en los próximos días?

Nuevo Avance Básico

8 ¡Qué bueno!

4 Los alimentos.

La fruta: la naranja, la fresa, la manzana, la pera, el plátano*, la uva, el melocotón**, el melón, la sandía.

  * *Plátano en español de España, banana y banano en español americano.*
  ** *Melocotón en español de España, durazno en Bolivia, Chile, Ecuador y Honduras.*

La verdura: la patata*, la lechuga, el ajo, el pepino, la cebolla, la coliflor, el tomate, el pimiento, la zanahoria.

  * *Patata en el español de casi toda España; papas en Andalucía y Canarias (España) y en español americano.*

La carne: el pollo, la ternera, el cerdo, el cordero.

El pescado y el marisco: las sardinas, el lenguado, las gambas, los mejillones, el salmón.

Otros alimentos.

 __ leche
 __ aceite
 __ cacao
 __ arroz
 __ cereales
 __ queso

 __ yogur
 __ chocolate
 __ galletas
 __ pasta
 __ margarina
 __ mermelada

Pon el artículo a todos estos alimentos.

Ahora, escucha y repite. 51

Observa:
En el mercado, cuando vamos a comprar el/la vendedor/a dice:
● *¿Qué le pongo?*
Y el /la comprador/a contesta, por ejemplo:
▼ *Dos kilos de naranjas, **tres cuartos** (de kilo) de uvas, **medio kilo** de melocotones.*

Para pagar el/la cliente pregunta:
● *¿Cuánto es todo?*
Y el /la vendedor/a contesta, por ejemplo:
▼ *Son 25 euros.*

Un/a estudiante es el vendedor/a; otro/a estudiante es el/la cliente.

● _____
▼ _____

Nuevo Avance Básico 79

8 ¡Qué bueno!

5 La vivienda.

La casa

El piso*

① la entrada
② la cocina
③ el pasillo
④ el salón comedor
⑤ el cuarto de baño
⑥ la terraza
⑦ el dormitorio

El estudio

* En Hispanoamérica al piso se le llama apartamento o departamento.

● ¿Dónde vives?
▼ Vivo en un estudio en el centro.

Y ahora tú y tu compañero/a.
¿Dónde vives?

6 La comparación.

Más	+ sustantivo + adjetivo + adverbio	**+ que**	Juan tiene **más** pelo **que** Alfonso. Marta es **más** fuerte **que** Gloria. Nosotros vivimos **más** lejos **que** ustedes.
Verbo	**+ más que**		Yo desayuno **más que** los alumnos.
Menos	+ sustantivo + adjetivo + adverbio	**+ que**	Alfonso tiene **menos** pelo **que** Juan. Gloria es **menos** fuerte **que** Marta. Ustedes viven **menos** lejos **que** nosotros.
Verbo	**+ menos que**		Los estudiantes desayunan **menos que** yo.
Tan	+ adjetivo adverbio	**+ como**	Es **tan** moreno **como** su hermana. Vive **tan** lejos **como** yo.
Tanto/a/os/as + sustantivo + **como**			Tienen **tantos** problemas **como** nosotros.
Verbo + **tanto como**			Duermo **tanto como** tú.

Otros comparativos

Más bueno = **MEJOR**   Más grande, de más edad = **MAYOR**
Más malo = **PEOR**   Más pequeño, de menos edad = **MENOR**

Ahora, lee, escucha y repite. Pon atención a la entonación.

● ¿Cómo es el nuevo director?
▼ Es **mejor que** el anterior.

● ¿Qué tal estás hoy?
▼ **Peor que** ayer. Tengo 38 de fiebre.

● ¿Tus hermanos son **menores que** tú?
▼ No, mis siete hermanos son **mayores que** yo.

80 Nuevo Avance Básico

7 Expresar énfasis.

¡Qué!

¡Qué + sustantivo!	*¡Qué fresas más ricas!*
¡Qué + adjetivo!	*¡Qué guapa es tu hija!*
¡Qué + adverbio!	● *Vivo a 63 kilómetros de mi trabajo.*
	▼ *¡Qué lejos!*

¡Cuánto!

¡Cuánto + verbo!
● *¡Cuánto trabajas!*
▼ *Sí... mucho.*

¡Cuánto/a/os/as + sustantivo!
● *¡Cuánto café tomas!*
▼ *Es verdad. Tomo cinco cafés al día.*

¡Cuántos pájaros hay en ese árbol!

● *¡Cuánta gente hay hoy en la playa!*
▼ *Claro, hace un día muy bueno y es domingo.*

¡Cuántas rocas hay en esta playa!

3. Practicamos los contenidos

1 Completa con el presente de *poder, preferir, querer, tener que* e *ir a*.

1. ● ¿ _Quieres_ (tú) venir conmigo a la biblioteca?
   ▼ No, _____ (yo) estudiar en casa.
2. ● ¿_____ ustedes volver mañana? La señora Martínez ya se ha marchado.
   ▼ Bueno...
3. ● _____ (usted) hablar con el propietario del piso sobre el problema del agua, es muy importante.
   ▼ Sí, ya lo he llamado.
4. ● Esta tarde _____ jugar al baloncesto, ¿_____ (tú) venir con nosotros?
   ▼ ¡Qué bien! Me apetece mucho.
5. ● _____ (vosotros) llegar tarde.
   ▼ No, solo son las 6:45 (siete menos cuarto).
6. ● ¿_____ (usted) tomar más tortilla?
   ▼ Sí, muchas gracias.
7. ● Por favor, ¿_____ (vosotros) comprar un cuarto de kilo de jamón y medio kilo de fresas en el mercado?
   ▼ Sí, claro.
8. ● ¿Qué _____ (vosotros) ir en coche o en tren?
   ▼ En tren.
9. ● ¿Con quién _____ (vosotros) cenar esta noche?
   ▼ Con Marina, Sol, Sergio y Rafa.
10. ● ¿Qué _____ hacer esta tarde?
    ▼ No tengo ni idea.

2 En parejas. Relaciona los elementos de cada columna para formar preguntas correctas.

¿Puedes	que	vivir en un piso	por la playa?
¿Te	a viajar	más despacio,	más tarde?
¿Les	molesta	al concierto	por favor?
¿Qué	prefieres	pasear	o en una casa?
¿Quieres	ir	hablar	esta tarde?
¿Van	hablar	con	sus amigas?
¿Tienes	gusta	volver	con la directora?

8 ¡Qué bueno!

3 Completa estas frases, fijándote en las fotos.

1. Por la mañana tomo un _café_.
2. Antes de preparar la ensalada hay que lavar bien la _____.
3. Los musulmanes no comen carne de _____.
4. En las islas Canarias hay muchos _____.
5. Las _____ son muy buenas para la vista.
6. Los españoles toman doce _____ al principio del año.
7. Los _____ son muy baratos.
8. En primavera y en verano tomamos _____ con nata.
9. Para hacer el gazpacho necesitamos _____.
10. A los niños pequeños no les gusta mucho la _____.

4 Partes de la casa. Mira y contesta.
¿Qué partes de la casa no aparecen en el dibujo?

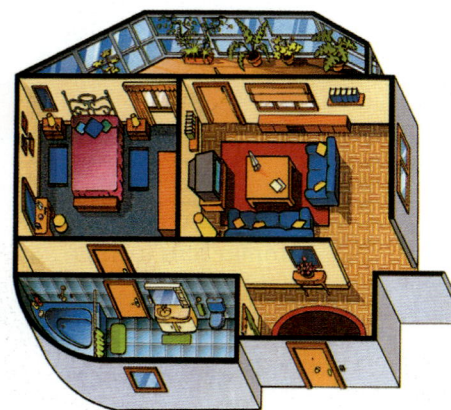

La entrada
La cocina
La ventana
El pasillo
El salón comedor
El cuarto de baño
La biblioteca
La terraza

5 Completa con los comparativos y compara tu opinión con la de tus compañeros/as.

1. Ahora hay _más_ divorcios _que_ antes.
2. El avión es _____ peligroso _____ el tren.
3. El gasoil es _____ barato _____ la gasolina.
4. La gente come _____ alimentos precocinados _____ antes.
5. El español no es _____ difícil _____ el japonés.
6. En los pueblos, la vida es _____ tranquila _____ en las ciudades.
7. El boxeo es _____ cruel _____ las corridas de toros.
8. España produce _____ vino _____ Holanda.
9. El alcohol es _____ perjudicial _____ el tabaco.
10. Los italianos toman _____ aceite de oliva _____ los ingleses.

6 Lee, completa y comenta con tus compañeros/as.

La Mujer antes y ahora

En la actualidad, tiene _menos_ hijos que antes. También hay ahora _____ mujeres que trabajan fuera de casa. Por eso, hoy en día, los hombres colaboran _____ en las tareas del hogar _____ hace, por ejemplo, cuarenta años.
Por otro lado, la ley dice que las mujeres tienen _____ derechos _____ los hombres, pero es una realidad que en muchos países ellas ganan _____ que ellos.
En general, la situación de la mujer ¿es _____ o _____ la de sus abuelas?

7 Completa con *qué, cuánto, cuánta, cuántos y cuántas*.

1. ¡ _Qué_ bien canta Ainhoa Arteta!
2. ¡ _____ libros tienen ustedes!
3. ¡ _____ calor hace hoy!
4. ¡ _____ desayunas!
5. ¡ _____ gente ha venido al concierto!
6. ¡ _____ bueno está este arroz!
7. ¡ _____ pelo tiene tu novio!
8. ¡ _____ páginas tiene *El Quijote*!
9. ¡ _____ inteligente es tu sobrina!
10. ¡ _____ nublado está! Va a llover.

Nuevo Avance Básico

4. De todo un poco

1 Dentro de unos días es Navidad, Hanuká, o Id-al-Fitr (o cualquier fiesta importante). Este año vas a invitar a tu familia a cenar a tu casa. Afortunadamente tu hermana va a ayudarte a prepararlo todo.

1. Tenéis que decidir el menú.
2. Tenéis que hacer una lista con todos los alimentos necesarios para la cena.

2 Viaje a Perú.
Tu amigo/a y tú habéis decidido ir de viaje a Perú. ¿Qué tenéis que hacer? Leed y ordenad cronológicamente las acciones.

Tenemos que…

reservar	el pasaporte.
pagar	los billetes.
ir a	allí dos horas antes.
estar	las maletas.
hacer	una loción antimosquitos.
comprar	dinero.
hacerse	una agencia de viajes.
cambiar	los billetes.
coger	el autobús al aeropuerto.

3 Comprar una vivienda.

1. Has recibido un premio de 876 000 euros en la Lotería Primitiva. Como no tienes vivienda propia has decidido comprar una ¿o dos? viviendas. Explica a tu compañero/a qué tipo de vivienda quieres comprar y dónde; explica por qué.

2. Compara los diferentes tipos de vivienda que se han elegido en la clase.

4 Formad dos equipos y haced oraciones comparativas.

	Luisa	Esther	Marta
Estatura	1,62	1,70	1,66
N.º de hijos	4	2	3
Sueldo	2 250 euros	1 950 euros	2 830 euros
Edad	42 años	28 años	56 años
Peso	58 kilos	65 kilos	70 kilos

8 ¡Qué bueno!

5 Escucha y escribe al lado de cada imagen el número que corresponde.

6 Escucha y completa.

- Buenos días ¿qué _____?
- ▼ _____, un kilo de cebollas y una coliflor.
- ¿_____ o pequeña?
- ▼ Esta pequeña.
- ¿Algo _____?
- ▼ Sí, ¿tiene _____?
- No, lo siento; _____ tengo manzanas, peras, melocotones, _____ ...
- ▼ ¿A cuánto _____ las peras?
- A _____.
- ▼ Pues un kilo de peras y una sandía. ¿Cuánto es todo?
- A ver..., _____ euros.
- ▼ Aquí tiene. _____, buenos días.
- Adiós, muchas _____.

7 Lee y di si es verdadero o falso.

Dos productos típicamente españoles

El aceite de oliva

Los científicos dicen que el aceite de oliva virgen es el producto natural más sano de todos. La aceituna es el fruto del olivo y el aceite es el zumo de la aceituna que contiene muchas vitaminas y protege de muchas enfermedades, sobre todo del corazón. Es el ingrediente más importante de la dieta mediterránea.

El vino en España

España es un país productor de vino.
Los vinos de Jerez y de Rioja son los más famosos.
En España una buena comida suele ir siempre acompañada de un buen vino.
Muchas veces, regalamos vino a nuestros amigos.

	V	F
1 El árbol que produce las aceitunas se llama olivo.	☐	☐
2 El fruto del olivo es el aceite.	☐	☐
3 El aceite de oliva es bueno para el corazón.	☐	☐
4 No es costumbre regalar vino.	☐	☐
5 El vino de Jerez es muy conocido.	☐	☐

Ahora, describe dos productos de tu país o región para presentarlos en clase.

Nuevo Avance Básico

¿Qué te ha dicho el médico?

1. Pretexto

Hasta ahora:

9

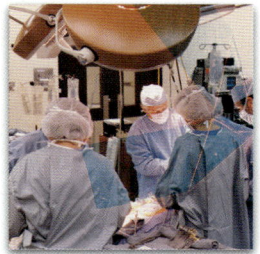
Hemos reducido las listas de espera para las operaciones quirúrgicas.

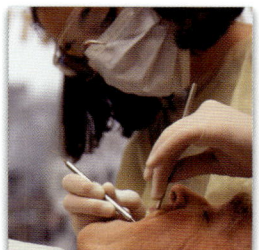
Hemos implantado la salud dental para niños hasta 7 años.

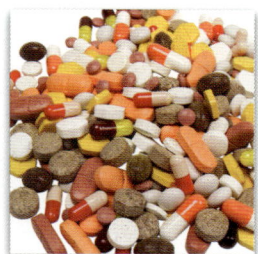
Hemos reducido el gasto farmacéutico.

Hemos construido más centros de salud.

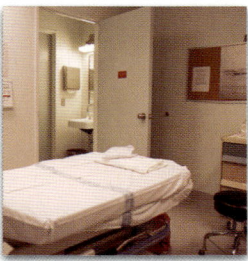
Hemos modernizado nuestras instalaciones con la última tecnología.

Hemos conseguido tener el mayor número de donantes del mundo.

¡Pero vamos a hacer mucho más!

GOBIERNO DE ESPAÑA — MINISTERIO DE SANIDAD Y CONSUMO

1 Escucha la siguiente información.

2 Con ayuda de tu profesor/a, tu compañero/a y el diccionario lee y contesta a estas preguntas:
1. ¿Cuál de las cosas que ha hecho la sanidad española te parece más importante? ¿Por qué?
2. ¿Qué crees que van a hacer?
3. ¿Funciona bien el sistema sanitario de tu país?

3 Y ahora, fíjate en la nueva forma verbal que aparece.
1. Subráyala.
2. ¿Qué crees que expresa, presente, pasado o futuro?
3. ¿Existe una forma equivalente en tu idioma?

9 ¿Qué te ha dicho el médico?

2. Contenidos

1 El cuerpo humano.

Completa con el artículo determinado las diferentes partes del cuerpo.

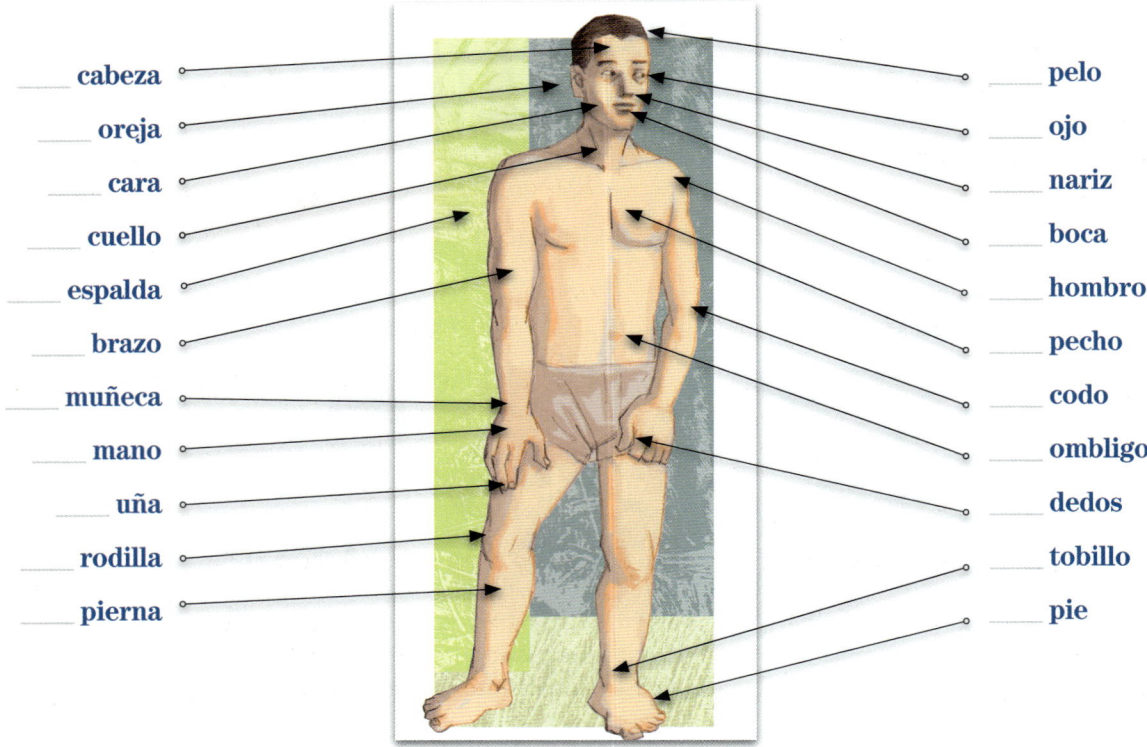

- ___ cabeza
- ___ oreja
- ___ cara
- ___ cuello
- ___ espalda
- ___ brazo
- ___ muñeca
- ___ mano
- ___ uña
- ___ rodilla
- ___ pierna

- ___ pelo
- ___ ojo
- ___ nariz
- ___ boca
- ___ hombro
- ___ pecho
- ___ codo
- ___ ombligo
- ___ dedos
- ___ tobillo
- ___ pie

2 El pretérito perfecto.

El pretérito perfecto es un tiempo verbal pasado.

a ¿Cómo se forma?
Con el presente del verbo *haber* + el participio.

Yo	He		
Tú	Has		
Usted	Ha	AR — ADO comprado	
Él / Ella	Ha	+ PARTICIPIO: ER — IDO comido	
Nosotros/as	Hemos	IR — IDO vivido	
Vosotros/as	Habéis		
Ustedes	Han		
Ellos / Ellas	Han		

Algunos participios irregulares.

HACER	hecho
DECIR	dicho
PONER	puesto
VOLVER	vuelto
ESCRIBIR	escrito
VER	visto
ABRIR	abierto
DESCUBRIR	descubierto
ROMPER	roto
MORIR	muerto

● ¿Qué **has hecho** hoy?
▼ **He escrito** ocho correos electrónicos.

● ¿**Ha vuelto** Carlos?
▼ No, **ha dicho** que llega mañana.

*Esta mañana **he desayunado**, me **he puesto** ropa de deporte y **he ido** a correr por la playa.*

Ahora tú. Conjuga el pretérito perfecto del verbo *ver*.

86 Nuevo Avance Básico

¿Qué te ha dicho el médico? | 9

b ¿Cuándo usamos el pretérito perfecto?

1 Para referirnos a hechos acabados (representados por el participio) en un tiempo que no ha terminado (representado por el presente).
Presente de **haber** + participio de un verbo > acción acabada en tiempo no acabado.

2 Hay marcadores temporales que combinan muy bien con esta idea:

Hoy *es 28 de noviembre, jueves y son las 11:00.*

Hoy: el día no ha terminado; solo son las 11:00.	*Hoy nos hemos levantado tarde.*
Esta semana: la semana no ha terminado, es jueves.	*Esta semana habéis practicado mucho español. Estoy contenta.*
Este año: el año no ha terminado.	*Este año no he estado enfermo ni un solo día.*
Últimamente.	*Últimamente he tenido algunos problemas en el trabajo.*

3 Aunque **alguna vez**, **nunca** y **ya** pueden usarse con otros tiempos que ya conoces, cuando se usan con pretérito perfecto se refuerza la idea de **hasta ahora**.

▼ *¿**Han leído** ya el periódico?*
● *Yo sí lo he leído.*
▼ *No, todavía no.*

▼ *¿**Has viajado** alguna vez (hasta ahora, hasta este momento) al Caribe?*
● *Sí (hasta ahora) he ido dos veces.*
▼ *No, nunca (hasta ahora) he ido.*

¿Pretérito perfecto + *alguna vez* + ...?	**¿Pretérito perfecto + *ya* +...?**
● *¿**Has viajado** alguna vez al Caribe?* ▼ *Sí, **he viajado** dos veces.* ◆ *No, nunca (**he viajado** al Caribe).* ● *¿**Has estado** alguna vez en Italia?* ▼ *Sí, tres veces. ¡Me encanta Italia!* ● *¿**Ha probado** usted alguna vez el gazpacho?* ▼ *No, nunca (**he probado** el gazpacho).*	● *¿**Has leído** ya el periódico?* ▼ *Sí ya **he leído** el periódico.* ◆ *No, todavía no **he leído** el periódico.* ● *¿**Han hecho** ustedes los deberes?* ▼ *Sí (ya **hemos hecho** los deberes).* ● *¿**Habéis visitado** ya el Jardín Botánico?* ▼ *No, todavía no (**hemos visitado** el Jardín Botánico).*

4 El pretérito perfecto no se usa igual en todo el mundo hispanohablante.
Los hablantes de algunas zonas geográficas españolas (Galicia, Asturias, norte de Castilla-León, Canarias) y en muchas zonas de América no usan el pretérito perfecto cuando hablan, pero sí aparece en la lengua escrita. En el resto de España usamos este tiempo verbal cuando hablamos y cuando escribimos.

3 Indefinidos.

algún / alguna	ningún / ninguna	mucho/a	poco/a
algunos/as	todos/as	muchos/as	pocos/as
todo/a	nadie		
alguien	nada		
algo			

Algo de + nombre incontable: *Queda **algo de** vino en la nevera.*
Nada de + nombre incontable: *No hace **nada de** frío.*

mucho/nada

9 ¿Qué te ha dicho el médico?

4 Pronombres de objeto directo.

Masculino singular	Femenino singular	Masculino plural	Femenino plural
LO	LA	LOS	LAS

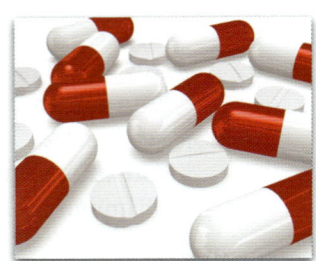

- ¿Habéis leído ya **el prospecto**?
- Sí, ya **lo** hemos leído.

- ¿Ha hecho ya la doctora Sáenz **la receta**?
- Sí, ya **la** ha hecho.

- ¿Han tomado ustedes los **medicamentos**?
- Sí, ya **los** hemos tomado.

- ¿Has comprado ya **las tiritas**?
- No, todavía no **las** he comprado.

Completa con el pronombre de objeto directo.

- ¿Has estudiado ya el presente?
- Sí, ya _____ he estudiado.

- ¿Has visto mis gafas?
- No, no _____ he visto.

5 Preposiciones.

a ¿Recuerdas estas preposiciones y cómo se usan?
- Para indicar la hora: *Me levanto **a** las 7:00.*
- Para hablar de periodos de tiempo: *No me gusta trabajar **por** la tarde / **por** la noche...*
- Para indicar localización: *Vivo **en** el centro de Buenos Aires. // La rana Margarita está **en** la caja de zapatos. // Hay una farmacia **en** aquella calle.*
- Para indicar procedencia geográfica: *Rafael Nadal es **de** Mallorca.*

Ahora, completa para reforzarlas.
1. El pretérito perfecto no se usa _____ todo el mundo hispanohablante.
2. Alejandro Sanz es _____ Cádiz (España).
3. A los músicos, en general, no les gusta trabajar _____ la mañana.
4. Muchos españoles empiezan a trabajar _____ las 8:00.

b Más usos de A, DE, EN y POR.

Usamos la preposición A para:	**Usamos la preposición DE para:**
• Indicar la dirección: *Voy **al** cine casi todos los sábados.* • Acompañar a verbos que indican movimiento y expresan la dirección: *Hoy he venido **a** clase en autobús. He salido **a** la terraza para ver el mar.*	• Indicar procedencia (movimiento): *Salgo **de** casa muy temprano. Venimos **del** cine.* • Indicar periodo de tiempo, relacionada con la preposición **A**: *Trabajo **de** ocho a tres.* • Señalar el material de un objeto: *El libro es **de** papel, la mesa **de** madera y aquel juguete es **de** plástico.*
Usamos la preposición EN con:	**Usamos la preposición POR para:**
• Años, estaciones, meses: *Estamos **en** primavera.* *Héctor ha nacido **en** febrero.* • Los medios de transporte: *Prefiero viajar **en** tren.* *Ir **en** metro es muy rápido.* **Excepción:** a pie = andando	• Indicar movimiento a lo largo de un espacio: *He viajado **por** todo el país. Ha ido a pasear **por** la playa.* • Indicar la causa de algo: • ¿**Por** qué te gusta estudiar español? • Porque es la segunda lengua de uso internacional.

¿Qué te ha dicho el médico?

c Dos preposiciones muy fáciles: CON y SIN.

Usamos la preposición CON para:
- Señalar compañía: *Estoy **con** mis amigos en la playa.*
- Indicar el acompañamiento (en sentido figurado):
  *Hoy he comido huevos fritos **con** chorizo.*
  *Me gusta mucho el vino **con** gaseosa.*

La preposición SIN expresa lo contrario de CON:
- Sin compañía: *Fui al cine solo, **sin** mis amigos.*
- Sin acompañamiento: *Yo prefiero el vino **sin** gaseosa y los huevos solos, **sin** chorizo.*

6 Proponer un plan.

*¿**Quieres** ir al cine?*
*¿**Vamos a** tomar un café?*
*¿**Por qué no** vamos a Granada este fin de semana?*
***Tengo una idea**. **Vamos a** visitar el zoo.*
*Luego vamos a un concierto, ¿**vienes**?*

Aceptar un plan.

Sí, por supuesto.
Bueno.
Vale, de acuerdo.
¡Qué buena idea!

- ¿**Vamos a** la playa?
- Vale, de acuerdo.

- ¿**Por qué no** vamos a visitar a los abuelos?
- ¡Qué buena idea!

Decir que no a un plan.

Lo siento, no puedo.
Imposible.

3. Practicamos los contenidos

1 Completa con las palabras del recuadro.

ojos • pie • pelo • cabeza
nariz • oreja • espalda • manos

1 Voy a tomar una aspirina porque me duele mucho la _cabeza_.
2 Elisa está mejor sin gafas, porque tiene unos _____ preciosos.
3 Felipe lleva seis pendientes en la _____.
4 No podemos regalarle unos zapatos a Juan Antonio. No sabemos qué número de _____ tiene.
5 Mariano no puede levantar peso porque tiene problemas de _____.
6 Con tanto frío tengo las _____ muy secas.
7 No respiro bien. Voy a comprar algo para la _____.
8 Juan no tiene el _____ negro, sino castaño.

2 Subraya la respuesta correcta.

1 • ¿Tienes **ningún** / **algún** disco de Paco de Lucía?
  ▼ No tengo **ninguno** / **alguno**.
2 • ¿Hay **nada** / **algo** de pan en la cocina?
  ▼ No, no hay **nada** / **algo** de pan.
3 • ¿Tienes **muchos** / **pocos** libros?
  ▼ Tengo **muchos** / **pocos**, porque no me gusta leer.
4 • ¿Conoces **algún** / **algunos** país de Asia?
  ▼ No, no conozco **algunos** / **ninguno**.
5 • Tengo **muy** / **mucho** calor, ¿puedes abrir la ventana?
  ▼ Sí, claro.
6 • ¿Enciendes la luz, por favor? No veo **nada** / **nadie**.
  ▼ Ahora mismo.
7 • ¿Conoces **algún** / **ningún** chico ecuatoriano?
  ▼ No conozco **ninguno** / **alguno**.
8 • ¿Tienes **alguno** / **mucho** tiempo para hacer los deberes?
  ▼ No. Tengo **poco** / **mucho** tiempo.

Nuevo Avance Básico

9 ¿Qué te ha dicho el médico?

3 Completa con la forma correcta del pretérito perfecto.

1 ● ¿Por qué está tan enfadado Jesús, el panadero?
▼ Porque unos niños (romper) _han roto_ el cristal de su escaparate.

2 ● ¿Sabes que Javier (salir) _____ ya del hospital?
▼ ¡Qué alegría! Hay que hacer una fiesta.

3 ● ¿(Vivir, usted) _____ siempre aquí?
▼ ¡Qué va! (Estar, yo) _____ quince años en Venezuela.

4 ● ¿(Ver, tú) _____ **Amores perros**?
▼ No, pero me (decir) _____ Pablo que es una película muy interesante.

5 ● (Abrir, yo) _____ una cuenta en Bankispan.
▼ Pues yo la tengo en Cajasol.

6 ● ¿(Ir, tú) _____ alguna vez a México?
▼ Sí, (estar, yo) _____ allí dos veces.

7 ● ¿(Ver, tú) _____ a Guillermo?
▼ No, todavía no (volver, él) _____ del trabajo.

8 ● ¿Dónde (comprar, tú) _____ esta camiseta? Es muy bonita.
▼ En el **Rastro**, y es muy barata.

9 ● ¿(Hablar, tú) _____ últimamente con Andrés?
▼ No, le (llamar, yo) _____ **un montón de veces** y no (conseguir) _____ hablar con él.

10 ● ¿(Ver, tú) _____ una ópera en directo?
▼ Sí, *Carmen*, de Bizet ¡Qué maravilla!

> **PARA ACLARAR LAS COSAS**
> **Amores perros**: película del año 2000 del director mexicano Alejandro González Iñárritu.
> **Rastro**: mercado en la calle.
> **Un montón de veces**: muchas veces.

4 Contesta a estas preguntas. Usa el pretérito perfecto y los pronombres *lo, la, los, las*.

● *¿Has probado alguna vez el gazpacho?*
▼ *No, nunca lo he probado.*
◆ *Sí, lo he probado varias veces.*

1 ¿Has visto el Museo de Arte Reina Sofía de Madrid?

2 ¿Has visto la película *Amores perros*?

3 ¿Has escuchado las canciones de Julieta Venegas?

4 ¿Has hecho alguna vez **guacamole**?

5 ¿Has bailado alguna vez un **tango**?

6 ¿Has bebido alguna vez una **margarita**?

> **PARA ACLARAR LAS COSAS**
> **Guacamole**: ensalada de aguacate con cebolla, tomate y chile verde, típica de América Central, de Cuba y de México.
> **Tango**: baile argentino.
> **Margarita**: bebida hecha con tequila.

5 Completa con las preposiciones y contesta a las preguntas.

1 ● ¿_A_ qué hora te has levantado esta mañana?
▼

2 ● ¿_____ quién vives?
▼

3 ● ¿_____ dónde has paseado esta mañana?
▼

4 ● ¿_____ dónde vienes?
▼

5 ● ¿_____ qué estación y _____ qué mes hay muchas flores en el hemisferio norte?
▼

6 En parejas. Propón a tu compañero/a un plan. Debe aceptar o decir que no.

1 Ir a un concierto de tu cantante favorito.
2 Inscribirse en un gimnasio.
3 Ir a comprar ropa.
4 Preparar una buena cena.
5 Ir a esquiar por primera vez.
6 Hacer *rafting*.
7 Hacer la ruta de la noche de los museos (esa noche entrar en los museos es gratis).
8 Ir a una macrofiesta.
9 Hacer un safari fotográfico.
10 Ir al desierto.

¿Qué te ha dicho el médico? **9**

4. De todo un poco

1 Pregunta a tu compañero/a sobre estas y otras cosas.

a Transforma el infinitivo en pretérito perfecto y pregunta como en el ejemplo.

Practicar paracaidismo | Montar en globo | Hacer un crucero | Cantar en un karaoke | Escribir un poema | Plantar un árbol | Cuidar niños

● *¿Has practicado alguna vez paracaidismo?*
▼ *No, nunca lo he practicado.*

b Ahora piensa en tres cosas que todavía no has hecho y quieres hacer.
Nunca he viajado en helicóptero, pero quiero hacerlo.

_____

_____

c Puesta en común.
Cuatro alumnos han plantado un árbol, pero nadie ha montado en globo.

2 Lo mejor y lo peor de la clase. En parejas.
Primero con tu compañero/a piensa en lo que más te ha gustado y por qué.
Después, toda la clase elabora un cartel con lo mejor y con lo menos agradable.

LO MEJOR HA SIDO...
Que hemos aprendido mucho.
Que he hablado en español con
mis compañeros/as.

LO MENOS AGRADABLE HA SIDO...
Que hemos hecho muchos ejercicios.
Que hemos estudiado muchos verbos.

3 Habla con tu compañero/a.

a ¿Has hecho algo especial esta semana?
Esta semana he estado en Córdoba con unos amigos. Nos hemos divertido mucho. Hemos visitado la ciudad y hemos comido en un restaurante estupendo.

¿Has hecho algo especial este mes?
Este mes he paseado a los perros de los vecinos para ganar un poco de dinero.

¿Has hecho algo especial este año?
Este año he trabajado los fines de semana en el restaurante de mi hermano.

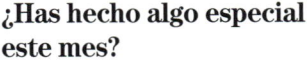

b ¿Has copiado alguna vez en un examen?

¿Has visto una serie de televisión de muchos capítulos?

¿Has mandado este mes muchos mensajes por el móvil? ¿Cuántos?

¿Has mentido alguna vez sobre tu edad?

¿Has pasado toda la noche de fiesta?

¿Has hablado más de 60 minutos sin interrupción por el móvil con la misma persona?

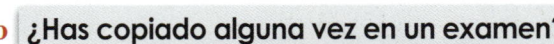

Nuevo Avance Básico **91**

9 ¿Qué te ha dicho el médico?

4 Escucha y señala las opciones verdaderas.

La primera persona que habla dice que:
Ha tomado aceite de oliva.
Ha caminado 60 minutos.
Ha comido dos naranjas.
¿Cuida bien de su salud?   ☐ SÍ   ☐ NO

La segunda persona que habla dice que:
Ha dormido hasta muy tarde.
Ha tomado café descafeinado.
Ha fumado tres cigarrillos.
¿Cuida bien de su salud?   ☐ SÍ   ☐ NO

La tercera persona que habla dice que:
Se ha levantado pronto.
Ha comido mucho.
Va a meditar.
¿Cuida bien de su salud?   ☐ SÍ   ☐ NO

5 Lee.

No hemos parado

Cada mes se ha producido una nueva catástrofe natural, una nueva epidemia o un nuevo conflicto armado en un punto distinto del planeta. Y allí hemos estado, ayudando a las víctimas.

A partir de ahora, está en tus manos

Contesta a estas preguntas.

1. ¿Cuáles son las catástrofes naturales?
2. ¿Qué es una epidemia?
3. ¿Qué significa: «a partir de ahora está en tus manos»?:
   a. tus manos tienen que hacer cosas
   b. con tu ayuda *Médicos sin fronteras* va a hacer más cosas
   c. *Médicos sin fronteras* no necesita tu ayuda
4. ¿Existe esta organización en tu país?
5. ¿Has ayudado voluntariamente alguna vez a personas necesitadas?

6 Escribe. La última unidad del nivel A1 va a terminar.
Escribe un correo electrónico a tu amigo/a imaginario/a para contar todas las cosas que has hecho y has aprendido durante este curso.

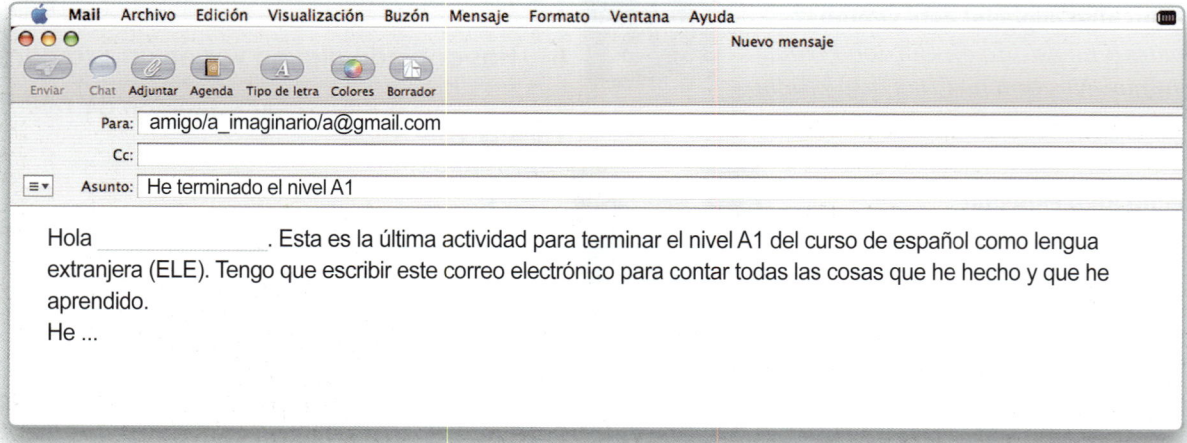

Para: amigo/a_imaginario/a@gmail.com
Cc:
Asunto: He terminado el nivel A1

Hola _____. Esta es la última actividad para terminar el nivel A1 del curso de español como lengua extranjera (ELE). Tengo que escribir este correo electrónico para contar todas las cosas que he hecho y que he aprendido.
He ...

Repaso
Unidades 7, 8 y 9

1 Lee y contesta.

Has terminado el nivel A1. Creemos que, cuando hablamos de cómo son las personas, de sus vidas diarias, de la familia, de la nacionalidad, de los gustos, de las comidas, de los deportes, ya puedes comprendernos.

También has aprendido a leer textos, formularios, y otras informaciones.

Ya puedes hablar con otras personas. Sabemos que no es fácil, que a veces ellas tienen que repetir. Eso es normal.

Ya sabes preguntar sobre la edad, la nacionalidad, el trabajo, los gustos, y muchos temas más.

También sabes describir personas y lugares. Sabes hacerlo de forma oral y de forma escrita.

Ya sabes escribir postales cortas y sencillas para hablar de tus viajes, de tu vida. Has aprendido a escribir correos electrónicos y a completar formularios con tus datos.

Esto quiere decir que ya has aprendido mucho, pero también sabemos que vas a aprender mucho más. ¡Enhorabuena!

Tacha el número correspondiente (cuatro, lo más difícil y uno, lo más fácil).

Entender cuando hablan	1	2	3	4
Hablar	1	2	3	4
Leer	1	2	3	4
Escribir	1	2	3	4
Aprender el vocabulario	1	2	3	4
Aprender la gramática	1	2	3	4
Los ejercicios de gramática	1	2	3	4
Los ejercicios de vocabulario	1	2	3	4

Durante el curso has conocido a personas famosas de España e Hispanoamérica. ¿Recuerdas el nombre de algunas de ellas y cuáles son sus profesiones?

_____
_____
_____
_____

2 Escribe.

Has acabado este curso y has decidido viajar a España para estudiar el nivel A2. Has buscado en Internet y has encontrado este anuncio. Te ha interesado mucho. Manda un correo electrónico de respuesta.

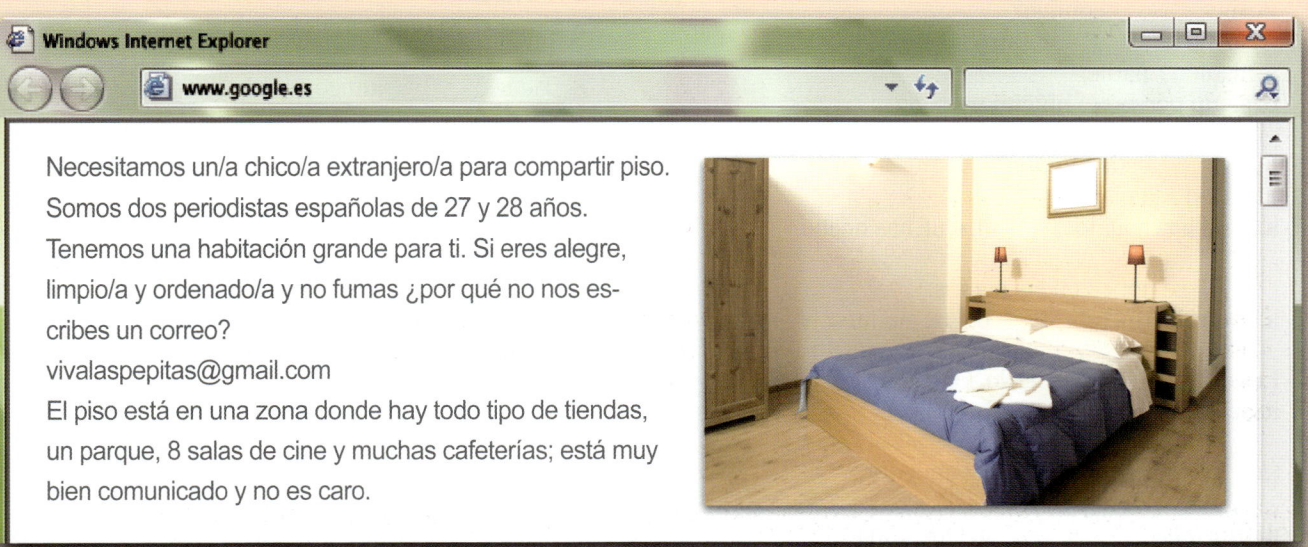

Necesitamos un/a chico/a extranjero/a para compartir piso. Somos dos periodistas españolas de 27 y 28 años. Tenemos una habitación grande para ti. Si eres alegre, limpio/a y ordenado/a y no fumas ¿por qué no nos escribes un correo?
vivalaspepitas@gmail.com
El piso está en una zona donde hay todo tipo de tiendas, un parque, 8 salas de cine y muchas cafeterías; está muy bien comunicado y no es caro.

Repaso Unidades 7, 8 y 9

3 Elige la respuesta correcta.

1. ●¿Crees que Elisa ha comprado el regalo?
   ▼_____.
   a. No tengo idea   b. Ni idea

2. (*En la frutería*) ¿Qué _____?
   a. le pongo   b. va a estar

3. ●¿Cuál es el fruto del olivo?
   ▼Es _____.
   a. la aceituna   b. el pepino

4. Camarero, por favor _____ cerveza.
   a. otra   b. una otra

5. ●¿Conoces _____ país centroamericano?
   ▼No. No conozco _____.
   a. algún / ninguno   b. alguno / alguno

6. No sé _____ de _____ tema.
   a. nada / este   b. algo / esta

7. A las 12:00 _____ a la escuela para recoger el certificado.
   a. tengo que ir   b. prefiero venir

8. ¿Quién _____ dónde está el hotel Las Vegas?
   a. conoce   b. sabe

9. Adela _____ del viaje muy _____.
   a. ha volvido / casada   b. ha vuelto / cansada

10. ●¿Y las gafas?
    ▼_____ tengo en mi bolso.
    a. Las   b. Los

11. ●No me gusta _____ la ópera.
    ▼A mí _____.
    a. poco / también   b. nada / tampoco

12. ●¿Hay _____ contigo?
    ▼No, no hay _____. Estoy solo.
    a. alguien / nadie
    b. algún persona / ningún persona.

13. ●¿_____ esta mañana?
    ▼He ido a la playa.
    a. Cuál has hacido   b. Qué has hecho

14. _____ se ponen en las manos.
    a. Los calcetines   b. Los guantes

15. Los calcetines de Eduardo son _____.
    a. azul   b. azules

16. (*En una tienda de ropa*) El vendedor:
    ¿_____ tiene usted?
    a. Qué talla   b. Qué tamaño

17. ●¿_____ el piso que te has comprado?
    ▼Junto a la estación de autobuses.
    a. Dónde está   b. Dónde es

18. ●¿_____ la nueva bibliotecaria?
    ▼Ordenada, trabajadora y parece bastante amable.
    a. Cómo es   b. Cuál es

19. ●¿Qué te parece el nuevo apartamento de Alejandro?
    ▼_____ y cómodo.
    a. Está pequeño   b. Es moderno

20. ●¿Dónde está Cataluña?
    ▼_____.
    a. En el sudeste de España
    b. En el nordeste de España

21. ●Me encanta el frío.
    ▼Pues a mí _____.
    a. no   b. tampoco

22. ●Como muy despacio.
    ▼_____.
    a. Mí, también   b. Yo no

23. La conferencia es a las siete en punto. (Vosotros) _____ ser puntuales.
    a. Preferís   b. Tenéis que

24. ●¿Habéis terminado ya los ejercicios?
    ▼No, todavía no _____ hemos terminado.
    a. lo   b. los

25. ●¿Has hablado últimamente con María?
    ▼No, no la _____ esta semana.
    a. has visto   b. he visto

26. ●¿_____ el número de teléfono de la secretaría?
    ▼No, no lo _____.
    a. Conoces / conozco   b. Sabes / sé

27. ●¿Tienes _____ amigo español?
    ▼No, no tengo _____.
    a. alguna / ninguna   b. algún / ninguno

28. ¿Qué te pones en los pies si tienes frío?
    a. Tapones.   b. Calcetines.

29. A mí _____ tomar un té después de comer.
    a. me encanta   b. me encantan

30. El año que viene _____ a Barcelona.
    a. voy a estudiar   b. he estudiado

Nuevo Avance Basico

Unidades 7, 8 y 9 **Repaso**

Refuerza tus conocimientos:

4 **Ortografía.**
Corrige los errores de este texto.

Enrrique siempre se pone una vufanda alrededor del quello en hinvierno.

5 **Fonética. Lee, escucha y repite tres veces.**

Pablito clava un clavito, un clavito clava Pablito.
¿Qué clase de clavito clava Pablito?

Nivel A2

Ser o estar, esta es la cuestión

1. Pretexto

*Todos necesitamos puntos de referencia para saber dónde **estamos**.*

*Para saber cómo **somos**.*

Es maravilloso estar en las Islas Canarias.

*Gracias por **ser** mi madre y **estar** siempre a mi lado.*

10

1 Escucha la siguiente información.

2 Escribe un texto y contesta a estas preguntas:
- ¿Dónde estás tú?
- ¿Quién eres? ¿Qué puedes decir de tus compañeros/as?
- Para ti, ¿dónde es maravilloso estar?
- ¿Quién está o ha estado siempre a tu lado, para las cosas buenas y las cosas malas?

3 Y ahora, lee tu texto y escucha el que han escrito tus compañeros/as.

4 En grupos, recordad los usos de *ser* y *estar* que ya sabéis.

10 Ser o estar, esta es la cuestión

2. Contenidos

1 Usos de *ser* y *estar*.

Ya conoces la mayoría de estos usos; los has estudiado en el nivel A1.

Usamos el verbo SER para: 🎙️⁶¹

Identificarnos. ¿Quién es...?
Buenos días. **Soy** *Santiago Pérez Segura.*

Expresar origen, nacionalidad. ¿De dónde es...?
● *¿De dónde* **es** *Mario Vargas Llosa?*
▼ **Es** *de Perú.*

Profesión. ¿Qué eres, es...?
Soy *periodista.*

Color. ¿De qué color es...?
El bolso **es** *negro.*

Material. ¿De qué es...?
La camiseta **es** *de algodón 100 %.*

Posesión, relación. ¿De quién es...?
Creo que ese coche **es** *de Maribel.*

Descripción física y de carácter. ¿Cómo es...?
Javier **es** *muy guapo y muy simpático.*

La fecha y la hora. ¿Qué día es...? ¿Qué hora es...?
Hoy **es** *viernes 24.*
Son *las 9:00.*

Usamos el verbo ESTAR para: 🎙️⁶²

Localizar. ¿Dónde está/n...?
La camisa **está** *en el armario.*

Hablar del estado físico y anímico. ¿Cómo está usted?
● *Buenos días, señora Enríquez, ¿qué tal* **está** *usted?*
▼ **Estoy** *bien, gracias.*

> **ATENCIÓN**
> En este caso el verbo *estar* significa sentirse, encontrarse ¿Qué tal estás?
> ● *Hola, Pedro, ¿qué tal* **estás**?
> ▼ *No sé, no me encuentro (estoy) bien, me siento (estoy) regular, creo que tengo fiebre.*

Expresar una actividad transitoria.
El jefe **está** *de viaje.*
María **está** *de vacaciones.*

Hablar del resultado de la acción.
La puerta **está abierta** (*Acción:* alguien ha abierto la puerta. *Resultado:* la puerta está abierta).
Los libros **están ordenados** (*Acción:* alguien ha ordenado los libros. *Resultado:* los libros están ordenados).
Las luces **están encendidas** (*Acción:* alguien ha encendido las luces. *Resultado:* las luces están encendidas).
El ordenador* **está apagado** (*Acción:* alguien ha apagado el ordenador. *Resultado:* el ordenador está apagado).
* *Ordenador:* la computadora en Hispanoamérica.

La fecha.
● *¿A cuántos* **estamos**...?
▼ *Hoy* **estamos** *a viernes 24.*

2 Materiales.

Ser + de + material = definir / especificar

● *¿De qué material es el suelo de tu clase?*
▼ **Es de cerámica** *gris.*

● *¿De qué material es tu anillo?*
▼ **Es de oro blanco.**

Nuevo Avance Básico

10 Ser o estar, esta es la cuestión

Pon el artículo delante de los materiales.

 ____ oro

 ____ lana

 ____ plata

____ madera

____ metal

 ____ algodón

 ____ cuero o ____ piel

 ____ cristal

 ____ plástico

 ____ corcho

____ tela

____ cerámica

3 Adjetivos del carácter.

Ser + adjetivo de carácter = ¿*Cómo es...? ¿Qué tal es...?*
Para describir y definir.

simpático/a	antipático/a
optimista	pesimista
inteligente	tonto/a
abierto/a	introvertido/a
generoso/a	tacaño/a
alegre	triste
divertido/a	aburrido/a
trabajador/a	vago/a
tranquilo/a	nervioso/a
educado/a	maleducado/a

*Laila **es** simpática.*

*Estos chicos **son** pesimistas.*

4 Apócope del adjetivo.

bueno → buen
malo → mal
primero → primer   delante de sustantivo masculino singular
tercero → tercer
alguno → algún
ninguno → ningún
grande → gran

ATENCIÓN
grande > gran
delante de sustantivos femeninos.

¿Puedes escribir una frase con *buen* o con *mal*?
*Marta va a organizar una **gran** fiesta.*
*Rafael Nadal es un **gran** tenista.*

3. Practicamos los contenidos

1 Une las dos columnas.

1 *El Guernica*, de Picasso
2 Por favor, ¿la señora Alonso?
3 Clara tiene un problema
4 La biblioteca municipal
5 ¿Los servicios, por favor?
6 Cristina está hoy muy alegre
7 Como no encuentra trabajo
8 ¿Dónde está Ildefonso?
9 Mis hermanos están en Cancún
10 El director está enfadado

a está de mal humor.
b está de viaje.
c está en el museo Reina Sofía.
d están de vacaciones.
e está enfermo.
f está en paro.
g está triste.
h está de buen humor.
i están en la primera planta.
j está en la Diputación.

10 Ser o estar, esta es la cuestión

2 Completa con la forma correcta del presente de *ser* o *estar*.

1. ● ¿Por qué no ha venido Isidoro a trabajar?
   ▼ Porque _está_ enfermo.
2. ● El norte de España _____ muy verde.
   ▼ Porque llueve mucho.
3. ● ¿Por qué _____ tan contento?
   ▼ Porque he aprobado todos los exámenes.
4. ● A veces _____ difícil entender a los españoles.
   ▼ Sí. Es que algunos hablan muy rápido.
5. ● _____ muy guapa con el pelo corto.
   ▼ Gracias, Manuel.
6. ● ¿Qué _____ Juan Luis?
   ▼ _____ profesor de yoga; _____ budista y vegetariano.
7. ● ¿Qué hora _____?
   ▼ _____ la una menos cuarto.
8. ● ¿Para quién _____ ese regalo?
   ▼ _____ para mi tío Eduardo; es que hoy es su cumpleaños.
9. ● ¿A qué día _____ hoy?
   ▼ _____ a 15.
10. ● ¿Qué le pasa a tu hermano?
    ▼ Que _____ de mal humor.

3 Une la definición con el adjetivo correspondiente.

1. Siempre se está moviendo, habla rápido y no duerme muy bien.
2. Resuelve los problemas matemáticos rápidamente.
3. Invita, hace regalos y presta muchas cosas.
4. Es relajado, no habla nunca demasiado alto y se enfada poco.
5. No da las gracias, ni pide las cosas por favor.
6. Lo ve todo de color negro.
7. No cuenta sus problemas y demuestra poco sus sentimientos.
8. Siempre hace todas sus tareas y está activo.
9. Es muy simpático y animado.
10. Le encanta pasar horas y horas tumbado al sol.

ES
a pesimista
b introvertido
c divertido
d vago
e generoso
f trabajador
g inteligente
h nervioso
i maleducado
j tranquilo

4 Relaciona. ¿De qué material es?

Los zapatos son de piel.

El / La / Los / Las

ventana, puerta, cuadernos, gafas, jersey, camisetas, zapatos, suelo, anillo, carpeta, tablón de anuncios

es de / son de

plástico, madera, algodón, oro blanco, cerámica, lana, piel, papel, corcho, madera y cristal, cristal y metal

5 Completa si es necesario.

1. Los sobrin_os_ de Antonia son muy simpátic_os_.
2. ¿Conoces algún_____ restaurante mexican_____?
3. Juan es un buen_____ amigo. Es muy simpátic_____.
4. Vamos a hacer una gran_____ fiesta el jueves.
5. El padre de Vicente vive en el primer_____ piso y él en el tercer_____.
6. Marta y Carolina son muy alegr_____.
7. Juan y Federico están muy cansad_____.
8. L_____ días en invierno son muy frí_____.
9. El novio de Ana está bastante trist_____ últimamente.
10. Est_____ estudiantes están un poco seri_____.

Nuevo Avance Básico

4. En situación

Pedir y dar direcciones.
En Cuenca (España).

1 Escucha sin leer el texto y contesta.

- *¿Adónde quiere ir?*
- *¿Está lejos?*

2 Lee el texto.

- Buenos días, señora, ¿para ir al Museo de Arte Abstracto?
- ▼ Está un poco lejos, pero el camino es muy bonito. ¿Quieres andar 15 minutos o prefieres ir en autobús?
- Prefiero andar; hace un día muy bueno.
- ▼ ¿Ves aquella calle que sube?
- Sí.
- ▼ Pues aquella calle sube hasta la Plaza Mayor. La plaza es muy antigua. Bueno, al llegar a la plaza tienes que bajar por la calle que rodea a la catedral. ¿De acuerdo?
- Sí, vale. Sigo esta calle hasta la plaza, después bajo por la calle que rodea a la Catedral…
- ▼ Sí, entonces… Te encuentras una plaza. A un lado están las Casas Colgadas y allí está el Museo de Arte Abstracto.
- Muchísimas gracias, señora.
- ▼ De nada.

3 Vuelve a escuchar la grabación  sin el texto y contesta.

Presta atención a la entonación de las preguntas. ¿Qué edad crees que tiene cada persona?

10 Ser o estar, esta es la cuestión

UNA CURIOSIDAD

Cuenca (España) está declarada Patrimonio de la Humanidad.
www.cuencamagica.com

Cuenca (Ecuador) también está declarada Patrimonio de la Humanidad.
www.cuenca.com.ec

Estructuras y recursos para pedir y dar direcciones

- **Para empezar la conversación:**
  Formal: *buenos días, buenas tardes...*
  Informal: *hola.*

- **Para preguntar por una dirección:**
  ¿Para ir a...?

  Y también: *¿Sabe dónde está...?*
  ¿Cómo se va a...?

- **Para dar direcciones:**
  Las instrucciones pueden darse en presente, hablando de *tú*: *subes, llegas, giras* o de *usted*: *sube, llega, gira*, al interlocutor.

- **Para comprobar si se ha entendido la dirección usamos:**
  ¿De acuerdo?

- **Para responder se usa:**
  De acuerdo, sí, vale.
  De acuerdo es más formal que *vale*.

- **Para despedirse:**
  Quien ha preguntado dice: *muchas gracias* o *muchísimas gracias.*
  Quien ha respondido contesta: *de nada* o *no hay de qué.*

4 Te toca. En parejas.

Quieres ir al despacho del coordinador o de la coordinadora y no sabes dónde está. Pregunta a tu compañero/a.

Quieres ir al oficina de Turismo del lugar donde vives ahora, pregunta a tu profesor/a. (Tienes que hablarle de *usted*.)

5. De todo un poco

1 ¿A quién le ha tocado el viaje del banco?

1 No está riendo.
2 No es rubio/a.
3 No lleva gafas.
4 No está de perfil.
5 No lleva nada en la cabeza.
6 No es muy guapo/a.
7 La tarjeta no está en su mano, ni en su frente, ni en su cabeza.
8 Es delgado/a.
9 Está entre dos personas morenas.
10 No tiene el pelo corto.

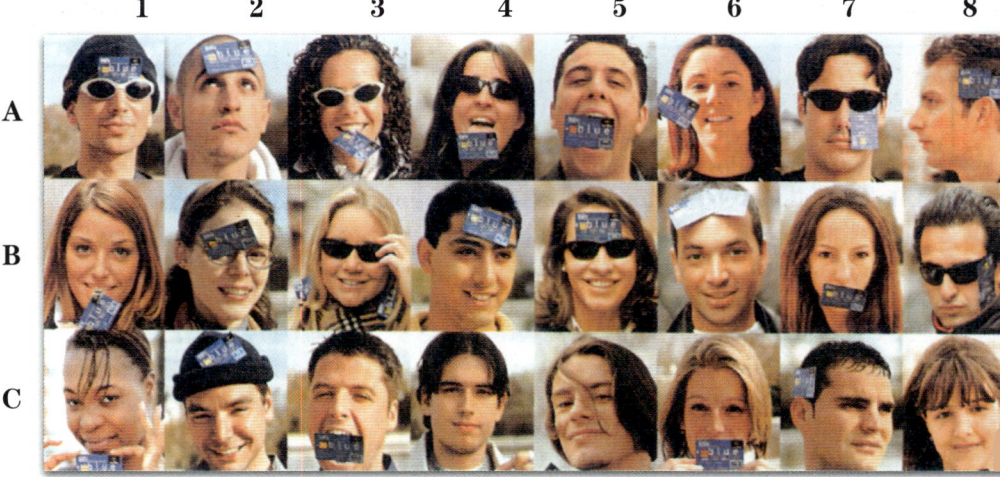

Ser o estar, esta es la cuestión

2 Juego de memoria y rapidez.
En parejas. Pregunta a tu compañero/a qué es/son y dónde está/n. Tu profesor/a sabe las respuestas.

Jugador número 1.

	¿Qué es / son?	¿Dónde está/n?
El Amazonas		
Salamanca		
El Salvador		
El Prado		
Sierra Nevada		
Barcelona		
Los Pirineos		
El Mediterráneo		

Jugador número 2.

	¿Qué es / son?	¿Dónde está/n?
El Atlántico		
Las Canarias		
Las Galápagos		
Málaga		
El Caribe		
El Orinoco		
Cuba		
Ecuador		

En equipos de tres personas podéis preparar otras preguntas  para seguir jugando con vuestros/as compañeros/as.

3 ¿Cómo te sientes?

a Escucha los diálogos y completa.

Expresar alegría
Diálogos: *1* _____
_____

Expresar tristeza
Diálogos: *2* _____
_____

Expresar enfado
Diálogos: _____
_____

Expresar sorpresa
Diálogos: _____
_____

Nuevo Avance Básico

10 Ser o estar, esta es la cuestión

b Lee.

Expresar sentimientos			
Expresar alegría	**Expresar enfado**	**Expresar tristeza**	**Expresar sorpresa**
¡Qué bien!	Estoy harto/a.	¡Qué pena!	¿Sí?
¡Qué suerte!	¡Qué rollo!	¡Qué lástima!	¿De verdad?
¡Enhorabuena!		¡Qué mala suerte!	¡No me digas!

c Practica. En parejas o en grupos, expresad las oraciones correctamente y reaccionad ante estas situaciones.

1. He perdido el pasaporte.
2. Mis padres han comprado una casa grande en la costa.
3. He encontrado un trabajo muy bueno.
4. Se ha muerto mi gato.
5. Tengo que trabajar toda la noche.
6. Mis abuelos han ganado un concurso de baile.
7. No podemos ir de viaje.
8. No tenemos agua en casa.
9. He ganado 3 000 € en el casino.
10. Voy a afeitarme la cabeza.

4 En parejas y en grupos. Pregunta a tu compañero/a cómo es y qué hace una persona…

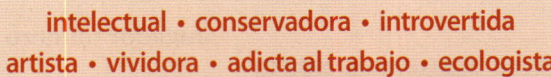

intelectual • conservadora • introvertida
artista • vividora • adicta al trabajo • ecologista

Ejemplo: Una persona **adicta al trabajo** no tiene horarios. Habla muchísimo por el móvil. Viaja con frecuencia, pero siempre con su ordenador portátil. A veces come trabajando y otras veces trabaja por la noche con su ordenador en la cama. Normalmente va bien vestida. Tiene muy poco tiempo para su familia y para sus amigos.

Y ahora explica a tus compañeros/as y a tu profesor/a qué tipo de persona te gusta para novio/a y qué tipo de persona te gusta como amigo/a y por qué.

5 Lee.

¿De tú, de usted o de vos?

No es fácil saber cuándo debemos usar *tú o usted*. En general, usamos *tú* en situaciones informales (con amigos o conocidos) y *usted* en situaciones formales (con desconocidos, en el trabajo con los jefes, cuando vamos a comprar…).

Con las personas mayores resulta difícil: lo normal es llamarlas de *usted*, pero es muy frecuente oír esto: *No me hables de usted, que no soy tan mayor*. En este caso, mejor pasar al *tú*.

Además, las reglas no son las mismas en todos los países y regiones hispanohablantes.

En España, el plural de *tú* es *vosotros / vosotras*. En Latinoamérica y en Canarias el plural de *tú* es *ustedes*.

En algunas regiones de América existe otra forma de tratamiento: *vos* para referirse a la segunda persona del singular. Tiene sentido coloquial y amigable. Se usa en Argentina, Uruguay, parte del Paraguay, Guatemala, El Salvador, Honduras, Nicaragua, Chile, Perú, Bolivia, Ecuador, Colombia, Venezuela, México, Cuba y Panamá, pero en diferente grado.

Hay que hacer muchas cosas

1. Pretexto

*¿Por qué no **dejáis de fumar**?*

***Hay que limpiar** esta carretera.*

***Están tirando** de la cuerda.*

***Empezamos a cenar** dentro de cinco minutos.*

***Estoy jugando**.*

***Hay que** comer para disfrutar de la vida.*

*Mira, aquí **están construyendo** una urbanización.*

1 Escucha los textos.

2 Mira las fotos, lee y contesta.

- **Hay que limpiar esta carretera.** ¿Quién crees que puede limpiarla? ¿Qué otras cosas hay que hacer para cuidar las carreteras?

- **Hay que comer para disfrutar de la vida.** ¿Qué más cosas hay que hacer para disfrutar de una vida sana?

- **¿Por qué no dejáis de fumar?**, significa:
a. Tenéis que fumar más.
b. Tenéis que abandonar el tabaco.

- ¿Puedes imaginar otras cosas que van a empezar a hacer las personas que **empiezan a cenar dentro de cinco minutos**?

- ¿Por qué **están tirando de la cuerda**? ¿Están moviendo el mundo? Imagina otras posibilidades.

- Ya sabes que **tener que** expresa obligación, ¿crees que hay alguna diferencia con **hay que**? ¿Cuál?

- Lee de nuevo los textos donde aparece **estar + gerundio**. ¿Te parece que significan lo mismo? ¿Las tres acciones coinciden exactamente con el momento de hablar?

- ¿A qué **está jugando** Héctor?

11 Hay que hacer muchas cosas

2. Contenidos

1 En esta unidad vas a aprender:

- *Hay que* + **infinitivo** para expresar obligación o necesidad de forma impersonal o general.
  Hay que dormir suficiente para estar en forma.
  Hay que ir al dentista una vez al año.

- *Empezar a* + **infinitivo** para referirse al principio de una acción.
  Hemos empezado a estudiar el nivel A2.
  Empezamos a cenar dentro de cinco minutos.

- *Dejar de* + **infinitivo** para referirse al hecho de interrumpir una acción.
  ¿Por qué no *dejáis de fumar*?
  He dejado de ir al gimnasio. Ahora corro por el parque.

• *Estar*	+	gerundio
Estoy		
Estás		hablar > **hablando**
Está	+	
Estamos		comer > **comiendo**
Estáis		
Están		escribir > **escribiendo**

Están tirando de la cuerda. *Están moviendo* el mundo.
¿Sabes que Teresa *está saliendo* con Tomás?

Gerundios irregulares.

E > I		O > U		-Y-	
decir	▶ diciendo	dormir	▶ durmiendo	caer	▶ cayendo
elegir	▶ eligiendo	morir	▶ muriendo	construir	▶ construyendo
pedir	▶ pidiendo			leer	▶ leyendo
reír	▶ riendo			oír	▶ oyendo
repetir	▶ repitiendo			sustituir	▶ sustituyendo
seguir	▶ siguiendo				
sentir	▶ sintiendo				
sonreír	▶ sonriendo				
venir	▶ viniendo				

ATENCIÓN
Un caso especial: Ir ▶ yendo

Usamos *estar* + gerundio con:
- **Ahora, en este momento** cuando la acción coincide con el momento en que hablamos.
  ● ¿Qué *estás haciendo* (ahora)?
  ▼ (En este momento) *Estoy leyendo* esta frase.

- **Últimamente, poco a poco** para señalar un progreso que llega hasta ahora.
  Últimamente está lloviendo bastante en Málaga.
  Poco a poco estamos aprendiendo español.

En esta unidad también vas a aprender:
Llevarse bien / mal con alguien. Significa tener buena / mala relación con las personas que conoces bien.

Pedro *se lleva bien* con su jefa.
Mi padre últimamente *se lleva mal* con su jefe.

Caer bien / mal alguien. Significa tener buena / mala opinión sobre las personas que conocemos, conocemos poco o no conocemos personalmente.
● A Antonia *le cae bien* la secretaria de su oficina.
▼ ¿Y a ti?

¿Y tú?
- ¿Con quién **te llevas bien**?
- ¿**Te llevas** mal con alguien?
- ¿Quién **te cae bien**?
- ¿Quién **te cae mal**?

11 Hay que hacer muchas cosas

2 Vocabulario de la mesa.
Mira las fotos y escribe el artículo correspondiente.

___ plato
___ vaso
___ tenedor
___ cuchara
___ copa
___ salero
___ mantel
___ cucharilla
___ cuchillo
___ taza
___ servilleta

3. Practicamos los contenidos

1 Pon los verbos en la forma correcta de estar + gerundio.

1. ● Pedro y Antonio (escribir, ellos) _están escribiendo_ una guía de viajes.
   ▼ A ver si tienen suerte.
2. ● ¿Has visto a Alicia?
   ▼ Sí, (leer, ella) _____ en su cuarto.
3. ● Últimamente (dormir, yo) _____ muy mal.
   ▼ Y no sabes por qué.
   ● No tengo ni idea.
4. ● Oye, ¿qué (hacer, ellos) _____ allí?
   ▼ (Construir, ellos) _____ una autopista.
5. ● ¿Dónde está Luis?
   ▼ (Comer, él) _____ con su jefe.
6. ● ¿Habéis hecho ya los deberes?
   ▼ No, los (terminar, nosotras) _____ ahora.
7. ● ¿Sabes algo de tus tíos?
   ▼ (Viajar, ellos) _____ por toda Europa.
8. ● Señor García, últimamente (pedir) _____ demasiados permisos.
   ▼ Lo siento, pero ya sabe que tengo problemas familiares.
9. ● Poco a poco la situación en la oficina (cambiar) _____.
   ▼ Sí, yo también lo (notar) _____.
10. ● ¿Qué hace tu hijo?
    ▼ (Repetir, él) _____ primero de Ingeniería de Telecomunicaciones.

2 Completa usando hay que, tener que, dejar de, ir a, empezar a y estar + gerundio. Transforma el infinitivo si es necesario.

1. En esta escuela (hacer) _hay que hacer_ un examen de nivel el primer día de clase.
2. En España los niños (estudiar) _____ inglés a los 8 años.
3. Nosotros (hablar) _____ con la directora; es muy importante.
4. Últimamente (hacer) _____ mucho calor.
5. Con el nuevo trabajo (levantarse, yo) _____ a las 6:00 de la mañana.
6. Mira, en esta foto (celebrar, nosotros) _____ la fiesta de fin de curso.
7. La alimentación (ser) _____ variada. Cada persona (comer) _____ de acuerdo con sus necesidades.
8. Luis (comer) _____ carne. Ahora solo habla de la dieta vegetariana.
9. (Consumir) _____ preferentemente alimentos sin conservantes.
10. Este verano (viajar, nosotros) _____ por toda Hispanoamérica.

Nuevo Avance Básico 107

11 Hay que hacer muchas cosas

3 Coloca debajo de estas fotos una frase como las del Pretexto. Puedes usar *estar* + *gerundio* y *hay que, empezar a, dejar de* + infinitivo.

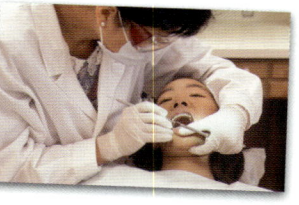

2 Come muchos dulces.

3 Las velas están apagadas.

1 Amanecer en Jordania.
Está amaneciendo en Jordania.

4 Confidencias en un bar.

5 Comida llena de grasas y calorías.

4 Completa con uno de los verbos siguientes: *probarse, probar, llevarse bien / mal, caer bien / mal*, en presente, pretérito perfecto o en infinitivo.

1 ● En mi casa no tengo problemas porque (yo) *me llevo bien* con mis hermanos.
  ▼ Pues ¡qué suerte!, yo a veces no.
2 ● Me gusta mucho el profesor de Literatura.
  ▼ ¿De verdad? (A mí) _____ muy mal.
3 ● ¿Quieres _____ la sopa?
  ▼ No, gracias, es que no me gusta.
4 ● Mi jefa y yo _____, nunca estamos de acuerdo.
  ▼ Hay que tener paciencia con las jefas y con los jefes, ¿no?
5 ● ¿No _____ la falda?
  ▼ No es necesario, siempre uso la misma talla.
6 ● (Yo) No _____ con la gente demasiado seria.
  ▼ Pues (a mí) _____ la gente autoritaria.
7 ● ¡Qué mal (a mí) _____ los vecinos nuevos!
  ▼ ¿Cómo puedes decir eso si solo los has visto una vez?
8 ● Últimamente mi hermana y yo _____.
  ▼ Me alegro mucho.

5 a Con el vocabulario de la mesa completa y escribe oraciones correctas.

1 *Para cortar*	*El cuchillo*
2 Para limpiarse	
3 Para beber vino	
4 Para tomar la sopa	
5 Para pinchar	
6 Para poner la comida	
7 Para beber café	
8 Para beber agua	
9 Para remover el café	
10 Para salar la comida	
11 Para cubrir la mesa	

1 *El cuchillo sirve para cortar.*
2
3
4
5
6
7
8
9
10
11

b Empareja los elementos de la mesa que suelen ir juntos.

El cuchillo va con el tenedor para cortar la carne.

11
Hay que hacer muchas cosas

4. En situación

De Tapas.

1 Escucha sin leer el texto y contesta.

- ¿Dónde están?
- ¿Están cenando?

2 Lee el texto con dos de tus compañeros/as.

Camarero: Buenos días, ¿qué van a tomar?	**Camarero:** Claro, ¿otra tapa?
Cliente 1: Yo una cerveza y una tapa de ensaladilla rusa.	**Cliente 1:** ¿Qué tienen de pescado?
Cliente 2: Yo un tinto y una tapa de tortilla.	**Camarero:** Calamares, boquerones...
Camarero: Ahora mismo. ¿La cerveza con o sin alcohol?	**Cliente 1:** Para mí, una de calamares.
Cliente 1: ¡Con alcohol!, claro.	**Cliente 2:** Para mí, otra.
Camarero: Aquí están la cerveza y el vino. Enseguida vienen las tapas.	**Camarero:** *Marchando**.
Cliente 2: Muchas gracias.	....
Camarero: A ver... la ensaladilla por aquí y la tortilla para usted.	**Camarero:** Aquí están, dos de calamares.
Cliente 1: ¿Me trae un salero, por favor?	....
Camarero: Aquí está.	**Cliente 1:** Por favor, ¿cuánto es?
Cliente 1: Gracias.	**Cliente 2:** *De eso nada**. Hoy pago yo.
Cliente 2: Camarero, por favor, *otra ronda**.	**Cliente 1:** Bueno, mañana yo.
	Cliente 2: Aquí tiene, *quédese con la vuelta**. Y muchas gracias.

* ***Otra ronda.*** Se usa para pedir lo mismo de beber o de comer.

* ***Marchando.*** Expresión típica de los camareros para decir que ya viene lo que el cliente ha pedido. Es similar a *ahora mismo, enseguida*.

* ***De eso nada.*** En esta situación significa que no está de acuerdo. Que va a pagar él.

* ***Quédese con la vuelta.*** La vuelta es lo que sobra de «la cuenta». Es una forma de dar la propina.

3 Vuelve a escuchar la grabación sin el texto y contesta.

- Presta atención a la forma de hablar del camarero y de los clientes. ¿Es diferente?
- ¿Qué edad crees que tiene cada persona?

Estructuras y recursos para pedir algo	Estructuras y recursos para pagar
– ¿Qué tiene de...? – ¿Me trae... / Me pone...? – Para mí... – Por favor...	• **Para pedir la cuenta:** *¿Cuánto es?* • **Para pagar la cuenta:** *Aquí tiene.*

OBSERVA
- Los españoles discuten por pagar. No es normal pagar cada uno lo que ha comido y bebido.
- La cantidad que se da de propina depende de las personas.

11 Hay que hacer muchas cosas

4 Te toca.

En pequeños grupos, representad una situación parecida. Aquí tenéis algunas tapas muy típicas.

tortilla de patatas

calamares

ensaladilla

albóndigas

croquetas

aceitunas

Conversaciones y mensajes telefónicos.

5 Antes de escuchar la situación tienes que saber el vocabulario relacionado con el teléfono. Mira las imágenes y pregunta a tu profesor/a para asegurarte de que entiendes todas las palabras.

> Número de teléfono
> Llamar por teléfono / Hablar por teléfono
> Responder o contestar a una llamada
> Contestador automático (en el fijo) / Buzón de voz (en el móvil)
> Dejar un mensaje

Escucha sin leer el texto y contesta.

- ¿Cuántas conversaciones telefónicas oyes?
- ¿Todas las llamadas son a teléfonos fijos?
- ¿Por qué quien llama no puede hablar en tres casos?

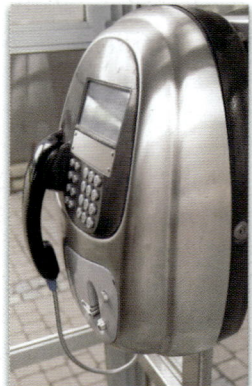

Nuevo Avance Básico

Hay que hacer muchas cosas | 11

6 Lee los textos.

1. Hola está usted llamando al 969 34 57 61. No estamos en este momento, por favor, deje su mensaje después de la señal. Gracias.

2. Servicio de compañía Lemon: el teléfono al que usted llama se encuentra apagado o fuera de cobertura en este momento.

3.
   ● ¿Dígame?
   ▼ ¿Está Carlos, por favor?
   ● Claro, ahora se pone. Carlos, para ti.
   ▼ ¡Hola, Carlos! Soy Ana.
   ● ¿Qué tal, Ana?, ¿cómo estás?
   ▼ Bien, bien... Mira, te llamo para saber si quieres venir el sábado al concierto de Julieta Venegas.
   ● ¡Claro que quiero! Me apetece mucho.
   ▼ ¿Entonces nos vemos mañana para sacar las entradas? ¿A las 17:30?
   ● Fenomenal, a las 17:30 en el «Musical».
   ▼ Muy bien. Hasta mañana. Chao.

4.
   ● Compañía de seguros «La Malagueña». ¿En qué puedo ayudarle?
   ▼ Buenos días, necesito hablar con la señora Rico García.
   ● ¿De parte de quién?
   ▼ De Sergio Del Alcázar.
   ● Lo siento, señor Del Alcázar, pero en este momento está en una reunión. Por favor, ¿puede llamar dentro de 30 minutos?
   ▼ De acuerdo. Adiós.

7 Vuelve a escuchar la grabación sin el texto.

Presta atención a la entonación de las preguntas y a las fórmulas para hablar por teléfono.

Contesta:

● ¿Por qué no pueden hablar en la segunda llamada?
● ¿Adónde van a ir Carlos y Ana?
● ¿Con quién quiere hablar el señor Del Alcázar? ¿Puede hacerlo?

Estructuras y recursos para hablar por teléfono

● **Al descolgar:**
  - *¿Sí?* (es más informal)
  - *¿Dígame?*
  - *Compañía... ¿dígame?*

● **Para preguntar:**
  - *Por favor, ¿está...?*
  - *Por favor, ¿puedo hablar con el señor / la señora...?*

● **Para contestar:**
  - *¿Quién eres?* (solo en los teléfonos particulares, nunca en el de lugares públicos)
  - *¿De parte de quién?*
  - *Sí, ahora mismo se pone.*
  - *Lo siento en este momento no está. Por favor, ¿puede/s llamar más tarde?*

En otros países de América *dígame* se dice:

¡Oigo! ¿Sí? ¿Diga? (Cuba)   *¡Aló!* (Chile)
¡Hola! ¿Quién habla? (Uruguay)   *¡Aló! ¡A ver!* (Colombia)
¡Hola! ¿Sí? (Argentina)   *¿Bueno?* (México)

Nuevo Avance Básico

11 Hay que hacer muchas cosas

5. De todo un poco

1 En parejas. Pregunta a tu compañero/a.

- ● *¿Qué has dejado de hacer últimamente?*
- ▼ *Últimamente he dejado de usar el móvil porque es muy caro.*

¿Qué has empezado a hacer alguna vez?

¿QUÉ ESTÁS HACIENDO ÚLTIMAMENTE?

¿Qué vas a hacer pronto?

¿Qué tienes que hacer?

¿Qué hay que hacer para + infinitivo…?

2 ¿Tengo o no tengo razón?

a Lee.

Decir alguien que tiene razón	Decir alguien que no tiene razón
Claro que sí.	No, estás equivocado.
Tienes razón.	No tienes razón.
Sí, es así.	Eso no es así.
(Eso) es cierto.	(Eso) es falso.
(Eso) es verdad.	(Eso) no es verdad.
Por supuesto = Desde luego.	(Eso) es absurdo.

112 Nuevo Avance Básico

Hay que hacer muchas cosas

b Escucha los diálogos y completa.

1 ● ¿Crees que va a ganar el Boca este año?
   ▼ _____
   (Muy seguro/a).

2 ● A veces los vendedores no son amables.
   ▼ _____

3 ● La gente, en general, toma demasiadas grasas y azúcar.
   ▼ _____

4 ● La culpa del fracaso escolar la tienen los maestros.
   ▼ _____
   (Muy enfadado/a).

5 ● Creo que vamos a aprobar el examen.
   ▼ _____
   (Muy segura/o).

c Practica. Y ahora habla con tu compañero/a de alguno de estos temas.

1 Cada vez las ciudades son más tranquilas.
2 Los españoles tienen menos hijos que antes.
3 El dinero es lo más importante del mundo.
4 La moto es más sana que la bici.
5 El fútbol es un deporte muy aburrido.
6 Tenemos que respetar y cuidar la naturaleza.

Nuevo Avance Básico

11 Hay que hacer muchas cosas

3 Lee.

Las tapas

Es una ración pequeña de comida que se toma siempre con una bebida en un bar. Hay muchas variedades y es una buena idea porque puedes tomar dos o tres tapas diferentes. Para unos es una comida o cena, para otros un aperitivo antes de comer.

A veces los españoles toman una tapa en un bar y después van a otro y a otro. Esto es el tapeo o ir de tapas.

En muchos lugares de España es bastante habitual salir a comer o cenar tapas los fines de semana. Salir de tapas es una actividad muy popular y divertida.

Es un fenómeno social, una ocasión para ver a los amigos y hablar tranquilamente.

Las tapas suelen tomarse en la barra y no en una mesa. La tradición de las tapas es española y muy antigua.

Los pinchos

Se llama así a las porciones de comida muy bien cocinadas que se toman en algunos lugares de España, sobre todo en el norte. La principal diferencia con las tapas es que, en muchas ocasiones, se sirven sobre una rebanada de pan. Se llaman pinchos porque llevan un palito de madera por donde los cogemos. También se toman antes de comer o de cenar y también es un fenómeno social. Todos los años hay concursos de pinchos en diferentes lugares del País Vasco. Si vas a tomar una tapa, un pincho...

¡Buen provecho!

Contesta a estas preguntas:
- ¿De dónde son típicos los pinchos?
- ¿Qué hacen en los bares muchos españoles los fines de semana?
- ¿Qué diferencia hay entre las tapas y los pinchos?

Y ahora habla:
- ¿Has probado alguna tapa? Explica a tus compañeros/as cómo es.
- ¿Existe en tu país algo parecido?
- ¿Dónde te reúnes con tus amigos a comer?

4 Escribe.

a En parejas. Describe con tu compañero/a esta foto:

- Escribe lo que está pasando. Usa la forma de *estar* + gerundio y di lo que *están haciendo* los personajes.
- Este vocabulario puede ayudarte.
  Recibir / abrir regalos, paquetes, papel de regalo, estar sorprendido/a, estar contentos, ser un regalo sorpresa, etc.
- Aquí tienes una forma de empezar.

<u>Es la noche del 24 de diciembre: la familia se ha reunido para abrir los regalos. Están en una casa donde hay muchos libros...</u>

b Leed la descripción en voz alta. Gana la descripción más completa y mejor escrita. ¡Suerte!

Nuevo Avance Básico

De viaje

1. Pretexto

- Hola, Jaime, ¿qué tal? ¿Te apetece una taza de té o un café o algo?
- *No, gracias, he tomado ya un café con leche. ¿No está Miguel?*
- No, ha tenido que ir a la oficina esta tarde. ¿Quieres ver ya las fotos del viaje a la Patagonia?
- *¡Claro! ¿Cuántos días pasasteis allí?*
- Dos semanas. Fue un viaje maravilloso. Mira el el mapa. Viajamos por todos estos lugares.
- *Lo organizaste todo por Internet, ¿verdad?*
- Sí, casi todo.
- *¿Qué es lo que más te gustó?*
- Buenos Aires, la vista del Aconcagua desde el avión y, sobre todo, el sur de la Patagonia: el glaciar Perito Moreno y el Parque Nacional de Torres del Paine. Ya sabes que, como soy azafata, he viajado por casi todo el mundo. Creo que estos dos lugares son mis favoritos. ¡Mira qué fotos! Es maravilloso: hay lagos, cascadas, ríos, montañas y hay invierno y verano en un mismo día. ¡Tienes que ir!
- *Claro que voy a ir y muy pronto. Me ha encantado todo lo que he visto. ¿Reservaste los hoteles también por Internet?*
- Sí, unos solo con desayuno, otros con media pensión y otros con pensión completa.
- *¿Y la comida?*
- ¡Oh! Estupenda. Pescados, mariscos, carnes asadas y vinos chilenos buenísimos.
- *Pilar, muchísimas gracias por todo. Tengo que marcharme. Recuerdos a Miguel de mi parte.*
- Adiós, Jaime. Nos vemos.

El Aconcagua desde el avión

Parque Nacional de Torres del Paine

12

1 Escucha el diálogo.

2 Señala:
- las formas verbales nuevas que ves. ¿Qué expresan, presente, pasado o futuro?
- los tipos de alojamiento que aparecen en el texto.

3 Y ahora, habla.
- ¿Cómo fue el tiempo durante el viaje?
- ¿Puedes contarle a tu compañero/a un viaje parecido?

01 Madrid
02 Buenos Aires
03 Santiago de Chile
04 Puerto Montt
05 Angelmó
06 Puerto del Hambre
07 Puerto Natales
08 Punta Arenas
09 Glaciar Serrano
10 Glaciar Perito Moreno
11 El Calafate
12 Torres del Paine
13 Punta Arenas
14 Puerto Varas
15 Lago Llanquihué
16 Castro
17 Santiago de Chile
18 Valparaíso
19 Viña del Mar
20 Santiago de Chile
21 Buenos Aires
22 Madrid

12 De viaje

2. Contenidos

Ya has estudiado un tiempo del pasado: el pretérito perfecto. Ahora vas a estudiar otro:

1 El pretérito indefinido.

a ¿Cómo se forma?

- Verbos regulares

Verbos en *-ar*

Estudi-**é**
Estudi-**aste**
Estudi-**ó**
Estudi-**amos**
Estudi-**asteis**
Estudi-**aron**

Verbos en *-er* e *-ir*

Com-**í**
Com-**iste**
Com-**ió**
Com-**imos**
Com-**isteis**
Com-**ieron**

Viv-**í**
Viv-**iste**
Viv-**ió**
Viv-**imos**
Viv-**isteis**
Viv-**ieron**

- ● *Ayer **comí** por primera vez en un restaurante indio.*
- ▼ *¿Y te **gustó**?*
- ● *¡Muchísimo!*

- ● *¿**Estudiasteis** mucho anoche?*
- ▼ *¡Qué va! No **estudiamos** nada, pero **hablamos** mucho.*

ATENCIÓN
La forma *nosotros/as* de los verbos en *-ar* y en *-ir* es igual en presente y en pretérito indefinido.

Ahora, conjuga tú los verbos *trabajar, nacer y recibir*.

ATENCIÓN

Son verbos regulares, pero hay que tener cuidado con la ortografía:

✓ Los verbos que terminan en *-gar*: apagar: *apagué*; llegar: *llegué*; jugar: *jugué*, pagar: *pagué*.
✓ Los verbos terminados en *-car*: sacar: *saqué*; aparcar: *aparqué*, explicar: *expliqué*; practicar: *practiqué*.
✓ Los verbos terminados en *-zar*: empezar: *empecé*; comenzar: *comencé*.

- Hay muchos verbos irregulares en pretérito indefinido. En esta unidad vas a conocer estos cinco:

Dar	**Ser e Ir**	**Dormir**	**Morir**
Di	Fui	Dormí	Morí
Diste	Fuiste	Dormiste	Moriste
Dio	Fue	Durmió	Murió
Dimos	Fuimos	Dormimos	Morimos
Disteis	Fuisteis	Dormisteis	Moristeis
Dieron	Fueron	Durmieron	Murieron

Ahora contesta:
- ¿Adónde fuiste ayer?
- ¿Cuántas horas dormiste ayer?

b ¿Cuándo lo usamos?

1 **Para referirnos a acciones y hechos acabados en un tiempo que ya ha terminado.**

   *El año pasado **fui** a Argentina.*
   *Rafael Nadal **ganó** su primer Grand Slam en 2005 (a la edad de 19 años y dos días).*

   > *Hay marcadores temporales que combinan muy bien con esta idea.*
   > - ayer • anoche / anteanoche • anteayer • hace unos días, hace un mes, etc. • la semana pasada
   > - el otro día • un día • el verano / el mes / el año pasado • a finales del año pasado
   > - aquel año • la primera / la segunda vez que...

2 **Con una fecha determinada del pasado (1830, septiembre de 1939, 15 de octubre de 2008).**

   *Anteayer **dormí** muy mal.*
   *La semana pasada **conocimos** a un estudiante libanés.*
   *Hace unos días **jugué** al tenis con Gema y **perdí**.*
   ***Llegué** a Málaga el 15 de septiembre de 1983.*

   > **OBSERVA**
   > También se usa *el indefinido* con cualquier día de la semana menos *hoy* y cualquier mes distinto al presente.
   >
   > ● ***El viernes fui** al cine y vi una película estupenda.*
   > ▼ *Pues yo **el sábado fui** a cenar a un restaurante caro y bastante malo.*

3 **Como puedes ver, la diferencia entre el pretérito perfecto y el pretérito indefinido la marca el momento en que ocurre la acción.**

   *Esta mañana **he desayunado** en una cafetería. **Ayer** también **desayuné** en una cafetería.*
   *Esta semana **he jugado** dos partidos de tenis. **La semana pasada** también **jugué** dos partidos.*
   *Este año **he viajado** poco. **El año pasado viajé** mucho.*

4 **Recuerda que en muchos países de Hispanoamérica no se usa el pretérito perfecto; se usa el pretérito indefinido y, por tanto, no existe esta diferencia.**

   Y ahora, termina estas oraciones:

   La semana pasada _____
   El jueves pasado _____
   El año pasado _____

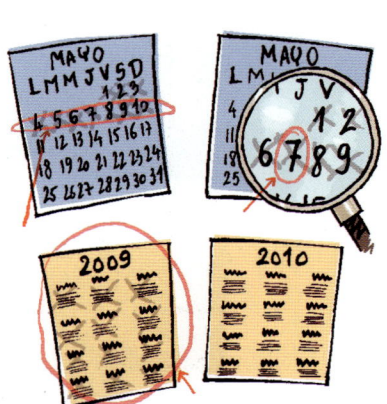

12 De viaje

2 Los posesivos. ¿Recuerdas los posesivos que ya sabes?

Elige la respuesta correcta.

1 Tengo dos hermanos. ➡ Son *mi* / **mis** hermanos.
2 En este nivel tenemos una profesora estupenda. ➡ Es *nuestra* / *nosotras* profesora.
3 Piedad, Victoria y Concha han escrito varios libros. ➡ Son *su* / *sus* libros.
4 Ángel, ¿cuándo se casa *tu* / *tus* hija?

Ahora vas a aprender otros.

Posesivos: ¿De quién es?			
Masculino singular	Femenino singular	Masculino plural	Femenino plural
mío	mía	míos	mías
tuyo	tuya	tuyos	tuyas
suyo	suya	suyos	suyas
nuestro	nuestra	nuestros	nuestras
vuestro	vuestra	vuestros	vuestras
suyo	suya	suyos	suyas

Estos posesivos se usan solos, sin acompañar a los sustantivos.

● ¿De quién es este coche?
▼ Es **mío**.

● ¿Esta calculadora es **suya**, señor Martínez?
▼ Sí, sí, es **mía**.

● ¿Es de ustedes este perro?
▼ Sí, es **nuestro**.

● Juan dice que la cartera es **tuya**.
▼ No, no, es **mía**.

3 Accidentes geográficos.

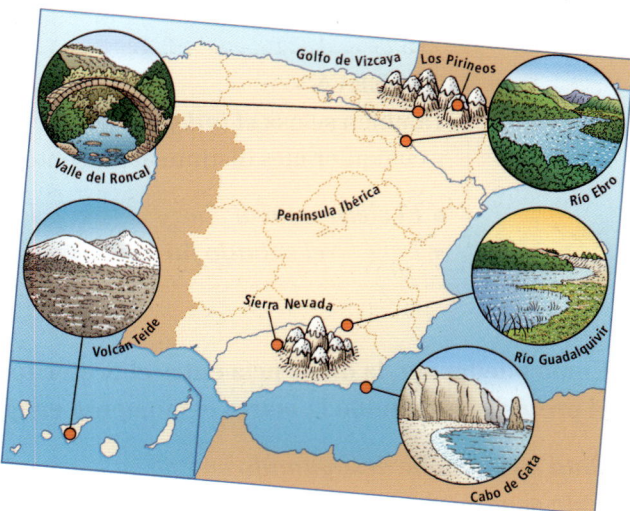

Lago Titicaca

Volcán El Teide

El pico de El Mulhacén

Desierto de Atacama

El valle del Roncal

Cataratas de Iguazú

El cabo de Gata

De viaje 12

4 Más números.

3 000 *tres mil*	100 000 *cien mil*
3 001 *tres mil uno*	100 007 *cien mil siete*
3 022 *tres mil veintidós*	200 034 *doscientos mil treinta y cuatro*
3 543 *tres mil quinientos cuarenta y tres*	406 982 *cuatrocientos seis mil novecientos ochenta y dos*
4 000 *cuatro mil*	300 478 *trescientos mil cuatrocientos setenta y ocho*
5 000 *cinco mil*	642 182 *seiscientos cuarenta y dos mil ciento ochenta y dos*
6 000 *seis mil*	1 000 000 *un millón*
7 000 *siete mil*	1 890 515 *un millón ochocientos noventa mil quinientos quince*
8 000 *ocho mil*	2 000 000 *dos millones*

> Se dice así: *dos millones **de** euros*
> 39 500 000 habitantes = *treinta y nueve millones quinientos mil habitantes*
> *treinta y nueve millones **y medio de** habitantes*

3. Practicamos los contenidos

1 Completa con las formas regulares del pretérito indefinido.

1. Mis tíos (marcharse) *se marcharon* a América **en 1920** y (abrir) _____ un restaurante con comida típica de su tierra, Galicia. Después de algún tiempo (comprar, ellos) _____ otros restaurantes y ahora sus hijos son muy ricos.

2. **Ayer** (soñar, yo) _____ con unos amigos que (conocer, yo) _____ hace mucho tiempo. Por la tarde me (llamar, ellos) _____ por teléfono. ¡Qué casualidad!

3. **Entre 1960 y 1965** (estudiar, yo) _____ alemán; (aprender, yo) _____ mucho vocabulario, pero nunca lo (hablar) _____.

4. **El año pasado** (decidir, yo) _____ hacer el examen de conducir. (Aprobar, yo) _____ a la primera y (comprar) _____ un coche pequeño y barato.

5. **El día de mi cumpleaños** mis compañeros de trabajo me (regalar) _____ algo muy original: una semana de vacaciones en un hotel en el campo. Al principio me (parecer) _____ muy extraño; luego (pensar, yo) _____: ¡Qué buen regalo!

6. **El otro día** (aparcar, yo) _____ el coche en una calle céntrica, me (romper, ellos) _____ la ventanilla y me (robar) _____.

7. Juan y María (casarse) _____ **en 1976**. Primero (vivir) _____ en la isla de Lanzarote y **cinco años más** tarde (trasladarse) _____ a Santiago de Chile para trabajar en un hotel de lujo.

8. **Anteayer** (llegar, yo) _____ tarde al trabajo porque (perder) _____ el tren.

9. **Hace unos años** (empezar, yo) _____ a estudiar chino, pero lo (dejar, yo) _____. Es que la pronunciación me (parecer) _____ muy difícil.

10. La **semana pasada** (salir, yo) _____ **por primera vez** con un chico que (conocer, yo) _____ en Internet. (Hablar, nosotros) _____ de muchas cosas; (descubrir, nosotros) _____ que tenemos aficiones y gustos parecidos. Me cayó muy bien. Tengo ganas de verlo pronto.

Nuevo Avance Básico

12 De viaje

2 Sobre el Chupa Chups y el Cola Cao: dos productos españoles. Completa los textos con las formas del pretérito indefinido.

 caramelo  + palo   =

Chupa Chups

a Enric Bernat (crear, él) _creó_ en 1958 el primer caramelo redondo con palo, el Chupa Chups.

El pintor Salvador Dalí (diseñar) _____ el papel.

En 1995 los astronautas (tomar, ellos) _____ Chupa Chups en el espacio.

b Cola Cao es una marca comercial de chocolate en polvo de la empresa española Grupo Nutrexpa. Este producto (nacer) _nació_ en 1946.

En los años 1950 (alcanzar) _____ la fama en todo el país gracias a su popular canción publicitaria («Canción del Negrito»).

En 1962, (empezar, ellos) _____ los primeros anuncios publicitarios en la televisión.

Enric Bernat (morir) _____ en diciembre de 2003.

En julio de 2006, la empresa Perfetti Van Melle (comprar) _____ la mayoría del capital de la empresa Chupa Chups.

Actualmente la producción diaria es de unos 12 millones de unidades.

En los años ochenta la empresa (crear) _____ *Cola Cao VIT* una versión instantánea del Cola Cao clásico. Este tipo de Cola Cao (desaparecer) _____ algunos años más tarde.

En 1989 Cola Cao (llegar) _____ al mercado de China.

En 1995 (crear, ellos) _____ *Cola Cao Bajo en Calorías*, que ahora se llama *Cola Cao Light*.

Actualmente existen variedades como *Cola Cao complet* (con fibras y cereales) y *Cola Cao fibra* (alto contenido en fibra) *Cola Cao turbo* (instantáneo).

3 a Completa usando el posesivo adecuado.

1 ● Suelta, este coche es (de mí) _mío_.
　▼ No, no es (de ti) _____, es (de mí) _____.
　● Hijo, ¿por qué no le dejas tu coche a tu amiga?

2 ● ¿Qué os pareció el eslogan de la Copa Davis de 2008?
　▼ ¡Genial! Y además fue premonitoria: La Davis es (de nosotros) _____.

3 ● Sandra, ¿son (de ti) _____ estos zapatos?
　▼ Sí, son (de mí) _____. Ahora los quito de ahí.

4 ● Tu hermano y tú tenéis mascotas ¿no?
　▼ Sí, un gato y un perro. El gato es (de él) _____ y el perro es (de mí) _____.

5 ● Chicas, ¿es (de vosotras) _____ este libro?
　▼ Sí, sí, es (de nosotras) _____. Fue el primero que escribimos juntas.

6 ● Perdone, señora, ¿es (de usted) _____ ese coche?
　▼ No, mi coche es aquel.

7 ● A ver, vamos a colocar los regalos que hemos comprado. ¿Estos pañuelos son (de nosotros) _____ o (de vosotros) _____?
　▼ Creo que los pañuelos de seda son (de ellos) _____.

8 ● ¿De quién son estas carpetas? ¿Son (de vosotros) _____?
　▼ No. Son (de ellos) _____, creo.

b Y ahora, elabora preguntas para tus compañeros/as siguiendo los modelos del ejercicio anterior.

12. De viaje

4 Los accidentes geográficos. ¿Recuerdas los nombres de accidentes geográficos que has estudiado en Contenidos 3? Mira otra vez las fotos y los mapas. Ahora completa los espacios con las palabras necesarias.

Para recordar el vocabulario que has aprendido.

1. España y Portugal forman la _península_ Ibérica.
2. En América del Sur está el _____ más largo del mundo, el Amazonas.
3. El _____ Titicaca está entre Perú y Bolivia.
4. El _____ de Atacama es el más árido de todo el mundo.
5. Si quieres pasar unas vacaciones en medio de bosques y ríos, tienes que ir al Pirineo navarro, al _____ del Roncal.
6. El _____ de Gata es un parque natural protegido en el sur de España.
7. En España hay un _____: El Teide; está en Tenerife, una de las islas Canarias.
8. Todo el mundo dice que es un espectáculo maravilloso ver las _____ de Iguazú en una noche de luna llena.

5 Lee en voz alta estas oraciones.

1. El centro de Tokio tiene 8 340 000 habitantes aproximadamente. Y en la ciudad de Tokio hay más o menos 34 500 000 habitantes.
2. Ávila está a 1 131 metros sobre el nivel del mar.
3. Más de 450 millones de personas hablan español.
4. Caracas es la capital de Venezuela y tiene 3 866 233 habitantes aproximadamente.
5. Valparaíso es una región del centro de Chile. Tiene una extensión de 16 109 km^2.
6. San Sebastián está a 488 km de Madrid.
7. El río Amazonas tiene una longitud de 6 280 km.
8. El pico más alto de los Andes se llama el Aconcagua y mide 6 959 m.

4. En situación

En el restaurante.

1 Escucha sin leer el texto y contesta.

- ¿Cuántas personas van a cenar?
- ¿Cenan el menú o piden la carta?
- ¿Toman bebidas alcohólicas?
- ¿Toman todos dos platos y postre?
- ¿Toman todos café?

Restaurante La cocina de Silvia

Ensaladas
Ensalada mixta *(lechuga, pepino, tomate, cebolla, espárragos y aceitunas)*
Ensalada griega *(tomate, aceitunas negras y queso)*
Ensalada tropical *(aguacate, piña y kiwi)*

Sopas
Consomé
Sopa de pescado
Sopa de cebolla
Gazpacho *(frío)*

Huevos
Tortilla de patatas
Huevos a la cubana *(con plátano frito y salsa de tomate)*
Huevos revueltos con champiñón

Pescados
Merluza *(frita / plancha / a la vasca)*
Rape a la marinera
Salmón al cava
Lenguado en salsa de mantequilla

Carnes
Entrecot a la pimienta verde
Solomillo de ternera al queso de cabrales
Brocheta de cerdo
Pollo al ajillo

Postres
Tarta de chocolate, de fresa, de limón
Copa de helado
Natillas
Flan con nata
Fresas con nata
Fruta del tiempo

Gran selección de vinos de Rioja y Ribera del Duero

Gran selección de cavas catalanes

12 De viaje

2 Lee el texto con tus compañeros/as.

- Buenas noches, ¿tienen mesa reservada?
- Pues no.
- ¿Cuántas personas son?
- Somos cuatro.
- ¿Quieren esta mesa junto a la ventana o prefieren otra?
- Esta está bien, gracias.
- Por la noche no servimos menú. Ahora mismo les traigo la carta. ¿Quieren algo de beber?
- Sí, tres cervezas y un agua mineral con gas, por favor.
- Enseguida.
....
- Camarero, por favor.
- Sí, dígame.
- ¿Qué lleva la ensalada de la casa?
- Lechuga, tomate, zanahoria, maíz, con una salsa especial del chef.
- Bien, de primero queremos dos ensaladas y dos sopas de marisco.

- ¿Y de segundo?
- Un lenguado a la plancha, una brocheta de solomillo de cerdo, unos calamares fritos y un entrecot a la pimienta.
- ¿Van a continuar con la cerveza?
- No, queremos un vino, ¿cuál nos recomienda?
- El de la casa, es un Rioja que está muy bien.
- De acuerdo.
....
- ¿Van a tomar postre?
- ¿Qué tienen?
- Helados, natillas, flan, y tarta de chocolate. De fruta natural melón, manzanas y plátanos.
- Pues nos trae un helado de fresa, dos flanes, y melón.
- De acuerdo, ¿van a tomar café?
- Sí, dos solos y uno con leche.
....
- Camarero, por favor, ¿nos trae la cuenta?
- Ahora mismo.

3 Vuelve a escuchar la grabación sin el texto y contesta.

Presta atención a la entonación de las preguntas.
¿Qué tipo de lengua usan, formal o informal?

Estructuras y recursos en el restaurante

- **Al llegar al restaurante las preguntas más habituales son:**

  – ¿Han reservado ustedes mesa?
  – ¿Qué mesa prefieren?
  – ¿Qué van a beber? o ¿para beber?
  – ¿Van a comer el menú o prefieren la carta?

  – ¿Qué quieren de primero o de entrada?
  – ¿De segundo?
  – ¿De postre?
  – ¿Van a tomar café? ¿Algún licor?

El saludo del camarero es *buenas tardes (señores/as)...* o *buenas noches (señores/as)...*

- **Para llamar al camarero:**

  Cuando llamamos al camarero podemos decir: *Camarero, por favor...*
  Pero existen otras fórmulas posibles: *Perdone* o *Perdón*. Sirven también para llamar la atención.

- **Para pagar:**

  Por favor, ¿nos trae la cuenta?

4 Te toca.

En grupo. Vais a un restaurante a almorzar o cenar. Tenéis una carta como modelo y las estructuras en el texto de la situación. El profesor o la profesora es el camarero o la camarera.

5. De todo un poco

1 Escucha. Un día especial en tu vida.

Verónica, 19 años

Antonio, 55 años

a Di si son verdaderas o falsas estas afirmaciones:

1 Verónica cuenta que el día más feliz de su vida está relacionado con sus estudios.	V	F
2 Verónica y sus amigos estuvieron por la noche en una discoteca.	V	F
3 Jorge tiene un buen recuerdo del día que conoció a Cristina.	V	F
4 Jorge y Cristina bailaron toda la tarde.	V	F
5 Antonio dice que solo hay un día muy importante en su vida.	V	F
6 Antonio estuvo con su mujer cuando su hija nació.	V	F

Jorge, 28 años

b Y ahora, lee la trascripción y, con los modelos de las respuestas de estas tres personas, cuenta a tus compañeros/as cuál fue el día más importante de tu vida.

2 Habla con tus compañeros/as sobre:

El último regalo que recibiste.

Tu última compra.

Tu último examen.

La última boda a la que asististe.

Tu última fiesta familiar.

Tienes modelos de narración (contar acciones y hechos) en el **Pretexto**, en **Practicamos los contenidos** y en **De todo un poco**, en la audición.

3 En la actividad número 4 de Practicamos los contenidos hablamos de dos productos españoles: el Chupa Chups y el Cola Cao.

Ahora, háblamos de:
- marcas de tu país: *Ejemplos:* Ikea, Swarovsky, Médi Telecom.
- productos. *Ejemplos:* Ketchup, Nutella, Seven up.
- inventos de tu país: *Ejemplos:* el sacacorchos de tornillo y tuerca.

Si conoces la historia, mejor.
Ejemplo: El sacacorchos se empezó a utilizar en el siglo XVII. El inglés Hershaw inventó el sacacorchos de tornillo y tuerca en 1795.

12 *De viaje*

4 Lee.

Leed estos textos en parejas, subrayad lo que os llama la atención y comentadlo juntos. Si tenéis dudas, consultad el diccionario o preguntad al profesor/a.

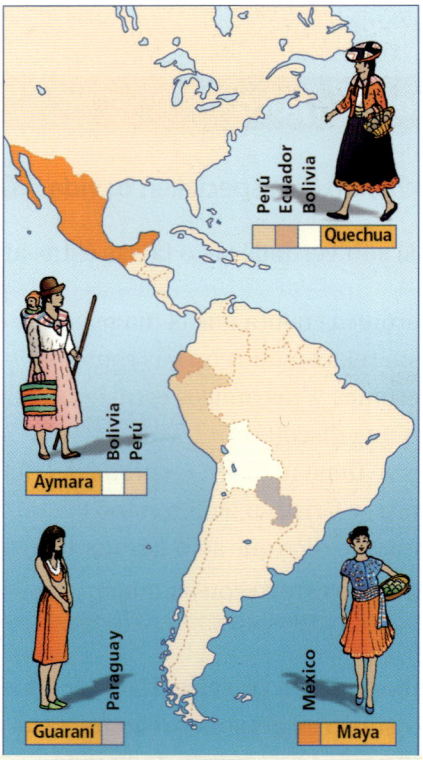

Las lenguas hispanas

El español o castellano es la lengua oficial de España. Nació cerca de la actual ciudad de Logroño hace más de un milenio. Pero, como ya sabes, no es la única lengua del territorio español. Desde la Constitución Española de 1978, el catalán, el euskera y el gallego son también lenguas oficiales. El euskera se habla en el País Vasco y en parte de Navarra; el gallego en Galicia y el catalán en Cataluña, Islas Baleares y Comunidad Valenciana.

El catalán y el gallego proceden del latín, como el castellano, pero el origen del euskera es desconocido hasta hoy.

Las lenguas oficiales de Hispanoamérica

Existen multitud de lenguas indígenas (más de 400 en opinión de algunos).

Las siguientes son oficiales junto al español:
El quechua: se habla en Perú, Ecuador y Bolivia.
El aymará: en Bolivia y Perú.
El guaraní: en Paraguay.
El maya: en México.

5 Escribe.

Ya estás aquí de vuelta. Escribe un correo electrónico a tu amigo/a hispanohablante contando tu último viaje con detalle.

¿Adónde fuiste?
¿Cómo fuiste?
¿Con quién fuiste?
¿Dónde dormisteis?

¿Qué comisteis?
¿Qué visitasteis?

Las principales anécdotas que te ocurrieron, etcétera.

Puedes usar los marcadores temporales: *primero, después, luego, más tarde* y todos los que has estudiado en esta unidad.

También tienes modelos en el **Pretexto**; en **Practicamos los contenidos** y tienes *el vocabulario de elementos paisajísticos*.

Nuevo avance Básico

Un poco de nuestra Historia

1. Pretexto

- ¿Cómo llevas el examen* de Historia de América?
- *Creo que bien. ¿Y tú?*
- Así, así. Tengo que repasar algunas cosas.
- *Si quieres, te tomo la lección*.*
- Muy bien. Toma el libro. Pregunta algo.
- *A ver... Vale. ¿Qué sabes de los incas?*
- Los incas..., los incas. Hoy en día son conocidos como el imperio del sol, su dios más importante. ¡Fíjate! Durante mucho tiempo el sol o el inti* fue la moneda del Perú moderno.
- *¡Hala! ¡Cuánto sabes! ¡Más, más!*
- Fueron una civilización y un imperio que ocupó las tierras de los actuales países de Bolivia, Perú, Ecuador, parte de Chile y de Argentina y el sur de Colombia.
- *¿Y en qué época vivieron?*
- El imperio inca empezó a formarse en el siglo XV y se terminó en el siglo XVI, cuando llegaron los españoles. La capital del imperio fue Cuzco, que en su lengua significa «el ombligo del mundo». Bueno, en realidad, hubo un periodo preincaico en el siglo XII con Manco Cápac. Él mandó construir el famoso Templo del Sol.
- *¡Muy bien! Seguro que apruebas el examen. Oye, ¿y el quechua se habla todavía en Perú?*
- Sí, y también en Bolivia. Otro día te cuento la leyenda de Manco Cápac y su esposa.
- *¿Y por qué no ahora?*
- Porque ahora vamos a descansar.

* *¿Cómo llevas el examen?: ¿tienes bien preparado el examen?*
* **Tomar la lección**: *preguntar para comprobar que se sabe lo estudiado.*
* *Inti: palabra quechua para decir sol.*

1 Escucha el diálogo.

2 Lee el diálogo con tu compañero/a con la entonación adecuada.

3 Contesta a estas preguntas.
- Mira las fotos, ¿señala en el texto a qué hacen referencia?
- ¿Qué están haciendo los adolescentes? ¿Por qué?
- ¿De qué y de quiénes hablan en el diálogo?
- ¿Qué es el quechua?
- ¿Por qué mencionan algunos países de América del Sur?
- ¿Qué opina la chica de las respuestas del chico?

4 Y ahora, reflexiona.
- Subraya las formas verbales que se refieren al pasado.
- ¿Las conoces todas? Coloca en el cuadro las que conoces y las nuevas.

FORMAS DEL PASADO CONOCIDAS	FORMAS DEL PASADO NUEVAS

13 Un poco de nuestra Historia

2. Contenidos

1 **Pretéritos indefinidos irregulares.**

En la unidad anterior estudiaste el pretérito indefinido de los verbos regulares y el de cinco verbos irregulares, ahora vas a estudiar muchos más.

a *-uv-*: *estar, andar, tener.*

estuve / estuviste / estuvo / estuvimos / estuvisteis / estuvieron

Completa.
anduve / anduviste / anduvo / _____ / _____ / _____ /
tuve / tuviste / _____ / _____ / _____ / _____ /

- *Ayer **estuvimos** en una tienda de informática nueva.*
- ▼ *¿Y te gustó?*
- *Muchísimo.*

b *-j-*: *traer* y los verbos que terminan en *-ducir*: *traducir, conducir, reducir.*

traje / trajiste / trajo / trajimos / trajisteis / trajeron

Completa.
traduje / tradujiste / tradujo / _____ / _____ / _____ /
conduje / _____ / _____ / _____ / _____ / _____ /
reduje / _____ / _____ / _____ / _____ / _____ /

- *Anteayer **trajeron** la lavadora.*
- ▼ *Bueno, por fin...*

c **Cambian una vocal.**

Poder (**u**), *hacer* (**i**), *venir* (**i**).
pude / pudiste / pudo / pudimos / pudisteis / pudieron

Completa.
hice / _____ / _____ / _____ / _____ / _____ /
vine / _____ / _____ / _____ / _____ / _____ /

- *¿**Pudisteis** hablar con la coordinadora?*
- ▼ *Sí, hablamos con ella y todo quedó claro.*

d **Cambian una vocal y una consonante.**

Querer (**is**), *poner* (**us**), *saber* (**up**), *decir* (**ij**).
quise / quisiste / quiso / quisimos / quisisteis / quisieron

Completa.
puse / _____ / _____ / _____ / _____ / _____ /
supe / _____ / _____ / _____ / _____ / _____ /

- *Ismael no **quiso** venir a la reunión.*
- ▼ *¿Por qué?*
- *No tengo ni idea.*

e **Cambian en las terceras personas del singular y del plural.**

e > i: *pedir, servir, seguir, conseguir, reírse, sonreír, vestirse, divertirse, repetir, sentirse, preferir.*
pedí / pediste / pidió / pedimos / pedisteis / pidieron

- *Anoche estuvimos en un restaurante y **pedimos** salmón a la pimienta.*
- ▼ *¿Y os gustó?*
- *Mucho.*

Conjugad los demás verbos.

f *-y-*: *oír, creer, leer, construir, destruir, caer(se).*
oí / oíste / oyó / oímos / oísteis / oyeron

- *Álvaro **oyó** la noticia en la radio.*
- ▼ *Yo la oí en la calle.*

Conjugad los demás verbos.

13
Un poco de nuestra Historia

2 Pesos y medidas.

un litro
medio litro

un kilo = 1000 gramos
medio kilo (1/2) = 500 gramos
un cuarto (1/4) = 250 gramos
tres cuartos (3/4) = 750 gramos

Los alimentos vienen en:

caja

lata

bolsa

paquete

botella

3 ¿Recuerdas estos verbos? Algunas veces pueden causar confusión.

Saber (hacer) cosas / + dónde, quién, qué, cómo, etc.
Conocer personas, ciudades, países.
Encontrar cosas, a personas después de buscar o por casualidad.
Poder tener la posibilidad de hacer cosas.
Tocar instrumentos de música.
Poner hacer funcionar aparatos eléctricos.

ATENCIÓN

Usamos **conocer** y no **encontrar** cuando vemos a alguien por primera vez.

*Esta mañana **hemos conocido** a la monitora de gimnasia.*

4 ¿Recuerdas los indefinidos? Los aprendiste en la Unidad 9. Vamos a recordarlos y a practicarlos.

algún / alguna	ningún / ninguna	mucho/a	poco/a
algunos/as		muchos/as	pocos/as
alguno	ninguno	todo/a/os/as	
alguien	nadie		
algo	nada		

● ¿Tienes **algún** amigo argentino?
▼ Sí, tengo **algunos**.

Algo de + nombre incontable: *Queda **algo de** vino en la botella.*
Nada de + nombre incontable: *No hace **nada de** frío.*

● *Me voy a la cama porque tengo **mucho** sueño.*
▼ *Hasta mañana.*

Nuevo Avance Básico

13 Un poco de nuestra Historia

3. Practicamos los contenidos

1 Completa estos diálogos con la forma correcta.

1. ● ¿Qué (hacer, vosotros) *hicisteis* **ayer**?
   ▼ (Estar, nosotros) _____ tomando una cerveza en la Gastroteca y luego (ir, nosotros) _____ a bailar.
   ● ¿A bailar? ¿Por qué no me lo (decir, vosotros) _____ para ir con vosotros?

2. ● ¿Qué te (decir) _____ M.ª José?
   ▼ La verdad, nada. No (querer, ella) _____ hablar conmigo.

3. ● Ricardo, ¿qué (hacer, tú) _____ durante **las vacaciones pasadas**?
   ▼ Nada especial.
   ● ¿No (ir, tú) _____ a esquiar?
   ▼ No, porque (estar, yo) _____ enfermo **casi todo el tiempo**.

4. ● ¿Quién (ir) _____ **anteayer** a la fiesta?
   ▼ Casi todos, pero David no (poder) _____.

5. ● Beatriz, ¿dónde están los discos que te (llevar, tú) _____ **el otro día**?
   ▼ No sé, **ayer** los (poner) _____ otra vez en su sitio.

6. ● ¿Sabéis que **anoche** Carlos y Guille (oír) _____ ruidos raros en su casa?
   ▼ Jajajajaja, y ¿qué (hacer, ellos) _____?

7. ● **Ayer** me (traer, ellos) _____ la tele nueva que tiene pantalla de plasma.
   ▼ ¿Y cuándo piensas invitarnos a ver un buen partido?

8. ● **El año pasado** (conducir, yo) _____ por primera vez una moto acuática.
   ▼ ¿Y te (gustar) _____?
   ● No lo sé muy bien, (ser) _____ una sensación nueva, tengo que probar otra vez.

2 Ordena.

1. hizo / horrible / calor / un / Ayer
   Ayer hizo un calor horrible.

2. Anoche / raro / tuve / sueño / un / muy

3. a / por primera vez / Brasil / Fuimos / 1998 / en

4. por la radio / oyó / Enrique / la noticia

5. Anoche / pude / hacer / no / los deberes / se fue / porque / la luz

6. teatros / Los romanos / muchos / construyeron

3 Completa estos diálogos con la forma correcta del pretérito indefinido.

1. ● ¿Qué (hacer, tú) *hiciste* el viernes?
   ▼ (Ir, yo) _____ al cine con unos amigos y (ver, nosotros) _____ **Todo sobre mi madre***.
   ● ¿Ah, sí? ¿Y qué tal?
   ▼ Me (gustar) _____.

2. ● Carlitos (pedir) _____ muchas cosas a los Reyes Magos y le (traer) _____ casi todas.
   ▼ Es que es un niño muy bueno.

3. ● El martes no (haber) _____ clase y nos (ir, nosotros) _____ al Jardín Botánico.
   ▼ ¡Qué suerte! Yo (tener) _____ un examen.

13
Un poco de nuestra Historia

4 ● El fin de semana pasado (estar, nosotros) _____ todo el día en la playa, nos (bañar) _____, (jugar) _____ a las palas. Lo (pasar) _____ fenomenal.
  ▼ Pues yo no (tener) _____ tiempo de ir. Estoy harta de tanto trabajar.
5 ● Javier (caerse) _____ por las escaleras, pero no (hacerse) _____ nada.
  ▼ Es que siempre tiene prisa.
6 ● Felipe (venir) _____ a Cuenca pero yo no (querer) _____ verlo.
  ▼ ¿Por qué? Si es muy simpático...
7 ● Toma, Carmen me (dar) _____ esto para ti.
  ▼ Gracias. ¿Cuándo (estar, tú) _____ con ella?
  * **Todo sobre mi madre:** *película del director de cine Pedro Almodóvar.*

4 Completa con las palabras del vocabulario.

El otro día hice una paella para mucha gente y me salió buenísima. Puse:
Un *paquete* de arroz de 1/2 kilo.
3/4 _____ de pollo troceado.
1/4 _____ de calamares.
1/2 _____ de almejas.
300 _____ de gambas.
1 cebolla.
2 tomates.
1 pimiento verde.
1/4 _____ de una _____ de 1/2 _____ de guisantes congelados.
1/2 _____ de pimientos rojos.
2 dientes de ajo.
Sal y un poquito de azafrán.
Un _____ y 1/2 _____ de agua.
La tomamos con una _____ de vino blanco y de postre una _____ de bombones que trajeron mis amigos.

Para saber la receta de la paella, consulta en:
www.recetapaella.com

5 Completa con los verbos saber, conocer, encontrar, poder, tocar, poner.

1 ● ¿ *Sabes* (tú) dónde está la calle Grazalema?
  ▼ No. Lo siento no soy de aquí.
2 ● ¿_____ (tú) Cuenca?
  ▼ Sí, he estado ahí de vacaciones. Es una ciudad preciosa.
3 ● Muchos alumnos míos _____ jugar al golf.
  ▼ Pues yo siempre he pensado que el golf es un deporte de mayores.
4 ● ¿Vienes con nosotros al cine?
  ▼ No _____, tengo un examen el lunes y tengo que estudiar.
5 ● Estás muy contento, ¿no?
  ▼ Sí, es que _____ (yo) a una chica maravillosa y creo que me he enamorado.
6 ● ¿De verdad no _____ esquiar?
  ▼ No, es que donde yo vivo no nieva mucho.
7 ● ¡Qué bien _____ (él) la guitarra! ¿Verdad?
  ▼ Sí, es un genio.
8 ● ¿Puedo _____ la tele? Es que quería ver las noticias.
  ▼ De acuerdo, pero después la apagas, ¿vale? Los programas en verano son malísimos.

6 a Completa con los indefinidos del recuadro.

algo (2) • nada (2) • alguien • nadie • algún • alguno • ningún • ninguno

1 ● ¿Hay alguien contigo?
  ▼ No, no hay *nadie*, estoy solo.
2 ● ¿Qué has comido hoy?
  ▼ _____, no he tenido tiempo.
3 ● ¿Quieres _____ de beber?
  ▼ No, gracias. He tomado un café antes de venir.
4 ● ¿Qué vamos a regalar a Sofía?
  ▼ No sé, pero tiene que ser _____ muy especial.
5 ● No tengo _____ libro de bricolaje.
  ▼ Pues yo creo que tengo _____, pero no sé.
6 ● No me gusta _____ el jazz.
  ▼ Ya somos dos. A mí tampoco.
7 ● ¿Tienes _____ disco de Julieta Venegas?
  ▼ No, no tengo _____.
8 ● ¿Cómo sabes que esto es verdad?
  ▼ Me lo ha dicho _____, pero ahora no recuerdo quién.

13 Un poco de nuestra Historia

b Preguntas organizadas.

- Preguntad al profesor/a usando alguno de los indefinidos estudiados. También podéis preguntar a un compañero/a.

- Ejemplos de posibles preguntas.
  ¿Tiene(s) algún amigo / alguna amiga + nacionalidad?
  ¿Tiene(s) en tu bolso / cartera algo para + infinitivo?

4. En situación

En el mercado.

En la unidad anterior leíste que hay muchas frutas y verduras que son de origen americano. Los españoles las introdujeron en Europa.

1 Aquí tienes el vocabulario. Pon el nombre correcto a cada foto.

mango • salchichas • pepino • tomate • carne picada • kiwis • maíz • chuletitas de cordero
patata • pechugas de pollo • ajo • cebolla • ciruelas • pimiento • melocotón

1. _____   2. _____   3. _____   4. _____   5. _____

   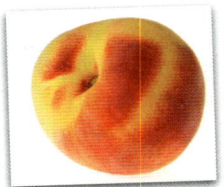         

6. _____   7. _____   8. _____   9. _____   10. _____

         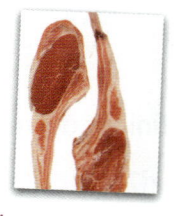   

11. _____   12. _____   13. _____   14. _____   15. _____

2 Escucha la grabación sin leer el texto y contesta.

- ¿Cuántas personas intervienen en cada conversación?
- ¿A qué puesto del mercado va el señor?
- ¿Qué fruta compra la señora?

Nuevo Avance Básico

Un poco de nuestra Historia

3 a Lee el texto con dos compañeros/as y comprueba si tus respuestas son correctas.

b Subraya las fórmulas para pagar.

A la compra

(En la frutería)
- Buenos días, ¿qué le pongo?
- Tres kilos de patatas, un kilo de cebollas y un kilo de tomates.
- ¿Verdes o maduros?
- Verdes, para ensalada.
- ¿Algo más?
- Sí, ¿qué tiene de fruta?
- De todo, manzanas, peras, melocotones, ciruelas, mangos, kiwis…
- ¿A cuánto están los melocotones?
- A 3,20 euros.
- Pues un kilo de melocotones. ¿Y las ciruelas?
- A 3,15 euros el kilo.
- Póngame otro kilo. ¿Cuánto es todo?
- A ver… 14,05 euros.
- Aquí tiene. Adiós, buenos días.
- Adiós, muchas gracias.

(En la carnicería)
- ¡Hola, Jorge!, ¿qué tal?
- Muy bien, ¿y usted?
- Ahí vamos, ponme medio kilo de pechugas de pollo.
- ¿En filetes?
- Sí, y un kilo de carne picada, mitad de cerdo, mitad de ternera.
- Tengo unas chuletitas de cordero buenísimas.
- Vale, me llevo un kilo.
- ¿Le pongo también unas salchichas que tengo muy frescas…?
- No, gracias. Con esto tengo para varios días. ¿Cuánto es?
- 28,30 euros.
- Toma, y recuerdos a la familia.
- Adiós, hasta pronto.

Recursos en el mercado

- **¿Qué se hace en un puesto del mercado?**
  Sacar un número.
  Pedir la vez: *¿Quién es el último / la última?*

- **Para pagar:**
  – *¿Cuánto es?*
  – *¿Cuánto es todo?*
  – *Tome/a.*

- **Para preguntar el precio:**
  – *¿A cuanto está/n?*
  – *¿Cuánto vale?*

- **Para pedir:**
  – *Póngame, ¿me pone/s?*
  – *Por favor…*
  – *¿Hay…?*
  – *¿Tiene/s…?*

- **Para saludar:**
  – *Buenos días.*
  – *Hola, ¿qué tal?*

4 Te toca.

a Completa los diálogos.

En la frutería
- Buenos días ¿qué le pongo?
- ▼ _____
- ¿Algo más?
- ▼ Sí, ¿a cuánto están _____?
- A _____
- ▼ Pues _____
- Aquí _____
- ▼ ¿Cuánto es?
- _____

En la carnicería
- Hola, _____
- ▼ _____
- Ponme _____
- ▼ Tengo _____ buenísimas.
- Vale, me llevo _____
- ▼ ¿Le pongo también _____?
- Sí / no _____
  ¿Cuánto es?
- ▼ _____
- Adiós _____

13 Un poco de nuestra Historia

b Con tu compañero/a representad una situación parecida.

- Queréis hacer una sangría.
- Vais a hacer una parrillada argentina con carne y verduras.
- Tu compañero/a está enfermo del estómago y tiene que comer algo ligero.
- Tienes invitados y son vegetarianos.

5. De todo un poco

1 Todo cambia.

1. _____

2. _____

3. _____

4. _____

5. _____

6. _____

7. _____

8. _____

a Mira estos alimentos:

- ¿Sabes cómo se llaman? Escribe su nombre debajo de cada foto.
- ¿Qué son o qué representan ahora?
- Algunos representan personas, ¿qué están haciendo?

9. _____

10. _____

b Y ahora, con tu compañero/a elige una imagen.
Descríbela. El resto de la clase tiene que adivinar cuál es.

Nuevo Avance Básico

Un poco de nuestra Historia

2 Simón Bolívar el Libertador.

a Antes de escuchar.

Elegid la solución correcta.

1 Simón Bolívar es *un futbolista / un político*.
2 Es *español / latinoamericano*.
3 *Vive* actualmente / *vivió* en otra época.

b Ahora, escucha y luego di si **es verdadero o falso.**

1	Simón Bolívar nació en Europa.	V	F
2	Ayudó a liberar Norteamérica.	V	F
3	Conoció a Napoleón.	V	F
4	Bolívar derrotó al ejército español en la batalla de Junín.	V	F
5	Bolívar murió en 1830.	V	F

c Después de escuchar, lee la transcripción y pregunta a tus compañeros/as o a tu profesor/a lo que no comprendes. También puedes pedir más información sobre Simón Bolívar.

3 Elige fechas importantes para ti. Tu compañero/a tiene que adivinar qué pasó.

*En **1999** fui a París con la beca Erasmus.*
*En **junio de 2002** acabé la carrera de Farmacia.*
*En **septiembre de 2000** conocí a mi novio.*
*En **el verano de 2003** encontré un buen trabajo.*

4 Lee.

La Transición.

«Quiero ser el Rey de todos los españoles.»

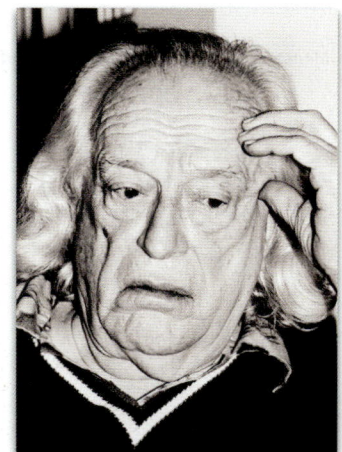

Rafael Alberti

Adolfo Suárez

a Antes de leer.

Comenta con tus compañeros/as.

- ¿Sabes algo de la transición española?
- ¿Qué suele ocurrir cuando muere un dictador?
  Vuelve la paz. Hay una nueva dictadura, etc.

Elige la opción correcta.

Dar lugar a significa:
a. permitir   **b.** estar en un sitio

Nuevo Avance Básico

13 Un poco de nuestra Historia

b Durante la lectura.

Subraya las palabras y expresiones que reconoces.

> La muerte de Franco (20 de noviembre de 1975) y la subida al trono de Juan Carlos I (22 de noviembre de 1975) dieron lugar a la Transición, una de las épocas más interesantes de la historia de España. Fue un cambio tranquilo.
> Muchos exiliados políticos volvieron a España, entre ellos, muchos intelectuales.
> Un personaje muy importante fue Adolfo Suárez, primer Presidente elegido democráticamente después de la dictadura. En ese momento se legalizaron los partidos políticos.
>
> El periodo que va hasta 1978, año en el que los españoles aprobaron la Constitución española por mayoría, fue largo y difícil. Ocurrieron hechos que pusieron en peligro el clima de paz: la banda terrorista ETA cometió muchos atentados. Y en 1981 hubo un intento de golpe de Estado.
> Pasados los años, los españoles seguimos viviendo en una democracia cada vez más sólida.
> Aquellos sueños de muchos se hicieron realidad.

c Después de leer.

Contesta estas preguntas.

1 ¿Cuál es el sistema político actual de España?
2 ¿Quiénes volvieron a España?
3 ¿Qué se aprobó en 1978?
4 ¿Quién murió el 20 de noviembre de 1975?
5 ¿Quién es Adolfo Suárez?

5 Escribe.

Últimamente te han pasado algunas cosas no muy buenas. Escribe un correo electrónico a tus amigos. Puedes ordenar los hechos así.

- primero
- luego / más tarde
- además
- al final

Ejemplo: El día empezó mal: me levanté tarde. Luego...

Repaso

Unidades 10, 11, 12 y 13

1 Interactúa.

a Individualmente y circulando por la clase busca dos compañeros/as  y anota sus gustos sobre:

	Música	Cine	Deportes	Lecturas	Mujeres / Hombres
COMPAÑERO/A 1					
COMPAÑERO/A 2					

Posibles preguntas: ¿Qué tipo de _____ te gusta?
¿Te gusta(n) _____ ?

b Ahora, tú solo/a, completa esta ficha:

	mucho	bastante	un poco	solo, a veces	nada en absoluto
COMPAÑERO/A 1					
COMPAÑERO/A 2					

c **En grupo.** Con la información recogida, habla de tus compañeros/as a los demás.

A Jonas le gusta mucho el fútbol y no le gusta nada leer.

d Siguiendo el modelo anterior, habla de lo que les gusta a los profesores y profesoras por oposición a lo que les gusta a los alumnos y alumnas.

A los profesores les gusta poner exámenes, pero a los alumnos les gusta más salir de marcha (de fiesta).

Los / Las profesores/as	Los / Las alumnos/as

e Habla de los gustos y preferencias de los miembros de tu familia y compáralos con los tuyos.

A mi madre y a mí nos gusta mucho cantar, pero a mi padre no. A mi padre le gusta mucho ir a pescar y a mí no me gusta nada.

Repaso Unidades 10, 11, 12 y 13

2 Habla.

Explica a tus compañeros/as lo mejor de tu ciudad o de tu pueblo. Descríbelo. Di cuál es la mejor estación para verlo, cuáles son las mejores horas y explica por qué te gusta.

Puedes empezar:
Lo que más me gusta es la parte antigua de la ciudad. Hay muchas tiendas pequeñas y restaurantes típicos...

¡Suerte con la descripción!

3 Escucha.

Vas a escuchar un texto sobre Colombia.

a Antes de escuchar: ¿Qué sabes sobre Colombia?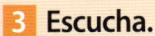

b Escucha esta información sobre Colombia y contesta a estas preguntas.

1 ¿Por qué es conocida Colombia?

2 ¿Quién es Gabriel García Márquez?

3 ¿Con qué nombre se conocía Bogotá? ¿Por qué?

4 ¿Por qué es importante *El Espectador*?

5 ¿Qué es una cumbia?

c Después de escuchar y de contestar a las preguntas, mira lo que has escrito al principio. ¿Hay muchas diferencias? ¿Has coincidido con lo que se dice en el texto?

Repaso

Unidades 10, 11, 12 y 13

5 Lee.

Hemos preguntado a varias personas españolas de diferentes edades cómo son (o somos) los españoles. Estas son algunas de las respuestas que hemos recibido. Lee y contesta a las preguntas.

¿Cómo son los españoles? — Revista Gente de hoy

- *Andrea Salazar (40 años).*
No es fácil decir cómo somos los españoles, porque en cada región de España la gente es de un modo un poco diferente. Pero yo creo que tenemos una serie de características comunes: en general, somos sociables, nos gusta mucho divertirnos y somos un poco pasionales. Por supuesto, no todo es positivo: también somos demasiado orgullosos y hay muchos españoles que son celosos.

- *Luisa Rojo Martínez (30 años).*
Somos iguales a las personas de cualquier país. Cada uno tiene su carácter y en cada país es cierto que los aspectos culturales son un poco o muy diferentes, pero, al final, todos somos personas; no somos mejores ni peores que nadie. Creo que generalizar es siempre algo negativo.

- *Santiago López (53 años).*
A mí me parece que los españoles somos, en general, personas honradas y sinceras. Claro que puedo estar equivocado. Es una opinión personal. Lo negativo es que tenemos un carácter demasiado fuerte y que somos excesivamente discutidores. A veces no somos educados y hablamos en un tono desagradable. Pero, como siempre, no se puede generalizar.

- *Federico Fernández (28 años).*
Me parece que los españoles somos muy cariñosos y tenemos sentido de humor. Nos gustan mucho las fiestas. La familia, en general, es muy importante. Algo negativo para mí es que decimos demasiados tacos, pero es algo tan habitual que a veces no nos damos cuenta.

a Subraya las características positivas y negativas que se mencionan en las entrevistas. Completa con ellas este cuadro.

Características positivas	Características negativas

b ¿Quiénes dicen que no se puede generalizar?

c Después de leer todas las entrevistas, ¿estás de acuerdo con las opiniones de las personas entrevistadas?

d ¿Puedes hacer una breve exposición sobre las personas de tu país sabiendo, claro, que cada persona es diferente?

6 Escribe.

Has visto escrito esto en la escuela.

Vendo una bicicleta casi nueva porque me marcho a mi país. Soy Peter. Estoy en el aula 9 de 8:00 a 12:00, y en la pausa de las 10:00 en la sala de estudiantes.
Podemos discutir el precio.

Vas a quedarte cuatro meses más en España y quieres una bici. Escribe una nota al lado de la de Peter diciendo que estás interesado en su bici, pero no puedes ir a esas horas a hablar con él. Explica por qué y propón otra forma de encuentro.

Nuevo Avance Básico 137

Repaso — Unidades 10, 11, 12 y 13

7 Elige la opción correcta.

1. Marta y Enriqueta han corrido 8 km, muy _____ .
   a. son /cansado   b. están /cansadas

2. ¿Qué _____ sobre el sofá, que no veo bien?
   a. está   b. hay

3. Cuando reservas en un hotel una habitación en 'pensión completa' están incluidas:
   a. Todas las comidas.
   b. La comida y una visita a la ciudad.

4. (En la frutería)
   ● ¿Quién es _____ ?
   ▼ Yo, señor.
   a. el turno   b. el último

5. ¿_____ la nueva jefa?
   ▼ Bastante amable.
   a. Cómo es   b. Qué tal está

6. ● ¿Sabes que Agustín y Asunción se han casado?
   ▼ ¡_____ !
   a. No me digas   b. Es difícil

7. Nosotros _____ con el profesor; es muy importante.
   a. hay que ver   b. tenemos que hablar

8. Últimamente _____ mucho calor.
   a. ha estado   b. está haciendo

9. ● ¿Qué concierto _____ anoche en la tele?
   ▼ Uno que no me gustó.
   a. punieron   b. pusieron

10. ● ¿Cuántas personas _____ a la conferencia?
    ▼ Más o menos cien.
    a. había   b. fueron

11. ¿Sabes qué es un parque natural?
    a. Un lugar natural.
    b. Un lugar natural donde hay solo fruta orgánica.

12. ● ¿Has visto a _____ profesora?
    ▼ Sí, está en el despacho de coordinación.
    a. nosotras   b. nuestra

13. Ayer _____ a tu novio en el centro.
    a. encontré   b. vine

14. (En el restaurante, el camarero)
    ¿_____ ?
    a. Van a poner ya la mesa   b. Han reservado mesa

15. El vasco o euskera es una lengua latina.
    a. Falso.   b. Verdadero.

16. ● _____ más alto de la España peninsular es el Mulhacén.
    ▼ Ya lo sabía.
    a. El volcán   b. El pico

17. ● Tengo que comprarme unas botas; estas están ya viejas.
    ▼ Las mías _____ pero no tengo dinero para comprar otras.
    a. tampoco   b. también

18. No _____ hablar japonés, por eso voy a ir a Japón para aprender.
    a. puedo   b. sé

19. ● Es escritor, de Pamplona, y el año pasado _____ un premio por su última novela.
    ▼ No sé quién es.
    a. recibió   b. ha conseguido

20. «Tomar la lección» significa,
    a. hacer preguntas sobre una lección que ya has estudiado.
    b. marcar las cosas que no comprendes de una lección.

21. ● ¿Qué tal _____ la novia de Jesús?
    ▼ Regular.
    a. te cae   b. te llevas

22. En español, en las cartas, después de Querido/a X, se escribe _____ .
    a. punto y coma   b. dos puntos

23. ● ¿_____ el traje para la fiesta?
    ▼ No, todavía no.
    a. Has probado   b. Te has probado

24. En 1978 los españoles aprobaron _____ .
    a. la Transición   b. la Constitución

25. (En el mercado, el cliente)
    ● _____ medio kilo de filetes de pechuga de pollo.
    ▼ Ahora mismo.
    a. Pones tú   b. Póngame

¡Qué tiempos aquellos!

1. Pretexto

Publicidad aspirina
Tengo un recuerdo de muy pequeña. A mi padre, a veces, le *dolía* la cabeza y algunas veces *entraba* en el comedor para coger Aspirina. Yo *estaba* en la cama despierta. A veces *tenía* miedo, pero cuando *veía* la luz por debajo de la puerta, el miedo *desaparecía*, porque *sabía* que él *estaba* ahí.
Quizás por eso le tengo más cariño.

La fiesta de cumpleaños
Cuando *éramos* pequeños *celebrábamos* los cumpleaños en casa. Nuestras madres *preparaban* bocadillos y *hacían* la tarta. *Venían* amigos que *traían* regalos. Cuando *aparecía* la tarta, todos *aplaudíamos* y *cantábamos* «Cumpleaños feliz». Después, *jugábamos* toda la tarde. ¡Ah! ¡Qué recuerdos!

El 600
El 600 era el coche típico de los años 60. Lo *llamábamos* utilitario. *Era* pequeño, pero *parecía* de goma: en él *cabía* mucha gente. *Tenía* dos puertas que se *abrían* al revés que en los coches de ahora.

Benidorm y Torremolinos
En los años 60 y 70 los españoles *iban* de vacaciones a Benidorm y Torremolinos. *Eran* dos ciudades costeras, no muy grandes. *Tenían* hoteles y edificios de apartamentos.

1 Escucha y contesta a estas preguntas.
- ¿Qué formas verbales nuevas encuentras?
- ¿En qué textos hay descripción? ¿En qué textos hablamos de costumbres del pasado?
- ¿Qué crees que significa **le tengo mucho cariño** (texto 1):
  a. le tengo respeto   b. lo quiero mucho   c. lo recuerdo
- ¿Qué crees que significa **aplaudir** (texto 2) a., b., c. o d.?
- ¿Has tenido algún recuerdo especial cuando has visto estas fotos o has leído estos textos?

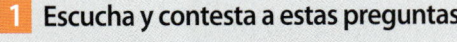

14

14 ¡Qué tiempos aquellos!

2. Contenidos

1 El pretérito imperfecto.

a ¿Cómo se forma?

Verbos en -ar
Estudi-**aba**
Estudi-**abas**
Estudi-**aba**
Estudi-**ábamos**
Estudi-**abais**
Estudi-**aban**

Verbos en -er e -ir	
Com-**ía**	Viv-**ía**
Com-**ías**	Viv-**ías**
Com-**ía**	Viv-**ía**
Com-**íamos**	Viv-**íamos**
Com-**íais**	Viv-**íais**
Com-**ían**	Viv-**ían**

Hay tres verbos irregulares:

Ir	Ser	Ver
Iba	Era	Veía
Ibas	Eras	Veías
Iba	Era	Veía
Íbamos	Éramos	Veíamos
Ibais	Erais	Veíais
Iban	Eran	Veían

*Antes **comía** carne, ahora es vegetariano.*
*En los años 80 muchos jóvenes **vestían** de negro.*

*De pequeño casi nunca **iba** al cine porque era muy caro y mi familia no tenía mucho dinero.*
*Antes los niños **veían** menos la televisión.*

b ¿Cuándo lo usamos?

1 **Para referirnos a costumbres o hechos que se repetían en el pasado.**

> **El presente** expresa las costumbres actuales.
> **El pretérito imperfecto** expresa las costumbres del pasado.

Para expresar costumbres podemos usar el verbo *soler*.

*Antes **celebrábamos** los cumpleaños en casa.*
*Nuestras madres **hacían** las tartas.*

*Algunos días mi padre **entraba** en el comedor para coger Aspirina.*

*Cuando era pequeña, **leía** mucho/ **solía leer**; ahora prefiero ver la televisión.*

*De niño le **gustaba escribir**; ahora es un escritor famoso.*

2 **Para describir personas, animales, objetos y lugares relacionados con nuestro pasado.**

*De niña yo **vivía** con mi tía y mi abuela. Las dos **eran** mujeres muy guapas que **tenían** un carácter muy parecido: **se enfadaban** fácilmente, pero conmigo **eran** muy cariñosas.*

*Siempre he tenido perros, pero Peki **era** un perro especial y muy listo; **paseábamos** juntos y yo lo **quería** mucho.*

*Torremolinos y Benidorm en los años 60 y 70 **eran** mucho más pequeñas que ahora.*

A veces el pretérito imperfecto expresa que hemos perdido el contacto, la relación con las personas.
● *El antiguo conserje **era** muy serio y eficiente.*
▼ *¿Y dónde trabaja ahora?*

3 **Para presentar el lugar, la situación, el ambiente de los hechos.**

*La casa de mi abuela y de mi tía **parecía** un castillo: **tenía** muchas habitaciones llenas de cosas misteriosas para mí. **Había** una habitación donde yo no **podía** entrar porque siempre **estaba** cerrada: **era** la habitación de los fantasmas.*

4 **Para expresar cortesía, especialmente con los verbos *querer*, *desear* y *poder*.**

(En una tienda de ropa)
● *Buenos días, ¿qué **deseaba** (= desea)?*
▼ ***Quería** (= quiero) probarme ese traje.*

(En la recepción del hotel)
● *¿**Podía** (= puedo) hablar con la señora Escámez?*
● *Un momentito, por favor, voy a ver si está.*

* Este uso es solo de España.

Nuevo Avance Básico

¡Qué tiempos aquellos! **14**

2 La salud y la enfermedad.

¿Te acuerdas del vocabulario del cuerpo humano que aprendiste en la Unidad 9?

Mira las siguientes fotos y escribe debajo de cada una el nombre correspondiente con su artículo.

cara • piernas • pelo • boca • pies • cuello • ombligo • espalda • rodilla • dedos
cabeza • brazos • oreja • pecho • ojos • nariz • codo • hombro

    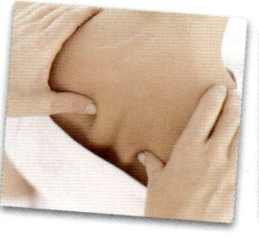 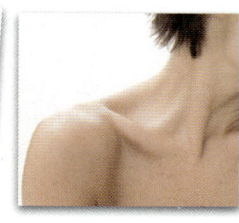

1. _____ 2. _____ 3. _____ 4. _____ 5. _____ 6. _____

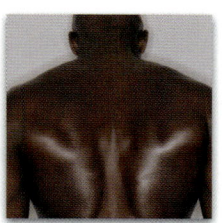  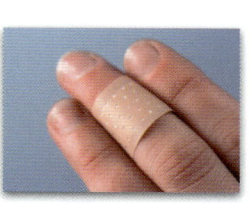  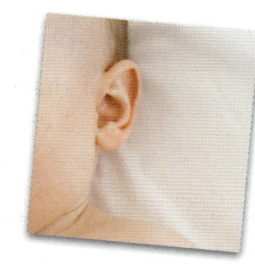

7. _____ 8. _____ 9. _____ 10. _____ 11. _____ 12. _____

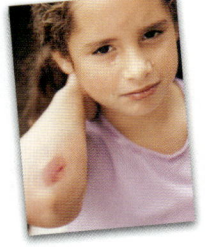     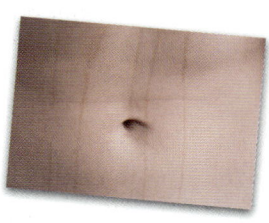

13. _____ 14. _____ 15. _____ 16. _____ 17. _____ 18. _____

Ahora vas a aprender palabras relacionadas con la salud y la enfermedad.

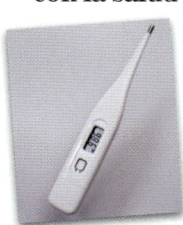  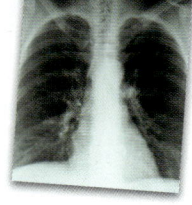  

las tiritas

El termómetro

la radiografía

el medicamento

el antibiótico

la receta

los tapones

los pañuelos de papel

14 ¡Qué tiempos aquellos!

3 ¿Recuerdas los comparativos? Los aprendiste en la Unidad 8.

Comparativo de superioridad	Comparativo de inferioridad	Comparativo de igualdad
Más + sustantivo / adjetivo / adverbio + **que** + oración	**Menos** + sustantivo / adjetivo / adverbio + **que** + oración	**Tan** + adverbio / adjetivo + **como** + oración
Verbo + **más que** + oración	Verbo + **menos que** + oración	**Tanto/a/os/as** + sustantivo + **como** + oración
		Verbo + **tanto como** + oración

*Juan tiene **más** pelo **que** Alfonso.*
*Hoy hace **menos** frío **que** ayer.*
*Tienen **tantos** problemas **como** nosotros.*

Otros comparativos
Más bueno = **MEJOR**   Más grande, de más edad = **MAYOR**
Más malo = **PEOR**   Más pequeño, de menos edad = **MENOR**

4 Muebles y complementos del hogar.

Pon el artículo delante de las palabras.

1 ____ cama
2 ____ silla
3 ____ sofá
4 ____ colchón
5 ____ lámpara
6 ____ mesilla
7 ____ mesa
8 ____ estantería
9 ____ armario
10 ____ alfombra
11 ____ sábana
12 ____ edredón
13 ____ sillón
14 ____ cuadro
15 ____ televisor
16 ____ fregadero
17 ____ vitrocerámica
18 ____ ducha
19 ____ lavabo
20 ____ inodoro

a ____ florero
b ____ equipo de música
c ____ ordenador (computadora)
d ____ lavadora
e ____ lavavajillas
f ____ frigorífico

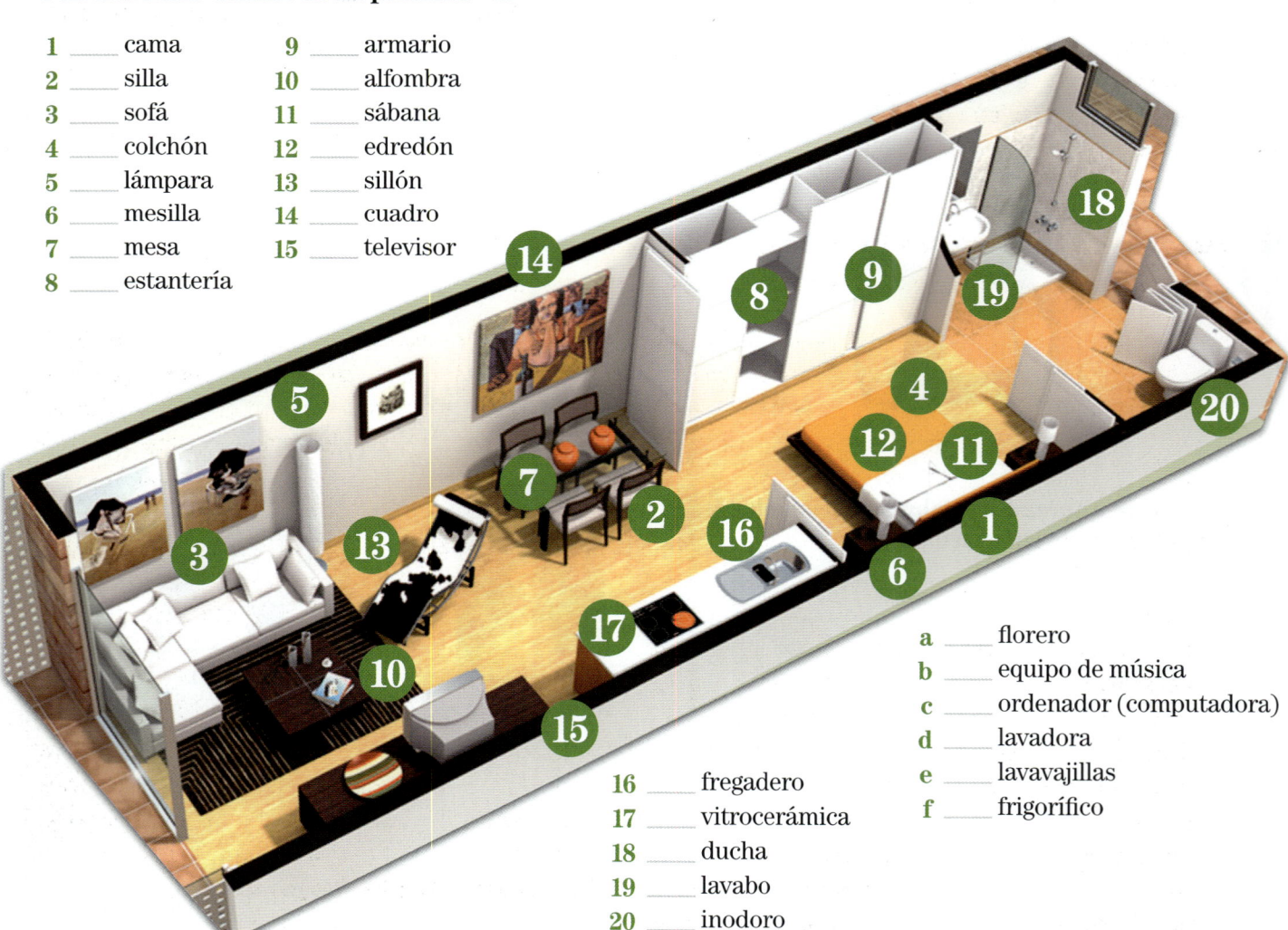

14. ¡Qué tiempos aquellos!

3. Practicamos los contenidos

1 Pon la forma correcta del imperfecto.

1. *De niño* _____ ... es muchos niños (ir) _____ a colegios nunca los co... ...uras o monjas y (llevar, ellos) _____ ...ormes.

2. En **época de** _____ ...ado mi hermano y yo (ser) _____ que ahora.

3. *En los años* _____ ...eños, (pasar) _____ los veranos en personas que... ...eblo del noroeste de España que se llama del interior. ...n.

4. *Cuando* (tene... ...rdo cuando (ir, nosotros) _____ de _____ m... ...ones a la casa del pueblo, nuestros amigos (comer, yo) _____ ...e nos (esperar) _____ en la estación (hacer, yo) _____ ...(venir) _____ con nosotros para ir a ...enseguida.

5. *En tiempos de* _____ ...o no (existir) _____ la tele, la gente libertad, no (po... ...(oír) _____ la radio, (jugar) _____ y, por ejemplo, no (existir) _____ el divorcio. a las cartas o (leer) _____. No sé si eso (ser) _____ más divertido.

6. *Mi abuela* (ser) _____ una mujer muy inteligente, le (gustar) _____ mucho leer y viajar, pero no (tener) _____ mucho dinero para comprar libros o irse de vacaciones.

[Nota adhesiva:]
La almohada = pillow
La buraca
Las cortinas
microondas
horno
congelador
La nevera
el fregadero

2 Escucha y completa con imperfecto o presente de indicativo.

Jacinto Segura habla con un camarero joven sobre el fútbol de antes y ahora.

• A mí me gustaba el fútbol de antes, no el de ahora. Todos los domingos (1) _____ al campo con la familia a ver jugar a nuestro equipo.
Es verdad que los asientos (2) _____ más incómodos que los de ahora, pero eso no (3) _____ importante. (4) _____ un solo partido en la tele, en blanco y negro. Ahora todos los días (5) _____ fútbol. Entonces, (6) _____ al equipo de nuestra ciudad, no como ahora que los jóvenes (7) _____ mayoritariamente del Madrid o del Barcelona.
• Eso no (8) _____ verdad: para mí el equipo más importante (9) _____ el Málaga.
• No (10) _____ tantos intereses económicos. Los clubes no (11) _____ tanto dinero por el traspaso de un jugador. Antes (12) _____ un buen sueldo y no los millones de euros que (13) _____ ahora. Y no (14) _____ publicidad. No (15) _____ jugadores extranjeros. Los futbolistas no se (16) _____ ídolos como hoy.
• En eso (17) _____ razón.
• Los futbolistas (18) _____ solo deportistas y no modelos como ahora. Los jugadores (19) _____ por el equipo, ahora solo les (20) _____ el dinero. Antes (21) _____ calidad, ahora solo (22) _____ ganar.
• ¡Qué dices! Hoy (23) _____ muy bien al fútbol.
• Y, afortunadamente, no (24) _____ la violencia que (25) _____ ahora en los campos de fútbol.
• La violencia (26) _____ presente en toda la sociedad. No (27) _____ exclusiva del fútbol.
• No sé, no sé... ¡Ay! ¡Qué tiempos aquellos!

14 ¡Qué tiempos aquellos!

3 En parejas. Mirad el vocabulario sobre muebles y complementos del hogar y escribid todos los muebles y adornos que veis en estas imágenes.

_____

_____

_____

_____

_____

_____

4 Relaciona.

¿Qué necesitas en estas circunstancias?

Si tengo zapatos nuevos y me molestan los pies necesito unas tiritas.

1 Tienes zapatos nuevos y te molestan los pies	a una farmacia
2 Te duele la cabeza	b una ambulancia
3 Hay un enfermo grave	c unas tiritas
4 Quieres comprar un medicamento	d una receta
5 Tienes que tomar antibióticos	e una aspirina
6 Crees que tienes fiebre	f pañuelos de papel
7 Vas a tomar el sol	g gafas
8 Estás resfriado	h un termómetro
9 No ves bien la pizarra	i tapones
10 No puedes dormir	j una crema protectora

5 Compara los datos de estos cuatro países de Hispanoamérica.

El Salvador tiene menor número de habitantes que los otros tres países.

	SUPERFICIE	POBLACIÓN
El Salvador	21 041 km²	7 066 403 habitantes (2008)
Argentina	2 780 400 km²	39 260 130 habitantes (2008)
Ecuador	272 031 km²	14 233 123 habitantes (2008)
México	1 984 375 km²	106 682 518 habitantes (2008)

_____

_____

Nuevo Avance Básico

14. ¡Qué tiempos aquellos!

4. En situación

En el médico.

En España, la sanidad es un derecho y es gratuita para todos los ciudadanos, sin importar el país de origen. Atiende económicamente las necesidades del embarazo, del parto, de la vejez, del paro, etc.
España es uno de los primeros países del mundo en cobertura sanitaria. Es el primer país en donación de órganos y también el primero del mundo en transplante de riñón.

1 Después de leer el texto anterior, ¿qué sabes sobre el sistema sanitario español?

2 Ahora, escucha la conversación sin leer el texto y contesta.
- ¿Qué le duele a Doña Amalia?
- ¿Qué le receta el médico?
- ¿Qué deporte practica la señora?

3 a Lee el texto con dos compañeros/as y comprueba si tus respuestas son correctas.

b Subraya las fórmulas para preguntar por la salud.

En el médico.
Doctor: Adelante, adelante, ¡Hombre, Doña Amalia! ¡Cuánto tiempo!
Doña Amalia: Pues sí, la verdad es que hace ya algunos meses.
Doctor: Y, dígame, ¿qué le pasa?
Doña Amalia: Verá, doctor, estaba muy bien, pero desde que ha empezado el otoño, me duele todo: las piernas, los brazos... hasta los dedos.
Doctor: ¿Ha hecho usted algún esfuerzo especial en estos días?
Doña Amalia: Pues no recuerdo, pero el otro día me dio un tirón en la espalda.
Doctor: Ya, ya. ¿Le dolió mucho?
Doña Amalia: No, no fue muy fuerte.
Doctor: Y una pregunta ¿ha hecho gimnasia este verano?

Doña Amalia: Ay, doctor, no. Con la playa, el calor que hacía, las visitas, los nietos...
Doctor: Bueno, tranquila. ¿Tiene usted problemas de estómago?
Doña Amalia: Yo no, ¿por qué?
Doctor: Porque va a tomar usted estas pastillas. Si le molesta un poco el estómago, debe tomar estas otras. Además, tiene que empezar su gimnasia inmediatamente.
Doña Amalia: Sí, doctor, voy a volver a Pilates dos veces por semana. Y voy a hacer todo lo que usted dice, de verdad.
Doctor: La creo, la creo. Va a volver el mes que viene.
Doña Amalia: ¿Qué día?, porque el 5 no puedo, tengo una boda.
Doctor: No hay problema, ahora habla usted con la enfermera.

| Recursos para... | • Expresar sorpresa:
– ¡Hombre!
– ¡Cuánto tiempo! | • Interesarse por alguien:
– ¿Qué le / te pasa?
– ¿Cómo se encuentra /
te encuentras? | • Tranquilizar a alguien:
– No hay problema.
– Tranquilo/a.
– No pasa nada.
– No importa. |

14 ¡Qué tiempos aquellos!

4 Te toca.

a Completa los diálogos.

- Buenos días ¿**qué le pasa**?
- ▼ Verá, doctora, **es que** _____
- ¿Desde cuándo?
- ▼ **No sé, pero,** _____
- ▼ ¿Practica _____?
- Sí/no _____
- **Vamos a** _____
- ▼ ¿Es grave?
- No, _____
- ▼ Va a tomar _____
- Gracias, _____

b Con tu compañero/a representad una situación parecida.

- Te duele mucho el estómago.
- Estás resfriado.
- Tienes mucha fiebre y no sabes por qué.
- Estás muy cansado y muy triste.
- Te duelen las piernas.

5. De todo un poco

1 Recuerda tu infancia o tu adolescencia y comenta con la clase las siguientes preguntas. Esta información puede serte útil.

> **La infancia o la niñez: hasta los 12 años.**
> **Decimos:** *de niño/a, de pequeño/a, cuando era niño/a, cuando era pequeño/a.*
>
> **La adolescencia hasta los 18 años.**
> **Decimos:** *de adolescente, cuando era adolescente.*
>
> **La juventud: hasta los 28.**
> **Decimos:** *de joven, cuando era joven.*

- ¿Cuál era tu juguete favorito?
- ¿Cómo era tu habitación cuando eras niño/a?
- ¿Tenías un perro, un pájaro? ¿Cómo era?
- ¿Qué hacías los fines de semana de pequeño/a?
- ¿Qué deportes practicabas?
- ¿Dónde vivías? ¿En una ciudad, en un pueblo?
- ¿Quién era tu ídolo?
- ¿A qué jugabas?

2 Escucha.

a Escucha la entrevista que ha hecho la reportera de Radio Meridional sobre los recuerdos de la adolescencia de algunas personas y contesta.

- ¿Cuántas personas intervienen?
- ¿Qué edad tiene cada una?
- ¿Qué nombres aparecen?

b Vuelve a escuchar la grabación y contesta.

¿Los recuerdos que cuentan estas dos personas son buenos o malos?

3 La playa antes y ahora.

Observa estos dibujos y dinos qué ha cambiado en la playa y en la actitud de las personas.

La playa de antes

La playa de ahora

¡Qué tiempos aquellos! 14

4 Lee.

a Antes de leer.
- Poned en común las palabras que recordáis relacionadas con la decoración.
- Explica a tus compañeros/as cómo es la casa de tus sueños.

b Durante la lectura.
Subraya las palabras que habéis mencionado.

c Después de leer.
Contesta a estas preguntas
- ¿Qué opina Patricia de las revistas de decoración?
- ¿Qué problemas tiene cuando mira estas revistas?

Compara la casa de tus sueños con
la que aparece en el texto.

Esta carta aparece en la sección «Cartas al director» de la revista *Hogar XXI*, pensamos que sí, que afortunadamente, la mujer que escribe tiene razón.

Lee la carta y opina.

Hola a tod@s:*

Como a muchas de las personas que compramos *Hogar XXI*, me encanta ver revistas de decoración. Siempre imagino cómo puede quedar mi casa adornada y decorada con esas cosas tan bonitas.

Miro las fotos mucho tiempo para recordar todo lo que estoy viendo. Me imagino los cambios que puedo hacer; pienso si los muebles son del estilo de mi casa, si los colores son apropiados…, pero, de pronto, mi ilusión desaparece cuando veo los precios de mis muebles favoritos, de las cortinas, de las alfombras, etc., porque sé que no puedo comprarlos.

La casa de mis sueños es grande, con mucha luz, con pocos muebles, pero muy especiales, con una cocina moderna, como la de un buen restaurante, con sofás cómodos y con un salón y una terraza tan grandes que pueden estar veinte personas sentadas. Bueno, dejo de soñar y pienso que, afortunadamente, hoy en día hay tiendas que no son caras y que tienen muebles de diseño parecidos a los que he visto en las revistas y que, posiblemente, si ahorro un poco, puedo comprarlos.

Las revistas también presentan ideas de objetos baratos y de buen gusto que dan un toque personal y muy especial a la casa, por ejemplo un florero, un cuadro, o una tela sobre el sofá.

También en estas revistas aprendes a hacer cosas tú misma. Yo ya he hecho algunas y estoy muy contenta del resultado.

La verdad es que, como ya he dicho, me gusta mucho mirar las revistas porque me dan ideas y a mí me encanta mi casa y la decoración.

Os envío un saludo,
Patricia

---

* La arroba @ la usan algunas personas para marcar el masculino y femenino: tod@s = todos + todas.

14 ¡Qué tiempos aquellos!

5 Debate.

Primero, señala si estás de acuerdo o no con estas afirmaciones.
Después, compara tus respuestas con las de tu compañero/a.
Para terminar, haced una puesta en común de todas las opiniones.

	Estoy de acuerdo	No estoy de acuerdo	Mi compañero/a
La medicina alternativa no es gratis como la tradicional.			
La medicina tradicional abusa de los medicamentos.			
En los casos importantes, solo funciona la medicina tradicional.			
El médico alternativo dedica tiempo al cuerpo y a la mente del paciente.			
La medicina alternativa no publica estudios con los resultados de curación.			
Muchos de los que practican la medicina alternativa no son médicos.			
La medicina alternativa busca la causa de las enfermedades.			
La medicina alternativa solo sirve para enfermedades leves.			
La medicina alternativa cura con medios naturales.			

6 Escribe.

Vuelve a leer el Pretexto. Elige una foto de otra época –tu familia, la casa de tus abuelos, un mueble...– y descríbela.
Recuerda todo lo que has aprendido en esta unidad y todo lo que ya sabes: *estar* o *hay*, expresiones para localizar y los adjetivos para la descripción.

Estos son mis tíos de jóvenes.

La niña de la derecha soy yo y la de la izquierda mi hermana.

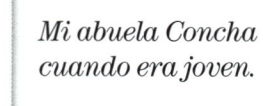

Mi abuela Concha cuando era joven.

Aquí están mis padres Ana y Francisco.

Mi habitación en la casa de campo de mi abuela, está en el último piso.

Si tú me dices ven…

1. Pretexto

15

1 Escucha, lee y contesta.
- ¿Conoces todas las palabras de estos carteles?
- Busca en el diccionario la(s) palabra(s) desconocida(s).
- Lee los textos y subraya las formas que se parecen al presente.
- Con tu compañero/a, decid cuál es el infinitivo de cada verbo.

2 Y ahora, habla.
- ¿Que diferencia hay entre los dos primeros anuncios y el tercero?
- ¿Por qué es importante la solidaridad?
- ¿Qué coches forman parte de los sueños? (¿Los grandes, los deportivos…?)

15 Si tú me dices ven...

2. Contenidos

1 **Imperativo.**

a ¿Cómo se forma?

- **Imperativos regulares.**

	Verbos en *-ar*	Verbos en *-er*	Verbos en *-ir*
tú	Habl-**a**	Com-**e**	Viv-**e**
usted	Habl-**e**	Com-**a**	Viv-**a**
vosotros/as	Habl-**ad**	Com-**ed**	Viv-**id**
ustedes	Habl-**en**	Com-**an**	Viv-**an**

✓ Recordad que en Hispanoamérica usan *ustedes* en lugar de *vosotros/as*.

Tres trucos para recordar las formas:

- Para la forma ***vosotros/as*** basta con cambiar la **-r** del infinitivo por una **-d**.
  habla**r** ➜ habla**d**.

- Para la forma ***usted / ustedes*** basta con cambiar la letra de la terminación: **-a** por **-e**; **-e** por **-a**.
  habl**a** ➜ habl**e**; com**e** ➜ com**a**; viv**e** ➜ viv**a**.
  habl**an** ➜ habl**en**; com**en** ➜ com**an**; viv**en** ➜ viv**an**.

- Para la forma ***tú*** usa la 3.ª persona de singular del presente:
  - Tengo un problema con Juan.
  - Tengo que adelgazar.
  ▼ Pues, **habla** con él para solucionarlo.
  ▼ Es fácil, **come** menos dulces y **pasea** mucho.

- **Imperativos irregulares.**

Todos los imperativos excepto los ocho siguientes tienen la misma irregularidad del presente.

- **Cierra** la ventana, por favor, que hace frío.
  ▼ Ahora mismo.

- El director no está, **vuelvan** mañana a las 10:00.
  ▼ Es que nunca está en su despacho.

ATENCIÓN

La forma ***vosotros/as*** siempre es regular y puedes aplicar el mismo truco que antes.

Volved pronto, por favor.

Ocho imperativos con irregularidad propia.

	Decir	Hacer	Ir	Poner	Salir	Ser	Tener	Venir
tú	Di	Haz	Ve	Pon	Sal	Sé	Ten	Ven
usted	Diga	Haga	Vaya	Ponga	Salga	Sea	Tenga	Venga
vosotros/as	Decid	Haced	Id	Poned	Salid	Sed	Tened	Venid
ustedes	Digan	Hagan	Vayan	Pongan	Salgan	Sean	Tengan	Vengan

Nuevo Avance Básico

b ¿Cuándo usamos el imperativo?

1 Para dar consejos e instrucciones.

- *Tengo que adelgazar.*
- *Es fácil, **come** menos dulces.*

- *Si salís este fin de semana, **tened** cuidado, hay mucha gente en las carreteras.*
- *Tranquila, que no vamos lejos.*

2 Para dar permiso.

- *¿Puedo entrar?*
- ***Pasa, pasa**.*

- *¿Qué te parece si hago una paella para la comida del domingo?*
- *Por mí, **haz** paella el domingo, el lunes, el martes... me encanta la paella.*

3 Para pedir algo a otros.
Fíjate: Detrás de una orden en imperativo, a veces usamos *que*, en lugar de *porque*.

- *Francis, **pon** la mesa **que** ya vamos a comer.*
- *Vale. Estoy muerto de hambre.*

- *Por favor, **cierra** la ventana, **que** hace frío.*
- *Bueno, la cierro, pero yo no tengo frío.*

2 Los pronombres y el imperativo.

Los pronombres van siempre detrás del imperativo formando una sola palabra.

> **Imperativo + *lo, la, los, las***

- *¿Puedo abrir ya el regalo?*
- *¡Claro! **Ábrelo**.*

*La solidaridad da sentido a tu vida, **practícala**.*

***Discúlpanos**. Hemos estado pensando en tus sueños.*

- *¿Dónde pongo los periódicos?*
- ***Mételos** en esa bolsa y **llévalos** al contenedor.*

3 Oraciones condicionales con *si*.

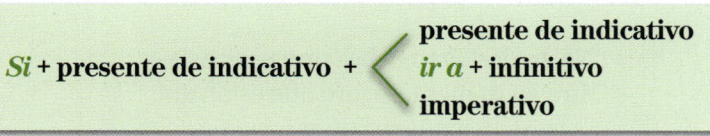

Si + presente de indicativo + { presente de indicativo / *ir a* + infinitivo / imperativo }

***Si no entendéis** alguna palabra, **podéis** usar el diccionario.*

***Si** el examen **es** muy difícil, no **va a aprobar** nadie.*

***Si** quiere estar en forma, **haga** ejercicio todos los días.*

15 Si tú me dices ven...

4 Medios de comunicación y publicidad.

 radio

 televisión

 periódico

 cine

 revistas

 libro

 folleto

 PUBLICIDAD

 anuncio

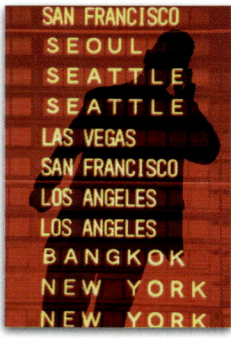 cartel

 marca

 agencia

3. Practicamos los contenidos

1 Ya has aprendido a dar consejos y a expresar obligación. Relaciona estas columnas de forma que tengan sentido.

1 No sé qué hacer para aprobar.
2 ¿Ya tienes el permiso de conducir?
3 ¿Vienes a clase?
4 Quiero ir a un buen abogado.
5 ¿Dónde pueden estar las llaves?
6 Hoy tengo una cena de trabajo.
7 No queda dinero en casa.
8 ¿Estoy muy mal, doctor?
9 Oye, están llamando.
10 Me parece que cada día hablo peor.

a ¡No, mujer! Pero debes practicar más.
b Mira en tu mesa, seguro que están ahí.
c Es verdad, mañana voy al banco.
d Estudia más, ¿dónde está el problema?
e ¡Hombre! Muy mal, no, pero debe seguir mis consejos.
f No, hay que tener 18 años y todavía tengo 17.
g Pues entonces, tienes que llamar antes y pedir cita.
h Abre tú, que yo estoy en el baño.
i Hoy no puedo, tengo que ir al dentista.
j ¡Ah! Pues llámame después si no terminas muy tarde y tomamos algo juntos.

Nuevo Avance Básico

15 Si tú me dices ven…

2 Aquí tienes diez consejos para disfrutar más de tus vacaciones. Pon los infinitivos en imperativo y ordénalos según su importancia.

☐ (Hacer) *Haz* deporte en compañía.

☐ (Empezar) _____ el día con calma.

☐ (Pasar) _____ menos tiempo viendo la televisión.

☐ (Realizar) _____ tres veces al día diez respiraciones profundas.

☐ (Usar) _____ lo menos posible el ordenador portátil.

☐ Si vas a pasar las vacaciones en tu casa, (olvidar) _____ todas las tareas habituales y (descansar) _____.

☐ (Tener) _____ cuidado con el móvil, (hablar) _____ solo lo necesario.

☐ (Contemplar) _____ la naturaleza y (disfrutar) _____ de su belleza.

☐ (Dar) _____ algo a alguien sin esperar nada.

☐ (Hacer) _____ algo agradable y tranquilo.

3 Completa con la forma correcta del imperativo y añade una explicación como en el ejemplo.

¡Chicos! **Apagad los cigarrillos, que** *aquí está prohibido fumar.*
　　　　　　　　　　　　　　　explicación

1 Tienes frío, la ventana está abierta. ¿Qué le dices a tu compañero? ¿Cuál es la explicación?
_____ (Cerrar)

2 En la tele hay un programa que te interesa y no puedes verlo. ¿Qué le dices a tu marido? ¿Cuál es la explicación?
_____ (Grabar)

3 Estás cocinando y suena el teléfono. ¿Qué le pides a tu amiga? ¿Cuál es la explicación?
_____ (Coger) / (Contestar)

4 Es la hora y Katia (la perra) tiene que salir. ¿Qué les dices a tus hijos? ¿Cuál es la explicación?
_____ (Sacar)

5 El salón está muy desordenado. Va a venir gente a cenar. Habla con tus compañeros y explica por qué tienen que hacer lo que les pides.
_____ (Ordenar)

6 Tu amigo siempre llega tarde. Eso da mala impresión ¿Qué le aconsejas? ¿Cuál es la explicación de tu consejo?
(Ser) _____ más puntual.

7 Hay problemas con el agua. ¿Qué dice la campaña del Ayuntamiento a los ciudadanos? ¿Cuál es la explicación de la campaña?
(Gastar) _____ solo el agua necesaria.

8 Tú no puedes cocinar hoy porque tienes clase a las tres. Tu compañera tiene más tiempo. ¿Qué le pides? ¿Cuál es la explicación de tu petición?
_____ (Hacer)

15 Si tú me dices ven...

4 Completa estos diálogos con la forma correcta. Fíjate en los pronombres.

1. • ¿Puedo abrir la ventana? Es que hace mucho calor.
   ▼ Claro, (abrirla) _ábrela_.

2. • Si vas a salir, (coger, tú) _____ el paraguas que está lloviendo.
   ▼ Vale, (dármelo) _____.

3. • ¿Quieres algunos consejos para el primer día de clase?
   ▼ Sí, por favor, (decirme, tú) _____ algo, que estoy muy nerviosa.

4. • ¿Qué hago con estos periódicos?
   ▼ (Meterlos, tú) _____ en una bolsa y (tirarlos) _____ al contenedor.

5. • Buenos días, ¿han salido las notas de Lengua?
   ▼ Sí, (mirarlas, vosotros) _____ en el tablón.

6. • (*Contestando al teléfono*) ¿Sí? (decirme, usted) _____. (Oír, usted) _____ ¿Quién llama?

7. • ¡Me duele mucho la cabeza!
   ▼ ¡Normal! Estás encerrado todo el día, (dejar, tú) _____ el ordenador durante un rato, (dar) _____ un paseo y (respirar) _____ un poco de aire puro.

8. • ¡Oye! Este programa es muy aburrido, (cambiar, tú) _____ de canal.
   ▼ Bueno, pero dentro de unos minutos empiezan las noticias.
   • Entonces, (dejarlo) _____.

9. • (Abrir, vosotros) _____ el libro por la página 59 y (hacer) _____ la primera actividad en parejas.
   ▼ ¿Podemos usar el diccionario?
   • Bueno, (usarlo) _____, pero solo si es necesario.

10. (*En el médico*)
    • (Sacar, usted) _____ la lengua. (Respirar) _____ profundamente.
    ▼ No es nada grave ¿verdad, doctora?

5 Completa con las palabras estudiadas en el vocabulario.

1. • Cualquiera que sale en la _televisión_ se hace famoso.
   ▼ Es verdad. Y no siempre por razones importantes.

2. • Yo siempre pongo la _____ en el coche para estar informado.
   ▼ Yo prefiero poner música.

3. • ¿Venís al _____?
   ▼ ¿Qué película ponen?

4. • Me encanta _____ que anuncia las fiestas de primavera.
   ▼ A mí también. Es muy original.

5. • En las _____ del corazón hablan de la vida de los famosos.
   ▼ A mí no me interesan, pero a mucha gente le gustan.

6. • Hemos reservado el hotel en una _____ de viajes.
   ▼ Así es más barato, ¿no?

7. • En muchos países falsifican los relojes de _____.
   ▼ Es que los auténticos son muy caros.

8. • La gente compra los perfumes que ve en los _____.
   ▼ Y muchas cosas más.

9. • ¿Cómo te informaste del crucero?
   ▼ Lo vi en un _____ en la oficina de Información y Turismo.

10. • Siempre leo el _____ en Internet.
    ▼ Pues yo lo compro cada día.

15
Si tú me dices ven...

4. En situación

En el hotel.

1 Escucha la grabación sin leer el texto y contesta.

- ¿Cuántas personas intervienen en la conversación?
- ¿Cómo son las habitaciones que tienen disponibles?
- ¿Cuánto cuesta la habitación que han elegido?

2 a Lee el texto con dos compañeros/as y comprueba
si tus respuestas son correctas.

b Subraya las fórmulas de cortesía.

- Buenos días, ¿habla usted español?
- Sí, señora, ¿en qué puedo ayudarla?
- Quería una habitación para tres noches para dos personas.
- Un momento por favor..., sí, tenemos una con vistas a la calle y otra que da al jardín. ¿Desean verlas?
- Sí, por favor.
- Aquí tenemos la 129 que da al jardín, pero en esta época no hay mucha gente. La 311 da a la calle. En verano hay mucho ruido, pero ahora es muy tranquila. Las dos tienen minibar, aire acondicionado...
- ¿Qué opinas, cariño?
- A mí me gusta más la del jardín, ¿y a ti?
- ¿Cuánto vale?
- Son 75 euros con desayuno.
- A mí me parece bien.
- A mí también. Nos quedamos en la 129.
- Muy bien. ¿Pueden dejarme sus pasaportes, por favor?
- Sí, claro, aquí los tiene. ¡Ah!, una cosa más, hemos aparcado el coche enfrente del hotel, ¿tienen un aparcamiento vigilado?
- Sí, señora, pueden dejar el coche ahí, es gratuito.

Recursos para...

- **Atender a los clientes:**
  – (Saludar) ¿En qué puedo ayudarla /le...?
  – ¿Puede/n dejarme su pasaporte o su DNI?
  – Puede/n dejar el coche en el aparcamiento.

- **Expresar preferencias:**
  – A mí me gusta más...
  – A mí también.

- **Aceptar una propuesta:**
  – (A mí) me parece bien.
  – A mí también.

15 Si tú me dices ven…

3 Te toca.

Completa los diálogos.

Recepcionista: Buenas tardes, ¿_____?
Cliente: _____ individual.
Recepcionista: Lo siento, solo podemos ofrecerle una doble con uso individual.
Cliente: ¿_____?
Recepcionista: Son 57 euros, sin desayuno.
Cliente: ¿_____?
Recepcionista: El desayuno buffet vale 15 euros.
Cliente: No, _____, me quedo _____.

Cliente: _____, tengo _____ reservada a nombre de Luis Osorio.
Recepcionista: _____, señor Osorio, sí, aquí está su reserva. Es la habitación 225.
Cliente: ¿_____?
Recepcionista: Muy tranquila, _____.
Cliente: Muy bien, porque necesito descansar estos días. ¿_____?
Recepcionista: Sí, señor, puede dejar su coche ahí, _____. Por favor, ¿_____ rellenar esta ficha?
Cliente: Claro.

4 Con tu compañero/a representad una situación parecida.

- No tenéis reserva y preguntáis si hay habitaciones.
- Hay una habitación interior.
- Queréis verla.
- La recepcionista os la enseña.
- Preguntáis el precio.
- Decidís si os gusta o no.

5. De todo un poco

1 Vuelve a leer bien la actividad 2 de Practicamos los contenidos. En parejas o pequeños grupos, escribid consejos para otras cosas.

Por ejemplo: Consejos para aprobar sin estudiar, para aprender un idioma extranjero, para ligar con el / la más guapo/a de la fiesta y otros que podéis proponer vosotros/as.

Consejos para…

2 Los bailes caribeños.

Escucha y di si es verdadero o falso. Al final de la clase, si alguien sabe bailar salsa o merengue ¿por qué no enseña a sus compañeros/as?

1 Mucha gente viaja al Caribe durante las vacaciones.	V	F
2 A la gente le gusta bailar para divertirse.	V	F
3 Para bailar estos ritmos hay que sentirse libre, sin miedo.	V	F
4 Bailar en parejas ayuda a conocer gente.	V	F

Si tú me dices ven…

3 Debate.

Primero, señala si estás de acuerdo o no con estas afirmaciones. Después, compara tus respuestas con las de tu compañero/a. Para terminar, haced una puesta en común entre todos.

	Estoy de acuerdo	No estoy de acuerdo	Mi compañero/a
Los mejores productos son los que se anuncian en televisión.			
Hay que prohibir la publicidad de juguetes.			
La publicidad es arte.			
La publicidad es machista.			
Toda publicidad es mala.			
En las televisiones públicas no debe haber publicidad.			
Por la publicidad, la gente compra cosas que no necesita.			
La publicidad puede ser peligrosa.			

4 Escucha.

a Hemos oído en Onda Meridional los siguientes consejos para dejar de fumar, pero había ruido en el piso de al lado y hemos perdido parte de la información. Escucha atentamente y completa lo que falta.

- Cambia tus _____ sobre el tabaco.
- Habla de este tema con otras _____.
- Cuida _____ alimentación.
- _____ bien.
- Haz diferentes _____ para ocupar el tiempo.
- Muévete y _____ ejercicio.
- Bebe _____ agua.
- _____ de forma positiva.
- Aprende a superar el impulso de _____.
- _____ paciente.
- _____ a relajarte.

b Contesta: ¿En estos consejos se trata al oyente de *tú* o de *usted*?
¿Qué verbos se repiten?

c Opina: ¿Qué te parecen estos consejos para dejar de fumar? ¿Puedes dar otros?

5 Lee.

a Ya llegan las fiestas de Navidad. El ministerio de Sanidad y Consumo del Gobierno de España recomienda:

Después de leer
¿Comprendes estos consejos?
❏ Muy pocos   ❏ Solo algunos
❏ Casi todos   ❏ Todos

Haz una lista con los consejos de acuerdo con tu importancia y contesta.
- Nunca gasto mucho.
- Yo siempre comparo los precios.
- Siempre conservo los tickets.
- Casi siempre leo las etiquetas.

¿Por qué es importante comprar con criterio?

6 Escribe.

Te vas una semana de viaje. Escribe una nota (en imperativo) a tu vecino/a (no está en casa en este momento) con las cosas que tiene que hacer. No olvides: la comida y el agua del gato, regar las plantas, recoger el correo, encender una luz de noche, etc. Al final, da las gracias.
¡Ah! Y no olvides comprar un regalito para tu vecino/a antes de volver de viaje.

Hola, Juan. Soy Cristina. Me marcho 10 días a Barcelona. Por favor, pon comida y agua a Micifú una vez al día...

Cuaderno de viajes

1. Pretexto

La profesora nos ha pedido un trabajo sobre nuestra estancia en España. Yo he decidido hacer un cuaderno de viaje **porque** me gusta mucho la fotografía.

Así que empiezo este cuaderno para no olvidar todo lo que he visto. **Cuando** miro estas fotos otra vez, vuelvo a vivir momentos maravillosos.

Comentario: Unos amigos de mi familia me invitaron a cenar en su casa. Para ellos la fiesta más importante es la Nochebuena (la noche del 24 de diciembre) **por eso** ponen una mesa tan elegante. No celebran la Navidad, **ni** la noche del 31 de diciembre (Nochevieja) **ni** los Reyes Magos (la noche del 5 al 6 de enero).

Comentario: Este hombre se llama Juan Galea. Vive en Istán, un pueblo blanco de Málaga. Está haciendo cestas **que** la gente del pueblo usa para poner la fruta, las patatas…

Comentario: Parece el norte de España, **pero** es el sur: es la Sierra de las Nieves. Este paisaje está solo a unos 15 km de la Costa del Sol. Está protegido hace mucho tiempo.

Comentario: Este gesto **que** hace Liliana tocándose la cara varias veces significa «¡qué cara más dura tienes!». En mi país no lo hacemos.

1 **Escucha.**

2 **Escribe y habla.**
- Elige una foto y descríbela. Te servirá para recordar muchas cosas que ya sabes.
- Al terminar la descripción pregunta a tus compañeros/as si han elegido la misma fotografía. Comparad vuestras descripciones.

3 **Ahora reflexiona.**
- Lee los textos que acompañan a las fotografías y di qué palabras de las que están en negrita expresan causa y cuáles expresan consecuencia.
- ¿Por qué crees que se usa *ni* en el comentario de la primera fotografía?
- ¿A qué palabra(s) se refiere *que* en los comentarios dos y cuatro?
- La expresión «**¡Qué cara más dura tienes!**» se usa:
  a. Cuando alguien se comporta sin sentir vergüenza.
  b. Cuando alguien se pone colorado/a al actuar en público.
  ¿Haces tú este gesto? ¿Cuándo?

16 Cuaderno de viajes

2. Contenidos

1 **Conjunciones.**

Ya sabes usar muchas conjunciones. Aquí te las presentamos ordenadas y te damos más información.

PORQUE
Sirve para expresar la causa. Recuerda que para preguntar debes usar ¿Por qué…?

ATENCIÓN
Fíjate en la diferencia entre esta conjunción y las que expresan consecuencia.

He decidido hacer un cuaderno de viaje. Me gusta mucho la fotografía. ➡ *He decidido hacer un cuaderno de viaje **porque** me gusta mucho la fotografía.*

Las navidades son muy importantes para mis amigos. Preparan una cena muy elegante. ➡ *Mis amigos preparan una cena muy elegante **porque** las navidades son muy importantes para ellos.*

Y	NI
Sirve para unir palabras y oraciones. Se convierte en *e* cuando la palabra siguiente empieza por *i-* o *hi-*.	**Tiene la misma función que *y*, pero se usa cuando une elementos negativos.**
*Me gustan mucho el cine **y** el teatro* (une dos palabras).	*No me gusta el cine; no me gusta el teatro.* ➡ *No me gusta **ni** el cine **ni** el teatro* (une palabras).
*Me levanto muy temprano, voy a correr **y** luego me ducho **y** voy a trabajar* (une oraciones).	*Yo **no** me levanto temprano, **ni** voy a correr, pero sí voy a trabajar* (une oraciones).
*Me encanta merendar pan **e** higos como hacía mi abuela.*	

PERO
Sirve para restringir lo expresado anteriormente.

*Entiendo mucho, **pero** hablo muy poco.*
*Parece el norte de España, **pero** es el sur.*

POR ESO y ASÍ QUE
Sirven para expresar la consecuencia de un hecho anterior.

Me gusta mucho la fotografía. Voy a hacer un cuaderno de viaje. ➡ *Me gusta mucho la fotografía **así que** voy a hacer un cuaderno de viaje.*

Las navidades son muy importantes para mis amigos y preparan una cena muy elegante. ➡ *Las navidades son muy importantes para mis amigos, **por eso** preparan una cena muy elegante.*

CUANDO: expresa tiempo	
Sirve para unir dos oraciones.	*Miro estas fotos. Vuelvo a vivir momentos maravillosos.* → ***Cuando** miro estas fotos otra vez, vuelvo a vivir momentos maravillosos.*
	Estoy nervioso y fumo. → ***Cuando** estoy nervioso, fumo.*
	Llegué a casa y me acosté. → ***Cuando** llegué a casa, me acosté.*
	Trabajaba en el campo y me levantaba muy temprano. → ***Cuando** trabajaba en el campo, me levantaba muy temprano.*

2 QUE relativo.

El relativo *que* se refiere a una palabra anterior que se llama antecedente.

Juan está haciendo cestas. La gente usa las cestas para poner la fruta.
→ *Juan está haciendo cestas **que** la gente usa para poner la fruta.*

La oración introducida por *que* relativo sirve para especificar o concretar el significado de las palabras a las que se refiere por medio de una oración.
Es la misma función que cumplen los adjetivos y la construcción 'preposición + sustantivo'.

*Istán es un pueblo **que está en Málaga**.*
*Istán es un pueblo **malagueño**.*
*Istán es un pueblo **de Málaga**.*

3 Expresar otras relaciones temporales.

Desde (que + verbo)	Hace (que + verbo)
Se usa para indicar el principio de una acción.	**Se usa para indicar el tiempo total que ha pasado entre dos momentos.**
Atención: *no se usa nunca con cantidades de tiempo*.	**Atención: *no se usa nunca con fechas*.**
*Vivo en España **desde** 2002.* ***Desde** el verano pasado estamos sin trabajo.*	*Vivo en España desde 2002. Estamos en 2009. Han pasado siete años.* → *Vivo en España **hace** siete años.*
Necesitamos la conjunción *que* para introducir una oración. ***Desde que** llegué a España, estoy yendo a clases de español.*	*Llegué a las 11:00. Son las 12:30 y estoy esperando.* → *Estoy esperando **hace** una hora y media.* *Este paisaje está protegido **hace** mucho tiempo.*
Para preguntar: *¿**Desde cuándo** vives en España?*	***Hace** + cantidad de tiempo + **que** + oración.* ***Hace** siete años **que** vivo en España.*
Para responder: *(Vivo en España) **Desde** 2002.*	**Para preguntar:** *¿**Cuánto tiempo hace que** estás esperando?*
	Para responder hay dos posibilidades: ***Hace** hora y media. / **Desde** las 11:00.*

16 Cuaderno de viajes

4 Los aeropuertos.

Equipaje de mano

Exceso de equipaje

Objetos perdidos

Cola

Sala de espera

Facturar

Monitor

Retraso

Mostrador de embarque

Aterrizar

3. Practicamos los contenidos

1 Forma oraciones con elementos de las tres columnas.

1 Me gusta mucho el cine		ignorantes.
2 En esa reunión he conocido a personas maleducadas	**cuando**	llega el buen tiempo.
3 Siempre me levanto temprano	**por eso**	los gritos.
4 No soporto el ruido	**y**	estoy haciendo un curso de dirección.
5 Iremos de excursión a la nieve	**así que**	yo le presté dinero.
6 Me pidió ayuda	**ni**	un vídeo de Mayumaná.
7 Me han regalado un ordenador portátil, tres libros	**e**	preparad ropa de abrigo.

2 Completa con las palabras del recuadro.

> y (2) • por eso • cuando • que (2) • así que • pero • ni

He viajado mucho por España. *Por eso* puedo decir que es un país (1) _____ tiene paisajes muy variados. Una gran sorpresa ha sido descubrir que el sur no es solo playa (2) _____ campos de golf. Hay también montañas (3) _____ hacen pensar en el Norte. (4) _____ he hablado con otros extranjeros, he comprobado que muchos tienen una idea de España muy folclórica (5) _____ estereotipada. (6) _____ yo creo que tienen que ver con sus propios ojos todo lo que hay; (7) _____ vengan (8) _____ viajen (9) _____ con la mente abierta.

162 Nuevo Avance Básico

Cuaderno de viajes **16**

3 Forma una sola oración usando el relativo *que*.
Señala su antecedente.

Liliana hace un gesto. Este gesto significa «¡qué cara más dura!».
→ *El gesto que hace Liliana significa «¡qué cara más dura!».*
   Antecedente

1. El rojo es un color. Es el color que más me gusta.
   El rojo es _____

2. Una niña llora todas las noches. Es la hija de mis vecinos.
   La niña _____

3. Esas montañas parecen del norte. Están cerca de la Costa del Sol.
   Las montañas _____

4. Mucha gente compra cestas para fruta. Las hace Juan Galea.
   Las cestas _____

5. Tengo muchos amigos y amigas. Son de todo el mundo.
   Tengo muchos amigos y amigas _____

6. Vivo en una casa. La casa fue de mis abuelos.
   Vivo en _____

4 Completa con el relativo *que*, un adjetivo o con una construcción con preposición.

*No puedo salir este fin de semana porque tengo unos amigos _____ vienen a cenar a casa (amables / **que** / de Cuenca)*
→ *No puedo salir este fin de semana porque tengo unos amigos **QUE** vienen a cenar a casa.*

1. Hoy voy a salir de tapas con mis alumnos _____ (*extranjeros / por Internet / que*).

2. Victoria ha alquilado un piso _____ mi familia tiene en el centro (*del centro / que / céntrico*).

3. Voy a hacer la receta _____ me enseñó Piedad (*de pescado / fácil / que*).

4. ¿Habéis visto la estatua _____ han puesto en el parque (*de piedra / grande / que*)?

5. Hemos leído un libro _____ nos ha encantado (*que / interesante / de informática*).

6. Concha tiene un nieto _____ de tres años (*precioso / que / de plástico*).

5 Haz oraciones según los ejemplos.

Ejemplos:
● *Hace seis meses que estoy aquí / que llegué aquí.*
● *Estoy aquí desde enero.*

1. Encontré trabajo en marzo; ahora estamos en noviembre.
   ● Hace _____ que _____ .
   ● _____ desde _____ .

2. Me fui de casa de mis padres el año pasado; ahora vivo solo.
   ● Hace _____ que _____ .
   ● _____ desde _____ .

3. Empecé a enseñar en 1974; ahora estamos en 2010.
   ● _____ desde _____ .

4. Compré mi primer ordenador en 1994.
   ● Hace _____ que _____ .
   ● _____ desde _____ .

Nuevo Avance Básico

16 Cuaderno de viajes

6 Completa con *desde / desde que* o *hace / hace… que.*

Diario de un médico de pueblo.

1. *Desde que llegué* a este pueblo, me ha pasado algo muy extraño. _____ casi **un año** _____ vivo aquí y la gente o no me habla o me invita a su casa como a uno más de la familia. No los entiendo.

2. _____ **mayo**, cuando escribí lo anterior, han pasado otros seis meses y todo sigue igual. He hablado con la alcaldesa y el farmacéutico y dicen que es normal.

3. Hola, diario. Hoy vuelvo a escribir. _____ **seis años** _____ vivo entre estas montañas y _____ _____ **vine**, he aprendido a comprender a la gente. Ahora me llevo bien con casi todo el mundo.

4. _____ **diciembre** pasado vivo en la ciudad y no sé si me gusta; echo de menos a la gente del pueblo.

5. He vuelto al pueblo _____ algunas semanas. La historia se repite: unos, los jóvenes, casi no me hablan y los más viejos se alegran de verme y me tratan como a uno de su familia.

7 Completa con las palabras del recuadro.

> sala de espera • exceso de equipaje • facturar • mostrador de embarque • equipaje de mano
> retraso • objetos perdidos • monitor • aterrizar • la cola

Un mal día. (Conversación conmigo misma)

Ya son las 6:05, voy a llegar un poco tarde al aeropuerto. ¡Otra vez de viaje de negocios a Barcelona! Como no llevo maleta, sólo el (1) *equipaje de mano*, no tengo que pasar por el (2) _____ para (3) _____. Por fin llego al aeropuerto. ¡Vaya!, el vuelo tiene media hora de (4) _____. Bueno, casi es normal. Voy a ir a la (5) _____ a leer el periódico. Ya ha pasado media hora y todavía no han anunciado el vuelo. A ver qué pone ahora en el (6) _____. ¡No puedo creerlo, otra media hora de retraso! ¡Voy a llegar tarde a mi primera reunión!

Ya anuncian mi vuelo, ¡qué bien! ¡Puffffffffffff! ¡Vaya! Hay que hacer (7) _____. Y ahora el señor que está delante de mí tiene (8) _____ y tiene que ir a facturar. Por fin embarco.

Ya estoy en el avión de vuelta. Todo ha ido bien en Barcelona. 50 minutos y (9) _____.
Ya estoy en el metro otra vez. ¿Dónde está la carpeta con el informe que me ha dado Sánchez en Barcelona? ¿¡En el avión?! No, no, está aquí dentro de mi maletín. No, no tengo que volver al aeropuerto a la oficina de (10) _____.
Bueno ahora a casa, a cenar y a dormir. Mañana será otro día*.

* *Mañana será otro día:* expresión que usamos para decir que con el nuevo día las cosas van a ir mejor.

4. En situación

En casa de unos amigos que te han invitado a cenar.

1 Escucha la grabación sin leer el texto y contesta.

- ¿Cuántas personas intervienen en la conversación?
- ¿Con quién están las hijas de Martin y Birgit?
- ¿De qué ciudad española es el vino que han llevado?

Cuaderno de viajes 16

2 Escucha de nuevo y comprueba si tus respuestas son correctas.

Al llegar.
- Hola, ¿llegamos demasiado pronto?
- ¿Qué tal? No, Martin y Birgit ya están aquí, adelante.
- ¡Qué casa tan bonita!
- Bueno, la compramos hace muchos años. Luego os la enseño.
- Hemos traído una botella de vino de Málaga.
- Muchas gracias, ¿para qué os habéis molestado? Voy a ponerla en el frigo* y luego la tomamos con el postre.

Frigo: abreviatura de frigorífico. De uso familiar.

Hablando con otros invitados.
- ¡Cuánto tiempo sin veros! ¿Cómo estáis?
- Es verdad, no nos vemos nunca.
- No nos podemos quejar. De momento todo va bien.
- ¿Y las niñas?
- Las hemos dejado con la abuela. Esta noche podemos volver tarde.
- Bueno, chicos, a cenar.

En la mesa.
- ¡Qué rico! Eres un artista, no sé cómo lo haces.
- Todo está buenísimo, oye ¿de dónde sacas tiempo para hacer tantas cosas?
- ¿Sí? ¿Te gusta? Es que me encanta la cocina y, además, me relaja. ¿Queréis un poco más?
- Yo no puedo más, de verdad, es que no suelo cenar mucho.
- Venga, un poquito.
- Bueno, pero muy poco, en serio.
- Yo quiero un poco más, es que está...
- ¿Qué os parece si abrimos ahora el vino de Málaga para acompañar los pasteles que han traído Birgit y Martin?
- Sí, buena idea, estupendo.

Aspectos socioculturales

Observa las siguientes costumbres:

- **Al llegar:**

Quien(es) llega(n):
- Al llegar a la casa preguntan si no han llegado demasiado pronto.
- Elogian la casa.
- Entregan el regalo que han llevado.

Quien(es) recibe(n):
- Agradecen, hacen algún comentario sobre la casa y anuncian que la van a enseñar. También pueden enseñarla en ese momento.
- Agradecen el regalo y dicen que no era necesario.

- **Con otros invitados:**
  - Se saludan y hacen referencia al tiempo que hace que no se ven.
  - Se interesan por cómo les van las cosas.
  - Se pegunta por la familia.

- **En la mesa:**
  - Se ofrece más comida varias veces.
  - Se alaba la comida y para decir que no se quiere más hay que volver a decir que todo está muy bueno y se explica la razón por la que no se puede repetir.
  - Se ofrece compartir los regalos que han llevado los invitados.

3 Te toca.

a Comenta con tus compañeros/as estas costumbres y compara con lo que suele hacerse en tu país.

b En grupos, representad varias escenas como las que se han presentado.

5. De todo un poco

1 Lee estas costumbres y comenta en clase qué opinas de ellas y si son habituales o no en tu país. ¿Puedes preguntar a tus amigos de habla hispana qué les parecen estas costumbres?

LO QUE HACEN ALGUNOS ESPAÑOLES	COSTUMBRES	¿SE HACE EN TU PAÍS?
	Enseñar la casa cuando alguien nos visita por primera vez.	
	Dormir la siesta.	
	Dar detalles o explicar algo cuando alguien dice cosas agradables sobre lo que llevamos puesto o un objeto personal.	
	Abrir los regalos delante de la persona que nos los ha dado.	
	Llamar por teléfono por un asunto de trabajo y preguntar antes por la salud o la situación de la persona con la que hablamos.	
	Mirar a los ojos de la persona con la que hablamos.	
	Llegar tarde a las citas informales.	

2 Escucha.

a Antes de escuchar. Lee estos datos sobre los matrimonios civiles y religiosos en España durante los últimos años, y observa los cambios.

Año	Matrimonios religiosos %	Matrimonios civiles %
1990	84,6	15,4
2000	73,5	26,5
2005	58,3	41,7
2008	49,6	51,4

b Ahora lee estos datos sobre las parejas que viven juntas casadas y sin casarse. Observa los cambios producidos.

Parejas que viven juntas	sin casarse	casadas
Menores de 25 años	60%	40%
Entre 25 y 34 años	40%	60%
A partir de 35 años	20%	80%

- Desde el 30 junio de 2005, España reconoce el matrimonio civil entre personas del mismo sexo.

Boda civil en el Salón de los Espejos (Ayuntamiento de Málaga)

c La reportera de Onda Meridional ha salido a preguntar a varias personas sobre las bodas. Ha preguntado si prefieren celebrar una boda religiosa o civil, o simplemente vivir juntos. Estas han sido algunas respuestas.

d Ahora escucha y contesta a estas preguntas:

1 ¿Cuántas personas de las que contestan están casadas?
2 ¿Cuántas viven en pareja sin casarse?
3 ¿Cómo se casó Darío? ¿Por la iglesia o por lo civil?
4 ¿Qué día se casan Íñigo y su novia?
5 ¿Por qué se casó Arturo por la iglesia?
6 ¿Marisa quiere vivir con su novio?
7 ¿Por qué no quiere casarse Hortensia?

e Ahora, si quieres, expresa tu opinión sobre este asunto.

3 Nos entendemos sin palabras. Los gestos.

a Mira la foto del ejemplo y lee la explicación. Piensa si se hace ese gesto en tu país y, si no, explica cuál se usa para expresar lo mismo.

Movemos la mano abierta de arriba abajo cuando queremos indicar 'mucha cantidad'.

Liliana dice en la foto: «*¡Cuánta gente había en la fiesta!*».

b Y ahora, en parejas, escribid un comentario sobre cada una de estas fotos. Comparad con lo que han escrito los/las demás compañeros/as y explicad cuándo se usan estos gestos en vuestro país y qué significan.

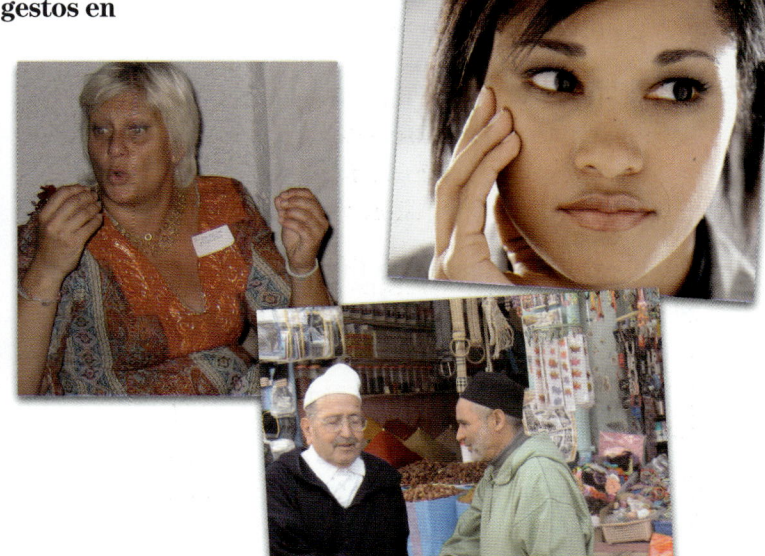

c Al final, elaborad un listado de gestos para la clase.

4 Lee.

a Antes de leer.

Enumera las costumbres españolas que conocías. Enumera las que has aprendido en esta unidad.

b Lee el texto.

Trabajo para clase: Costumbres españolas

Sigo con mi trabajo de clase. Estas son mis impresiones. Ahora, cuando termina mi viaje, me doy cuenta de que aprender una lengua no consiste solo en aprender ortografía, vocabulario, pronunciación, gramática… Y si esto es importante, también es fundamental conocer cómo son las personas que la hablan.

Durante el tiempo que he estudiado español he aprendido muchas cosas sobre las costumbres y el comportamiento social. En este momento recuerdo las siguientes:

- No debes pagar individualmente tu consumición en un bar si vas acompañado de españoles.
- Gran parte de la vida de los españoles transcurre en el bar. Allí van a tomar tapas o copas, a ver el fútbol o, incluso, a hacer negocios.
- Los jóvenes se reúnen para beber al aire libre por la noche, a esto se le llama «hacer botellón».
- Si vas a una casa, debes decir algo positivo y agradable de ella, pero los dueños siempre quitan importancia a esos comentarios.
- Cuando te invitan a comer o a cenar es conveniente llevar un regalo: unos bombones o una botella de vino.
- Llevar zapatos por la casa es algo normal. Dejarlos en la entrada, una falta de educación.
- Los españoles hablan muy alto, pero no tenemos que entenderlo como una prueba de enfado.
- A los españoles les encantan los juegos de azar: la lotería (el gordo de Navidad), la primitiva, las quinielas, la ONCE*, las tragaperras.
- Todo pasa más tarde: por ejemplo, comen sobre las dos o las tres, y cenan a las nueve o diez de la noche. Los bancos y las oficinas de organismos públicos cierran por la tarde.

Es verdad que tienen costumbres diferentes que me han sorprendido, pero también es cierto que he encontrado muchas cosas similares a mi cultura.

* **ONCE**: *Organización Nacional de Ciegos Españoles.*

c Durante la lectura.

- Subraya las costumbres que no conocías.

d Después de leer.

Contesta a estas preguntas:

1. ¿Qué costumbres aparecen en el texto relacionadas con los bares y la bebida?
2. ¿Qué debes hacer y qué no debes hacer cuando te invitan a comer o cenar a una casa?
3. ¿Qué dice el texto sobre los horarios?
4. Compara tus respuestas del principio con lo que has leído. ¿Hay muchas diferencias? ¿Puedes completar la lectura con más costumbres?

5 Escribe.

Vuelve al Pretexto de esta Unidad. Mira las fotos y los textos que las acompañan.

a. Si estás aprendiendo español en algún país hispanohablante, pon cuatro o cinco fotos favoritas de tu estancia y escribe tus impresiones debajo de ellas. Preséntalo bien porque el trabajo mejor escrito y mejor presentado gana el primer premio.

b. Si estás aprendiendo español en tu país haz fotos de tus compañeros/as y de tu profesor/a de español. Escribe el texto debajo con comentarios e impresiones. Ya sabes que tienes que hacerlo muy bien. Puedes ganar el primer premio.

Aquí están Claire, Megan, Eric, Casey, Allie, Fred y Ryan. Son mis amigos. La profesora, Catalina, decidió dar la clase de español al aire libre, en el patio del instituto. Cantamos canciones de Julieta Venegas, Maná y Shakira. Lo pasamos muy bien. El año próximo queremos viajar juntos a España.

Nos despedimos, pero seguiremos en contacto

1. Pretexto

- El curso se acabó.
- Sí, y quizá no nos veremos más.
- Sí, hombre, yo sí iré a visitaros, así que, preparad una habitación de invitados.
- Y si no podemos viajar, podremos vernos por Internet. Tenéis *web cam* ¿no?
- Yo todavía no, pero me compraré una al volver a casa.
- Además, los *chats* son otra forma de encontrarnos. Podemos quedar un día a la semana para hablar todos juntos.
- Buena idea, así seguiremos en contacto. Mirad, he hecho una lista para apuntarnos todos los correos. Pero ni así os libraréis de mí. Iré a visitaros de todas formas.
- Vale. Y seguiremos estudiando español, ¿verdad?
- ¡¡Por supuesto!!

1 Escucha y lee la conversación con tus compañeros/as. Después, contesta:
- Al terminar el curso, ¿estos chicos y chicas están contentos o tristes?, ¿por qué?
- ¿Qué propone cada uno para el futuro?
- ¿Cómo seguirán en contacto?

2 Ahora reflexiona.
- ¿Qué formas verbales se refieren al futuro?
- Una es nueva, ¿puedes subrayarla? La vas a estudiar en esta unidad.

17 Nos despedimos, pero seguiremos en contacto

2. Contenidos

1 El futuro.

Se forma con el infinitivo + las terminaciones -é, -ás, -á, -emos, -éis, -án.

a Verbos regulares.

Hablar	Comer	Subir
Hablar-**é**	Comer-**é**	Subir-**é**
Hablar-**ás**	Comer-**ás**	Subir-**ás**
Hablar-**á**	Comer-**á**	Subir-**á**
Hablar-**emos**	Comer-**emos**	Subir-**emos**
Hablar-**éis**	Comer-**éis**	Subir-**éis**
Hablar-**án**	Comer-**án**	Subir-**án**

b Verbos irregulares.

Aquí tienes el verbo *querer* conjugado, ahora termina tú la conjugación de *hacer* y *poner*.

Querer [1]	Hacer [2]	Poner [3]
Quer**ré**	Ha**ré**	Pond**ré**
Quer**rás**	Ha**rás**	Pondr___
Quer**rá**	Ha**rá**	Pondr___
Quer**remos**	Har___	Pondr___
Quer**réis**	Har___	Pondr___
Quer**rán**	Har___	Pondr___

Otros irregulares

[1] Se conjugan igual: *saber, caber, poder* y *haber*.

[2] Se conjuga igual: *decir*.

[3] Se conjugan igual: *tener, valer, salir* y *venir*.

c Usamos el futuro para: 🎧 91

1 Hablar de una acción futura.

Iré a Barcelona dentro de unos días.
Podremos seguir en contacto por Internet.

2 Predecir.

*A finales del siglo XXI la gente **se marchará** de la ciudad y **volverá** al campo.*
*Si su hijo sigue cantando así de bien, **será** un gran tenor.*

3 Expresar inseguridad/probabilidad referida al presente.

	SEGURIDAD	PROBABILIDAD
¿Dónde está Armando?	Está tomando café.	**Estará** tomando café.
¿Qué hora es?	Las once y media en punto.	**Serán** las once o las once y media, no tengo reloj.

Para expresar duda o inseguridad también podemos usar estos recursos:

Creo que / Me parece que + presente / futuro

- ¿Dónde está Armando?
- ▼ *Creo que / Me parece que* está/estará tomando café.

Quizá(s), a lo mejor + presente / futuro

- No encuentro a Armando.
- ▼ *Quizá / A lo mejor* está/estará tomando café en la cafetería.

Nuevo Avance Básico

Nos despedimos, pero seguiremos en contacto **17**

4. Para formar una oración condicional, el futuro aparece en la oración que no lleva *si*.

*Si no te das prisa, **perderemos** el tren.*
*Si no come menos grasas, **tendrá** problemas de salud.*

2 **Preposiciones.**

a ¿Recuerdas las preposiciones que has aprendido?

A:	**En:**
• Indica la hora. *Me levanto **a** las 7:00. Voy **al** cine.* • Acompaña a verbos que indican movimiento y expresan la dirección. *Hoy he venido **a** clase en autobús. He salido **a** la terraza para ver el mar.*	• Indica localización y se refiere a años, estaciones, meses. *Mi hijo nació **en** 1977. Los árboles de mi calle empiezan a tener hojas **en** marzo o abril.* • Con los medios de transporte. *Prefiero viajar **en** tren que **en** avión.*
Con y sin:	**Por:**
• Indica compañía y el acompañamiento (en sentido figurado). *Estoy **con** mis amigos en la playa. Hoy he comido huevos fritos **con** chorizo.* • Sin compañía y sin acompañamiento. *Fui al cine solo, **sin** mis amigos.* *Yo prefiero el vino **sin** gaseosa y los huevos solos, **sin** chorizo.*	• Señala periodos de tiempo. *No me gusta trabajar **por** la tarde / **por** la noche...* • Indica movimiento a lo largo de un espacio. *He viajado **por** todo el país.* • Expresa la causa o razón de algo. *Pinto **por** placer.* *¿**Por** qué te gusta estudiar español?*
De:	
• Indica, procedencia geográfica y nacionalidad. *Rafael Nadal es **de** Mallorca.* • El lugar del que se viene o se sale. *Salgo **de** casa muy temprano.* *Venimos **del** cine.* • Señala el material de un objeto. *El libro es **de** papel, la mesa **de** madera y aquel juguete es **de** plástico.*	• Marca periodo de tiempo. *Trabajo **de** 8:00 a 15:00.* • En las fechas, delante del mes y del año. *Javier Bardem consiguió el Oscar el 24 **de** febrero **de** 2008.*

Ahora, completa para reforzarlas.

1 • ¿ _De_ dónde vienes?
  ▼ _____ ver una exposición _____ el Museo _____ Arte Moderno.

2 • ¿Dónde vive Sergio?
  ▼ _____ un pueblo _____ la playa.

3 • Por favor, una botella pequeña de agua.
  ▼ ¿_____ gas o _____ gas?

4 • ¿_____ qué hora empieza la película?
  ▼ _____ las 22:00.

5 • Yo siempre voy de vacaciones _____ primavera.
  ▼ Pues yo prefiero _____ verano.

6 • ¿Te apetece tomar un vino?
  ▼ No, prefiero una cerveza _____ alcohol.

7 • ¿El suelo es _____ madera?
  ▼ No, es _____ plástico, pero parece de madera.

8 • Liliana ha viajado _____ toda América del Sur.
  ▼ ¿Y lo ha hecho _____ trabajo o _____ placer?
  • _____ placer.

9 • ¿Vas _____ el trabajo _____ autobús?
  ▼ No, siempre voy _____ bicicleta.

10 • Ten cuidado, _____ la noche aquí bajan mucho las temperaturas.
  ▼ Tranquilo, solo voy a salir _____ la tarde, además Irina es _____ Rusia.

17 Nos despedimos, pero seguiremos en contacto

b Y ahora vamos a ampliar lo que ya sabes.

Cambios causados por algunas preposiciones.

CON + YO ➡ CONMIGO
- ¿Quieres casarte **conmigo**?

CON + TÚ ➡ CONTIGO
- ▼ Sí, mi amor, quiero casarme **contigo**.

PARA + YO ➡ PARA MÍ
PARA + TÚ ➡ PARA TI
- ¿Esta carta es **para mí**?
- ▼ Sí, jefa, es **para ti**.

---

c Otras preposiciones.

Desde:
- Indica el principio de un recorrido espacial y temporal.

Espacial:
Desde Madrid hasta Bruselas hay 1 315 km.
No uso el coche para ir al trabajo porque **desde** mi casa hay poca distancia.

Temporal:
Vivo en Bruselas **desde** 2002.
Desde el verano pasado estamos sin trabajo.

Hasta:
- Marca el final de un recorrido espacial y temporal.

Espacial:
Desde Madrid **hasta** Bruselas hay 1 315 km.
Estamos en Santander; **hasta** aquí hemos recorrido 57 km.

Temporal:
Hasta la semana que viene no sabremos los resultados del examen.
Nos quedaremos aquí **hasta** mañana.

ATENCIÓN
De ... a Trabajo **de** 8:00 **a** 14:00.
Desde ... hasta Trabajo **desde las** ocho **hasta las** dos.

Para:
- Expresa la finalidad o la utilidad de algo.
  *Estudiamos **para** aprender.*

  - ¿**Para** qué usas este calcetín?
  - ▼ **Para** guardar el móvil.

  *Estas pastillas son **para** la tos.*

- Indica el destinatario.
  *Estos regalos son **para** mis amigas.*

- Para expresar opinión.
  - **Para mí** (en mi opinión), esta ciudad es demasiado ruidosa.
  - ▼ Pues **para nosotros** (en nuestra opinión), es la ciudad ideal: hay de todo.

3 Las TIC (Tecnologías de la Información y la Comunicación).

el ordenador / la computadora

la arroba

el / la Internet

la página web

el virus

Nuevo Avance Básico

17

Nos despedimos, pero seguiremos en contacto

el *chat*

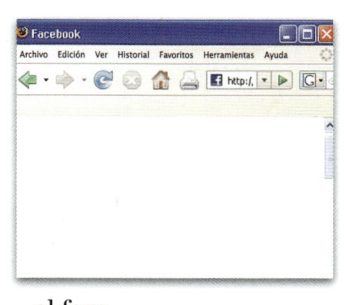
el foro

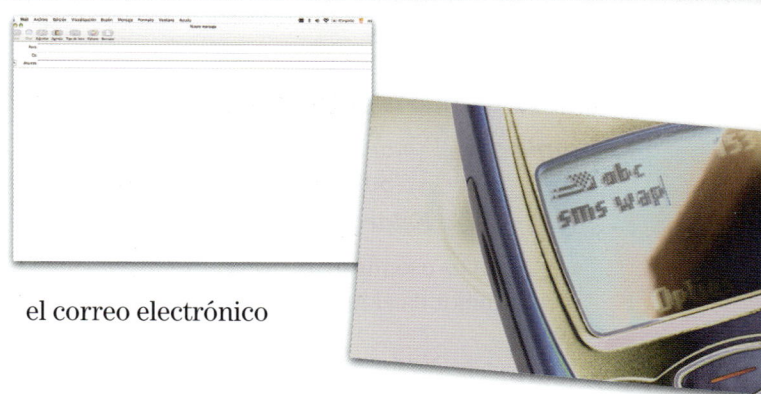
el correo electrónico

el *sms*

Más vocabulario.

Busca en tu diccionario o pregunta a tu profesor/a o a otros/as estudiantes estas palabras.

> guión • guión bajo • punto • dirección de Internet • mandar / enviar
> escribir • recibir un mensaje / correo electrónico

Y ahora ¿puedes leer las siguientes direcciones de correo electrónico?

- carmenprieto_32@futuro.org → *Carmen prieto guión bajo treinta y dos arroba futuro punto o erre ge.*
- casas-l@amoratoros.com
- vivanlaspepitas@gmail.es
- mellamoyo_4390@latinmail.org

ATENCIÓN
Las terminaciones **.com** y **.net** no se deletrean.
Se dicen así: *punto com* y *punto net*.

3. Practicamos los contenidos

1 Primero, completa con la forma correcta del futuro. Después, señala los casos de probabilidad.

1. ● Te (llamar, yo) *llamaré* dentro de un rato.
   ▼ De acuerdo. Entonces ya (tener, yo) _____ la información que necesitas.
2. ● ¿Dónde está Maruja? No la encuentro.
   ▼ (Estar, ella) _____ desayunando.
3. ● Dentro de unos años no (haber) _____ ni televisores, ni vídeos, ni ordenadores; (haber) _____ un único aparato electrónico en todos los hogares.
   ▼ Y otras muchas cosas que ahora no podemos imaginar.
4. ● Creo que tu hija (ser) _____ una gran bailarina.
   ▼ ¿Sí?
   ● Sí, y se nota que le gusta.
5. ● (Tener, tú) _____ que decirle la verdad a tu madre.
   ▼ (Hablar) _____ con ella mañana por la mañana.
6. ● Si comes tanto, (doler, a ti) _____ el estómago.
   ▼ ¡Pero si no estoy comiendo mucho!
7. ● Oye, ¿sabes cuánto vale una entrada para el cine?
   ▼ (Costar) _____ 6 euros.
8. ● Tenemos que estar a las 12:00 en el hotel.
   ▼ ¿A qué hora (salir, nosotros) _____?
   ● Creo que las 9:00 es buena hora.
9. ● ¿Por qué está hoy Ernesto de tan mal humor?
   ▼ (Tener, él) _____ problemas.
10. ● ¿Cuándo (volver, tú) _____ de la reunión?
    ▼ Te (llamar, yo) _____ por el móvil.

Nuevo Avance Básico

17 Nos despedimos, pero seguiremos en contacto

2 Contesta usando la probabilidad con futuro.

Ejemplo: ● ¿Dónde está Sol?
▼ Creo que está en la biblioteca.
Tú: Estará en la biblioteca.

1 ● ¿Quién es ese niño?
▼ A lo mejor es el hijo de Pablo.
Tú: _____

2 ● ¿Dónde están Paco y Rocío?
▼ Quizá están ya en clase.
Tú: _____

3 ● No encuentro mis gafas.
▼ Me parece que están en la mesilla.
Tú: _____

4 ● Pedro está muy nervioso, ¿verdad?
▼ Creo que tiene problemas económicos.
Tú: _____

5 ● Noto a Rosa muy feliz.
▼ A lo mejor está enamorada.
Tú: _____

6 ● ¿Sabes cuántos años tiene el novio de Lola?
▼ Creo que tiene 29.
Tú: _____

3 Completa con *desde, hasta, para, con*.

1 ● Concha es profesora de español _desde_ 1975.
▼ ¿ _____ extranjeros?
● Sí, sí.

2 ● ¿ _____ qué usas el ordenador?
▼ Sobre todo _____ hacer consultas por Internet.

3 ● ¿Puedo ir a la oficina _____ (tú)?
▼ Si quieres..., pero tendrás que esperarme fuera.

4 ● Hemos estado en el médico _____ las 17:00 _____ las 21:00.
▼ Pues yo estuve el martes y me vio en un cuarto de hora.

5 ● _____ Antonio, el mejor equipo es el Real Madrid.
▼ Pues _____ Enrique, el Barcelona.

6 ● Suena el teléfono. ¿ _____ quién será?
▼ Es _____ ti, Laura, como siempre.

7 ● Me voy de viaje _____ el jueves _____ el sábado.
▼ ¡Qué envidia!

8 ● Voy al mercado ¿vienes _____ (yo)?
▼ Lo siento, hoy no puedo.

4 Completa usando *por* o *para*.

1 ● Muchas gracias _por_ tu ayuda.
▼ De nada, ha sido un placer.

2 ● Este es el sitio ideal _____ el Congreso.
▼ No solo _____ el Congreso, también _____ cualquier reunión con mucha gente.

3 ● Toma, este regalo es *para* ti.
▼ ¿*para* mí? ¿ _____ qué? *para que*
● *por* tu cumpleaños.
▼ Muchas gracias _____ acordarte.

4 ● _____ tener buena salud hay que llevar una vida sana.
▼ Claro, _____ eso yo hago mucho deporte.

5 ● Yo no quiero ir a esa fiesta.
▼ Yo creo que tienes que ir *por* tus compañeros, *para* estar con ellos.

6 ● He perdido el autobús *por* levantarme tarde.
▼ Los despertadores sirven *para* levantarse temprano.

Nuevo Avance Básico

Nos despedimos, pero seguiremos en contacto

5 Completa con las palabras del recuadro.

teléfono • virus • página *web*
sms • foro • chatear
navegar • Internet
ordenador (2) • correo

Ayer me senté delante del (1) _ordenador_ me conecté a (2) _____ para (3) _____ con mi hijo Javier, que vive en Londres. Busqué la (4) _____, que se abrió sin problemas. Él estaba conectado. ¡Qué suerte! Le pregunté por el (5) _____ electrónico que le envíe ayer y me dijo que su (6) _____ estaba mal, que quizá tenía un (7) _____ peligroso, porque hace unos días se metió en un (8) _____ por la paz. En ese momento, mi ordenador se apagó. ¡Horror! Cogí el móvil y le mandé un (9) _____ me contestó que no pasaba nada, que era una broma, que no es un novato y que sabe (10) _____ por la red. Por la tarde lo llamaré por (11) _____, que tengo tarifa plana. ¡Estos hijos!

4. En situación

Fiesta de despedida.

1 Escucha sin leer el texto y contesta.

- ¿Cuántas personas hablan?
- ¿Dónde van a celebrar la fiesta?
- ¿Por qué Charles no quiere ir a la fiesta?
- ¿Qué problema tiene Jenny?

2 Vuelve a escuchar y toma nota de lo siguiente.

1. Por qué Martine quiere ir a un restaurante. _____
2. Cuál es la decisión final. _____
3. Cómo van a organizarlo todo. _____
4. Por qué no van Tomas y Patty a la fiesta. _____
5. Qué decide Charles y por qué. _____

3 En grupos, leed el texto.

Jenny: Os he llamado para organizar la fiesta de fin de curso.
Enrico: ¿Para qué día?
Jenny: No sé, para eso nos hemos reunido.
Charles: Yo no pienso ir. Las despedidas son tristes y hay varios compañeros que me caen muy mal.
Enrico: Bueno, pues te perderás una fiesta estupenda. Jenny, ¿dónde la vamos a hacer?
Jenny: En casa de Willy, porque no tiene vecinos.
Martine: Pero es mejor ir a un restaurante. Si no, tendré que cocinar yo, como siempre…
Enrico: Bueno, vamos a una pizzería, y después tomamos las copas en casa de Willy.
Martine: Vale, así sí. Pero ¿quién comprará las bebidas?
Jenny: Entre todos, tranquila, nos repartiremos el trabajo.
Charles: ¿Habrá calimocho*?
Enrico: Pero ¿tú no has dicho que no vienes?
Charles: A las copas, quizás.
Jenny: Yo prefiero ir a un restaurante español.
Enrico: Eso podemos decidirlo después. Ahora lo importante es pensar qué bebidas vamos a comprar.
Charles: Tequila y vodka.
Jenny: Un momento, primero tenemos que hacer una lista para saber cuántos seremos.
Enrico: Voy a mandar un *sms* a todo el mundo.
Martine: Vale, a ver…. No puede faltar ron, ginebra y güisqui, hielo y refrescos.
Jenny: Y habrá que llevar algo de comer, patatas fritas o algo.
Enrico: Chicos, noticias, somos 16.
Jenny: ¿Solo?
Enrico: Patty y Tomas no vienen, ya sabéis, el amor…, vuelven a su país antes y quieren estar solos. Miriam dice que no tiene dinero… y a Laurent no le gustan las fiestas.
Charles: ¡Ah! Pues si Laurent no va, yo sí voy.
Enrico: Bueno, entonces… 17.
Jenny: Vale, Enrico y Charles os encargáis de comprar las bebidas, Martine y yo reservamos mesa en el restaurante y compramos las patatas y algo más.
Martine: Bueno, pues todo listo.

* Calimocho: vino con coca-cola.

17 Nos despedimos, pero seguiremos en contacto

Aspectos socioculturales

La forma de beber ha cambiado mucho en España. Antes los jóvenes universitarios salían después de clase a tomar un vino. Es decir, muchos bebían poco, pero lo hacían a diario.

Los bares de copas no eran tan comunes como ahora.

Y, por supuesto, no existía el botellón (beber bebidas alcohólicas de muchos grados en grupo por la noche al aire libre).

Por otro lado, los ayuntamientos ofrecen actividades «sin alcohol» para los jóvenes durante las noches de fin de semana.

En fin, que cambian los tiempos y cambian las costumbres.

4 Te toca.

En grupos
Preparad una fiesta equivalente para despediros de vuestros/as compañeros/as. Usad este modelo.

5. De todo un poco

1 Escucha.

Catalina y Willy.
Escucha la grabación y escribe las expresiones que  indican el estado de ánimo de las personas que hablan.

¡Qué alegría!

Vuelve a escuchar y contesta.

- ¿Quiénes son Catalina y Willy?
- ¿Por qué se conocen?
- ¿Tienen una buena relación? ¿Cómo lo sabes?
- ¿Por qué está Willy en Madrid?
- ¿Qué harán mañana?

2 Ahora escribe con tu compañero/a diálogos breves usando:
¡qué alegría!, ¡genial!, ¡qué bien! y ¡pues claro!

• *Catalina ¿eres tú?*
▼ *¿Willy? ¡Qué alegría! ¿Dónde estás? ¿Qué haces?*

17 Nos despedimos, pero seguiremos en contacto

3 ¿Cómo serán en el futuro?

a Julia y Lucía son las nietas de mis hermanas. Nacieron con tres meses de diferencia. El otro día sus padres pasaron la tarde juntos y el padre de Julia preguntó: ¿Cómo serán con 30 años, a la misma edad que tenemos nosotros ahora?

- Aspecto físico y personalidad.
- Trabajo.
- Lugar de residencia y tipo de casa.
- Relaciones personales.
...

b ¿Cómo será tu compañero dentro de 20 años?

- Aspecto físico y personalidad.
- Trabajo.
- Lugar de residencia y tipo de casa.
- Relaciones personales.
...

Lucía

Julia

4 Lee.

Lee el mensaje de Willy a sus antiguos/as compañeros/as del curso de español y busca esta información.

1. ¿Por qué usa *ustedes*?
2. ¿Qué quiere Willy al crear este blog?
3. Él ha colgado algo: algunos chistes de los que circulan por Internet. ¿Por qué le parecen divertidos? ¿Entiendes tú estos chistes? ¿Puedes explicarlos con tus propias palabras?
4. ¿Por qué no seleccionas algo para colgar en este blog?

El blog de Willy

- Algo sobre Willy
- Mis amig@s
- Fotos
- Libros
- Viajes
- Ciudades
- Enlaces

24 Mayo 2010

Hola, chic@s.

He creado este blog para seguir en contacto con ustedes –ya sé que en España usábamos 'vosotros' pero a mí me cuesta olvidar que mi primera profe es chilena y ella usa siempre 'usted' para hablar con sus alumnos, por eso vuelvo a usarlo. También, si quieren, aquí podemos colgar chistes, fotos o comentarios de nuestros viajes, nuestras lecturas… lo que quieran. Miren, aquí tienen algo que encontré el otro día en Internet. ¿Verdad que es divertido? Además, creo que a veces lo que cuentan los chistes es verdad. Ya me dirán qué les parece.

Compártelo

Publicado en General | 29 Comentarios

Nuevo Avance Básico 177

17 Nos despedimos, pero seguiremos en contacto

5 Escribe.

Quieres ir a España o a otro país donde se habla español, pero ¡claro!, necesitas trabajar. Has visto un anuncio que te interesa y vas a mandar tu CV (Currículum Vítae). O como se dice en otros lugares del mundo hispano, Hoja de Vida. Rellena este modelo con tus datos.

DATOS PERSONALES

Nombre y Apellidos:
Dirección:
Localidad:
C.P.:
Teléfono:
Fecha y lugar de nacimiento:
Edad:

FORMACIÓN Y ESTUDIOS

Titulación:
Idiomas:
Conocimientos informáticos:
Cursos y seminarios:

EXPERIENCIA PROFESIONAL

Empresa:
Fecha:
Puesto/Actividad desarrollada:

Empresa:
Fecha:
Puesto/Actividad desarrollada:

Empresa:
Fecha:
Puesto/Actividad desarrollada:

DATOS COMPLEMENTARIOS

(Carnet de conducir, vehículo propio, disponibilidad geográfica)

Repaso

Unidades 14, 15, 16 y 17

1 Interactúa. Regreso del futuro.

1. Dividir la clase en equipos.
2. Cada equipo viajará al futuro y volverá para contar lo que ha visto. Hay que apuntarlo en el cuaderno.
3. Al volver, cada equipo explicará a la clase cómo será ese futuro que «ha visto».

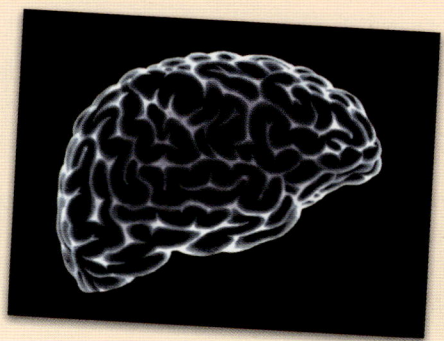

GRUPO A	GRUPO B
En el futuro que hemos visto los seres humanos tendrán dos cerebros.	

2 Escucha.

a Antes de escuchar lee este texto.

Detalle del cuadro «*La cosecha*» de Brueghel el Viejo.

Los españoles y la siesta

El 24% de los españoles duerme la siesta; el 56% lo hace únicamente de vez en cuando. Además, un 10% de los españoles afirma que no puede dormir la siesta porque no tiene tiempo o porque trabaja fuera de casa. Y es que nadie duda de que la siesta es buena para la salud y el rendimiento en el trabajo o en los estudios.

Repaso — Unidades 14, 15, 16 y 17

b La reportera de Onda Meridional ha salido a preguntar a varias personas si duermen la siesta.

Después de escuchar contesta si es verdadero o falso

		V	F
1	El primero no puede dormir la siesta en silencio.	V	F
2	Para el chico, la siesta es necesaria en épocas de muchas horas de estudio.	V	F
3	La señora duerme la siesta en el sofá los domingos.	V	F
4	La siesta no es una buena costumbre española.	V	F

c Y ahora expresa tu opinión sobre la siesta y compárala con las de tus compañeros/as.

3 Interactúa.

¿Aventurero/a o turista?

Si te dan a elegir ¿qué prefieres? Comenta con tus compañeros/as.

- Un viaje a Roma
- Un viaje organizado
- Un hotel de cinco estrellas
- Visitar monumentos
- Comer en buenos restaurantes
- Llevar una maleta con ruedas
- Saber lo que vas a visitar
- Hacer compras
- Tener billete de ida y vuelta
- Hacer fotos de todo

- Un viaje a Tanzania
- Un viaje por tu cuenta
- Una cabaña en el desierto
- Hacer un safari
- Comer con los habitantes de una tribu
- Llevar una mochila
- Lanzarte a la aventura
- No saber cuándo vas a volver
- Hacer cosas que no están preparadas
- Disfrutar del sol, de la luna, de la brisa

Las respuestas de la primera columna describen al turista; las de la segunda columna describen al aventurero.

Tanto si eres un/a aventurero/a como si eres un/a turista, lo importante es viajar por el mundo con libertad; descubrir sitios y personas nuevas, y disfrutar de todo el tiempo que dedicas a viajar.

Unidades 14, 15, 16 y 17 — # Repaso

4 Escucha.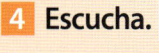

Vas a escuchar nueve diálogos de las diferentes situaciones que has estudiado en el nivel A2.

Escribe el número del diálogo debajo de la fotografía a la que corresponde.

5 Lee y contesta.

EL NIVEL A2

Has terminado el nivel A2. Creemos que, cuando hablamos sobre temas de interés personal (información personal y familiar, las compras, la casa, la ciudad el pueblo, el trabajo) puedes comprendernos. Y también sabemos que eres capaz de captar la idea principal de avisos y mensajes breves y claros.

Has aprendido a leer textos cortos sin demasiada dificultad. Y sabes encontrar información específica en anuncios publicitarios, prospectos, menús y horarios.
Además, comprendes los correos electrónicos y las cartas personales que no son excesivamente largas.

Sabemos que todavía tienes problemas para mantener la conversación por ti mismo. Pero eso es normal.

Pero ya sabes describir de forma sencilla a tu familia y a otras personas, tu modo de vida, los estudios que has hecho y los que piensas hacer, tu trabajo actual o el último que tuviste o el que quieres tener en el futuro. También sabes contar cosas que han ocurrido y ya puedes hablar sobre las etapas pasadas de tu vida.

Sabes escribir postales para hablar de tus viajes, de tu vida. Has aprendido a escribir correos electrónicos y a completar formularios con tus datos. Y puedes escribir notas y mensajes y cartas personales básicas.

Esto quiere decir que ya has aprendido mucho, pero también sabemos que vas a aprender mucho más. *¡Enhorabuena!*

* *Adaptación del «Cuadro 2. Niveles comunes de referencia: cuadro de autoevaluación A2».*

Nuevo Avance Básico

Repaso Unidades 14, 15, 16 y 17

Tacha el número correspondiente: 4 lo más difícil y 1 lo más fácil.

Entender cuando hablan	1	2	3	4
Hablar	1	2	3	4
Leer	1	2	3	4
Escribir	1	2	3	4
Aprender el vocabulario	1	2	3	4
Aprender la gramática	1	2	3	4
Los ejercicios de gramática	1	2	3	4
Los ejercicios de vocabulario	1	2	3	4
Las situaciones	1	2	3	4

6 Escribe.

El curso ha terminado. Escribe una carta a tu anterior profesor/a. Tienes que contar todo lo que has aprendido, cómo has trabajado en clase, qué relación has tenido con tus compañeros/as, qué costumbres te han llamado la atención, etc.

Querida profesora:

7 Marca la opción correcta.

1 Si quiere ahorrar dinero, _____ ahora y _____ después.
   a. compre / pague   **b.** compra / paga

2 Si queréis saber las notas, _____ la semana que viene.
   a. volved   **b.** vuelvan

3 Cuando estás de vacaciones _____ ejercicio y, sobre todo, _____ el teléfono móvil.
   a. haga / apague   **b.** haz / apaga

4 Señor Pérez, _____ la verdad, toda la verdad y nada más que la verdad.
   a. di   **b.** diga

5 Si le roban en la calle, _____.
   a. llame a la policía   **b.** compre un antivirus

6 Para _____ hay que estudiar mucho y tener un poco de suerte.
   a. aprobar   **b.** descansar

7 ● He perdido el avión _____ levantarme tarde.
   ▼ Es que _____ levantarse pronto hay que poner el despertador.
   a. por / para   **b.** para / para

8 ● Toma, este paquete es _____ (tú).
   ▼ ¿_____ (yo)?
   ● Sí, _____ tu cumpleaños.
   a. por mí / Por mí / para   **b.** para ti / Para mí / por

9 ● _____ invierno, nieva mucho _____ mi país.
   ▼ Aquí, en cambio hace mucho calor _____ esos meses.
   a. O / en / por   **b.** En / en / en

10 ● _____ empieza a hacer frío.
   ▼ Sí, pero _____ hace muy agradable.
   a. Por la noche / de día   **b.** Por la noche / por día

11 ● Estamos aquí _____ una hora y todavía no ha pasado ningún autobús.
   ▼ Claro, es que _____ ayer solo circulan cada dos horas.
   a. hace / desde   **b.** desde / desde

Nuevo Avance Básico

Unidades 14, 15, 16 y 17 — Repaso

12 Titicaca es un _____ que está en América del _____.
   a. río / Centro
   b. lago / Sur

13 • No veo a Luis _____ enero pasado.
   ▼ Yo tampoco. Es que _____ trabajo en México y se _____ en febrero.
   a. hace / ha encontrado / ha ido
   b. desde / encontró / fue

14 • ¿Sois amigos _____ mucho tiempo?
   ▼ Sí, _____ en el colegio y siempre hemos vivido muy cerca.
   a. hace / nos conocimos
   b. desde / nos encontramos

15 _____ que se mudó, no lo he vuelto a ver.
   a. Desde
   b. Cuando

16 Hasta el mes de julio hace bastante fresco _____ la noche.
   a. por
   b. de

17 _____ mí el comportamiento de Juan es muy extraño.
   a. En
   b. Para

18 _____ viene a vernos, siempre trae regalos.
   a. Cuando
   b. Hace que

19 Ayer llegué muy tarde, _____ no te llamé.
   a. porque
   b. por eso

20 María es un poco introvertida, _____ es cariñosa.
   a. pero
   b. así que

21 No voy al cine _____ me duele la cabeza.
   a. porque
   b. por eso

22 • Buenos días, ¿habla usted español?
   ▼ Sí, señora, ¿_____?
   a. en qué puedo ayudarla
   b. qué te pasa

23 • Tenéis *web cam* ¿no?
   ▼ Yo todavía no, pero _____ una al volver a casa.
   a. compraré
   b. he comprado

24 • Catalina ¿eres tú?
   ▼ ¿Willy? ¡_____! ¿Dónde estás? ¿Qué haces?
   a. Qué alegría
   b. Pues es claro

25 No puedo escribir la _____ con mi teclado.
   a. mensaje
   b. arroba

26 • ¿Quieres un poco más de tarta?
   ▼ _____, de verdad.
   a. No puedo más
   b. Bonito

27 • ¿Cuántas personas _____ en la fiesta?
   ▼ Más o menos 20.
   a. habrá
   b. habrán

28 Cuando un avión no va a salir puntual se dice:
   a. tiene retraso.
   b. está atrasado.

29 Cuando viajamos con un simple maletín o un bolso decimos que llevamos _____.
   a. mínimo equipaje
   b. equipaje de mano

30 • ¿_____ (tú) conmigo mañana a las rebajas?
   ▼ No sé si _____.
   a. Venerás / poderé
   b. Vendrás / podré

31 El domingo pasado _____ a una exposición y diez minutos más tarde _____. No me gustó nada.
   a. me iba / me salía
   b. fui / me marché

32 • Me duele _____.
   ▼ _____ demasiado.
   a. la espalda / Fumabas
   b. la garganta / Fumas

33 • ¿Qué sabes de Nuria?
   ▼ Que la semana pasada _____ un accidente de moto, pero no le _____ nada.
   a. tuvo / pasó
   b. tenía / pasaba

34 • Antes, ¿cómo _____ este parque?
   ▼ _____ mucho más tranquilo y _____ más limpio.
   a. fue / Estaba / era
   b. era / Era / estaba

35 ¿Qué necesitas si los zapatos nuevos te molestan?
   a. Unas tiritas.
   b. Unos tapones.

Nuevo Avance Básico

Modelo examen 18

1. Prueba de comprensión de lectura   Duración: 45 minutos

Tarea 1.

Lee este correo electrónico y contesta a las 5 preguntas:

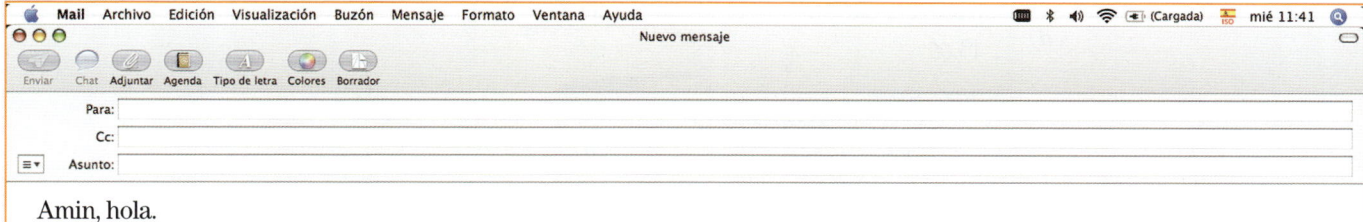

Amin, hola.
¿Estás ya en tu casa, en Alejandría?
Yo todavía estoy en España. He alquilado un coche con Megumi, Sanae y Robert. Mañana vamos a visitar Logroño, después iremos a Pamplona, Zaragoza y Barcelona. Allí devolveremos el coche y volaré a Praga dos días más tarde.

Creo que nunca podré olvidar este curso de español. Te he conocido a ti y a otras 12 personas estupendas. Hemos aprendido muchísimo durante este mes sobre la lengua y la cultura españolas, hemos salido, hemos comido juntos, hemos disfrutado de la playa, nos hemos reído... Recuerdo especialmente el día en que Robert habló en la clase delante de todos sobre la gastronomía de su país y trajo 10 platos diferentes y buenísimos. ¡Me encantaron! Y el día en que Sanae habló sobre la ropa tradicional japonesa y se vistió, se peinó y se maquilló como una auténtica japonesa de hace 100 años.

Quiero seguir en contacto contigo, con Marie, con Fãnia, con Daisuke, con Rolf porque hace solo siete días que terminó el curso y ya os echo de menos.

Si en Navidad tienes vacaciones y dinero para el viaje a Praga, puedes quedarte en mi casa. Ya sabes que vivo con otras dos chicas, pero tenemos un buen sofá en el salón y estoy segura de que mi ciudad te encantará.

Besos.
Hanna

Preguntas

1 Hanna
   a. No ha terminado el curso de español todavía.
   b. Sabe que Amin está ya en Alejandría.
   c. Está haciendo un viaje con sus amigos.
   d. Va de viaje con sus compañeros de piso.

2 Van a viajar
   a. Dos días.
   b. En un coche alquilado.
   c. De Barcelona a Praga.
   d. Por España y Portugal.

3 El curso de español
   a. Será inolvidable para Hanna.
   b. Termina dentro de una semana.
   c. Está formado por 12 personas.
   d. Ha durado tres meses.

4 Hanna
   a. Tiene recuerdos especiales de sus profesores.
   b. Comió un día en clase con sus compañeros y su profesora.
   c. Ha ido todos los días a la playa.
   d. Ha cenado durante un mes en restaurantes.

5 Hanna
   a. Pagará el billete de vuelo de Amin.
   b. Vive en Praga con Marie y con Fãnia.
   c. Solo trabaja en Navidad.
   d. Tiene un sofá libre en su casa.

1	2	3	4	5

Nuevo Avance Básico

Examen DELE

Tarea 2.

Relaciona lo que pone en las notas con la frase correspondiente.
Hay tres actividades que no debes seleccionar.

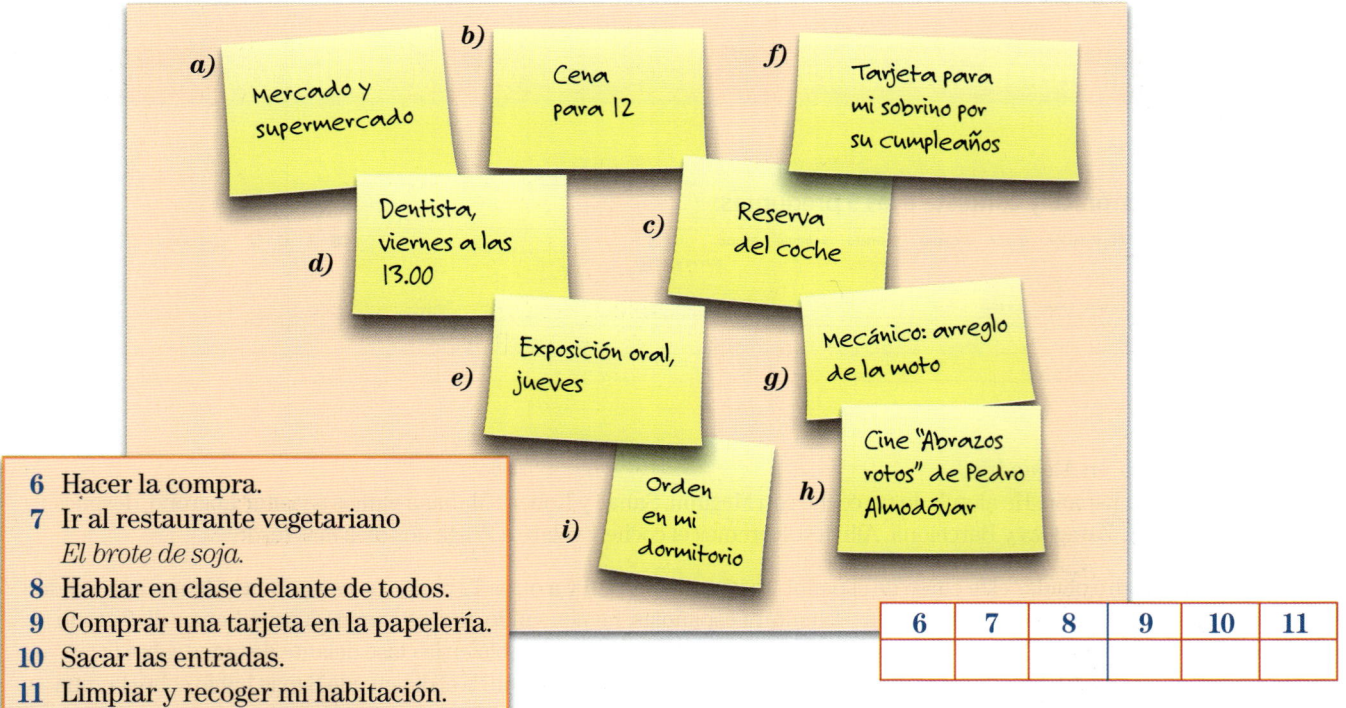

a) Mercado y supermercado
b) Cena para 12
c) Reserva del coche
d) Dentista, viernes a las 13.00
e) Exposición oral, jueves
f) Tarjeta para mi sobrino por su cumpleaños
g) Mecánico: arreglo de la moto
h) Cine "Abrazos rotos" de Pedro Almodóvar
i) Orden en mi dormitorio

6 Hacer la compra.
7 Ir al restaurante vegetariano *El brote de soja.*
8 Hablar en clase delante de todos.
9 Comprar una tarjeta en la papelería.
10 Sacar las entradas.
11 Limpiar y recoger mi habitación.

6	7	8	9	10	11

Tarea 3.

Lee los textos sobre lugares públicos, deportes y espectáculos. Relaciona los textos de cada uno de ellos con el número correspondiente de las personas que hablan. Hay tres textos que no debes seleccionar.

A

Café limón. Música en directo.
El nuevo Café Limón presenta jóvenes músicos. Sesiones de funky, pop, rithm&blues.

Atletismo.
Media Maratón de Madrid.
Gran Premio Villa de Madrid.

D

B

La bella durmiente del bosque.
Un clásico. David Campos presenta una versión actual del gran ballet clásico de Petipa y Tchaikovski.

Cine: Monstruos contra alienígenas.
DreamWorks Animation se pasa definitivamente al tres D.

E

C

Bollywoodland.
Un colorido musical.
Este espectáculo dirigido por Martín Arnaud se inspira en el cine Bollywood de la India.

Madre África.
Circo contemporáneo.
Espectáculo de circo de la cultura africana y sus tradiciones.

F

Nuevo Avance Básico

G *Recital poético.* Lectura de poemas inéditos de la escritora Ester Domínguez García.

I *Parque Warner* empieza su octavo año con la nueva atracción del oso Yogui.

H *Restaurante «La galerna».* Especialidad en pescados frescos. Servimos las mejores ensaladas del puerto. Abierto de 13:00 a 15:00 horas y de 20:00 a 23:00.

12 Queremos correr muchos kilómetros.

13 Nos apetece ver ballet clásico.

14 Llevamos a nuestros hijos a conocer a sus personajes favoritos.

15 Queremos mucha música, muchos colores y mucho espectáculo.

16 Vamos a ver un espectáculo con artistas de otro continente para mayores y niños.

17 Nos encanta leer y escribir.

12	13	14	15	16	17

Tarea 4.

Observa la oferta de casas. Completa las oraciones que aparecen a continuación con la información del texto.

Casas de madera Los Cerros, Albacete
El Alojamiento Rural «Los Cerros» está compuesto por 4 casas de madera, situadas en el corazón del Parque Natural de los Calares del Mundo y de la Sima. Plañel está rodeado de ricos campos de árboles frutales y todo ello dentro de un valle lleno de pinos y de hermosas flores y olores increíbles.

Casas de madera Las Piedras, La Utrera
Diez casas de montaña, con salón comedor, calefacción, chimenea, cuarto de baño, cocina equipada y dos habitaciones construidas en madera y piedra. Una casa de madera con 4 habitaciones, baño completo en cada habitación. Barbacoa y piscina. Admite mascotas y pago con tarjeta. Deportes: esquí, pesca, rafting, senderismo.

Casas de madera Los Caballos, Guadalajara
Todos nuestros alojamientos están completamente equipados, disponemos de todas las comodidades: salón comedor, aire acondicionado, calefacción, TV, cocina completa, baño completo con ducha, mínimo dos personas, máximo 12. Usted se sentirá como en su casa. Cuando llegamos a Ossa de Montiel, tomamos la carretera que lleva a San Pedro, y, pasados dos kilómetros llegamos a las Casas de madera Los Caballos.

Casas de madera Los Sauces, están situadas en el centro del Parque Natural de Cazorla, Segura y las Villas, dentro de la aldea de Arroyo Frío. En esta sierra, podrán contemplar gran variedad de animales y árboles. Aquí lo organizamos todo para realizar diferentes actividades: excursiones a pie, en 4x4, en mountain bike o a caballo.

Casas de madera Las Encinas, Albacete
Las Lagunas de Ruidera son un conjunto natural de 15 lagunas con un recorrido de unos 30 kilómetros. El agua forma ríos y cascadas. Hay una gran variedad de flores, árboles y plantas y, sobre todo, aves acuáticas. El lugar ideal para los amantes de la naturaleza. Catorce casas perfectamente equipadas. Capacidad para 4-10 personas.

- Plañel está en un _____ (18) lleno de árboles y flores.

- Las casas de madera _____ (19) están a dos kilómetros de San Pedro, cerca de Ossa de Montiel.

- Las casas de madera "Las Encinas" están muy cerca de _____ (20) que forman ríos y cascadas.

- En las casas de "Las Encinas" caben hasta _____ (21) personas.

- En las casa de madera "Las Piedras", las casas tienen como mínimo 2 _____ (22). Los cuartos están hechos de _____ (23) y de madera.

- La casas de "Los Sauces" están situadas en una _____ (24). Organizan excursiones a pie, a caballo o en _____ (25).

Examen DELE

2. Prueba de comprensión auditiva
Duración: 20 minutos

Esta prueba contiene 4 tareas. Tienes que contestar a 25 preguntas.

Tarea 1.

A continuación escucharás 5 diálogos breves entre dos personas.
Oirás cada diálogo dos veces. Después, marca la opción correcta (a, b, c, d).

Diálogo 1.

a)    b)    c)    d)

Diálogo 2.

a)    b)    c) 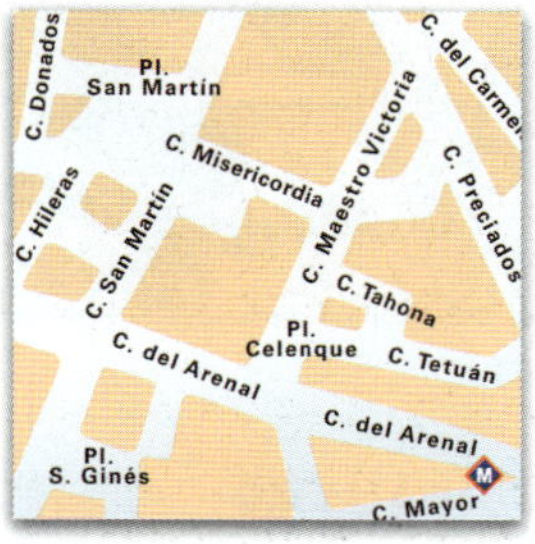   d)

Diálogo 3.

a)    b)    c)    d)

Diálogo 4.

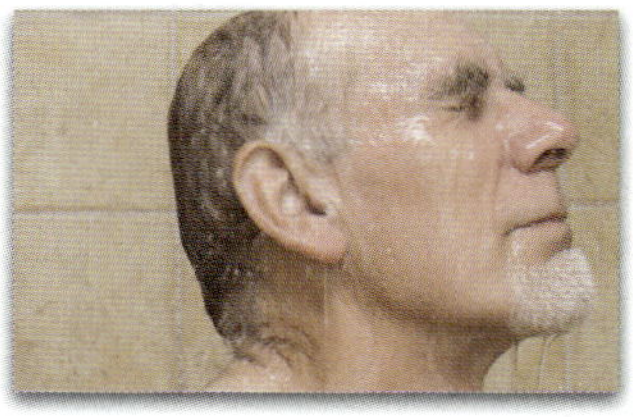

a)    b)    c)    d)

Diálogo 5.

a)    b)    c)    d)

Nuevo Avance Básico

Examen DELE

Tarea 2. 🔊⁹⁷

A continuación escucharás 5 textos muy breves. Los oirás dos veces seguidas. Relaciona los textos con las imágenes. Marca la opción correcta. Hay tres imágenes que no debes seleccionar.

(6) Texto 1:	
(7) Texto 2:	
(8) Texto 3:	
(9) Texto 4:	
(10) Texto 5:	

a)

b)

c)

d)

e)

f)

g)

h)

Tarea 3. 🔊⁹⁸

Vas a escuchar a Belinda describir la casa de sus abuelos. Cada audición se repite dos veces. Relaciona cada número con una letra.
Hay tres letras que no se pueden seleccionar.

11. La casa
12. El jardín
13. En la planta baja
14. El salón
15. En el salón
16. En la parte de arriba
17. El dormitorio de Belinda
18. La chimenea

a) está cerca del mar.
b) es pequeño.
c) se reúne la familia.
d) es de madera.
e) está en un pueblo de montaña.
f) hay un gran despacho.
g) hay una cocina grande.
h) está al lado de la cocina.
i) hay cinco dormitorios.
j) está en el salón.
k) tiene una terraza.

Tarea 4. 🔊⁹⁹

Francisco se ha encontrado en el gimnasio con Héctor, un amigo y le pregunta por qué no contestó ayer al teléfono. Héctor le cuenta.
Completa el texto con la información que falta. La audición se escucha 3 veces.

19. Francisco parece muy _____ de ver a su amigo Héctor.

20. Francisco llamó por teléfono a Héctor para ir juntos _____ _____.

21. Héctor fue a _____ a casa de Roberto.

22. Roberto llamó a todos los compañeros y compañeras de la Facultad sin _____ nada.

23. En casa de Roberto se reunieron _____ personas.

24. Después de esa comida, el grupo piensa reunirse una vez _____ _____.

25. Héctor necesita mover el cuerpo porque el día anterior comió y bebió _____.

Examen DELE

3. Prueba de expresión y de interacción escritas *Duración: 25 minutos*

La prueba de expresión e interacción escritas contiene 2 tareas.

Tarea 1.

Quieres hacer un curso. Tienes esta información.
Rellena el papel de inscripción.

Cursos: El saber no ocupa lugar

Marque un solo curso, por favor: ❏ Literatura   ❏ Cine   ❏ Arte   ❏ Dibujo   ❏ Cocina

¿Cómo se ha enterado de estos cursos?
_____
_____

Complete con sus datos: *Las partes marcadas con * son obligatorias.*
*NOMBRE: _____
*DNI o PASAPORTE: _____
*DIRECCIÓN: _____
*POBLACIÓN: _____ *TELÉFONO: _____
*CORREO ELECTRÓNICO: _____
FECHA DE NACIMIENTO: _____ SEXO: M___ F___
*ESTUDIOS:
❏ EDUCACIÓN SECUNDARIA   ❏ FORMACIÓN PROFESIONAL   ❏ BACHILLERATO
❏ DIPLOMATURA   ❏ MÁSTER   ❏ DOCTORADO

PROFESIÓN ACTUAL: _____

¿Cómo es usted? (Por favor, hable de sus gustos)
_____
_____

¿Por qué quiere hacer este curso?
_____
_____

¿Qué horario prefiere? ¿Mañanas o tardes? Explique sus razones.
_____
_____

Marque la forma de pago:
1. ❏ **Pago Online - Tarjeta de crédito**
Con nuestro Pago Online usted efectuará el pago ahora mismo protegido por los más exigentes estándares de seguridad. En tres minutos estará usted inscrito sin tener que preocuparse de nada más.

2. ❏ **Transferencia o ingreso bancario:**
Titular: Editorial Unificada S.L.   BBC182/3909/39/01000000009
Imprescindible incluir referencia: Editorial Unificada Nombre del curso y remitir una copia de la orden de transferencia al FAX: 98 00 01 43 82

Añada alguna observación:
_____
_____

Nuevo Avance Básico

Examen DELE

Tarea 2.

Tienes dinero ahorrado y quieres viajar por España antes de volver a tu país. Quieres viajar con dos o tres personas españolas.

Escribe un anuncio en Internet en «VIAJE POR ESPAÑA CON GENTE ESPAÑOLA» y explica:
– Quién eres.
– Qué tipo de personas buscas para el viaje.
– Las fechas aproximadas del viaje.
– Y, si quieres, añade algo más.
  (Entre 25 y 30 palabras).

4. Prueba de expresión e interacción orales   *Duración: 10 minutos*

Tarea 1.

Presentación personal del estudiante

Debes presentarte durante un minuto o dos.

Puedes hablar sobre:
Tu identidad.
Tu nacionalidad.
Tus estudios o tu trabajo.
Los idiomas que hablas.

Tarea 2.

Exposición de un tema

Duración: dos o tres minutos.

Elige uno de estos temas.
Tus aficiones.
Tu familia.
Un día normal en tu vida.
Tu trabajo o tus estudios.
Recuerdos de tu infancia.
Contar una anécdota.
Contar un día especial del pasado.

Tarea 3.

Conversación con tu profesor/a sobre tu presentación y tu tema.
Tres minutos aproximadamente.

Tarea 4.

Por favor, mira las láminas y contesta o pregunta.

Lámina 1

Pregunta: Por favor, ¿para ir al Museo Guggenheim?
Respuesta: _____

Lámina 2

Pregunta: ¿Qué quieres hacer este fin de semana?
Respuesta: _____

Lámina 3

```
WWW.REPARARCONSOLAS.ES
SERVICIO TÉCNICO DE VIDEOCONSOLAS
HORARIO DE ATENCIÓN AL PÚBLICO
DE LUNES A VIERNES:
10:00 a 14:00 / 17:00 a 20:00
y sabados de:
10:30 A 13:30
TEL: 91 243 03 49 - 635 72 64 76
Calle Zaratán nº13
Metro Simancas (Salida c/Zaratán)
Madrid
```

Pregunta: ¿_____?
Respuesta: De lunes a viernes de 10:00 a 14:00 y de 17:00 a 20:00. Los sábados de 10:30 a 13:30.

Lámina 4

Pregunta: ¿_____?
Respuesta: «Mentiras y gordas».

Apéndice gramatical

El artículo.

Determinado	Indeterminado	Contracción del artículo
EL LA LOS LAS	UN UNA UNOS UNAS	A + EL = AL DE + EL = DEL

Masculino y femenino. Singular y plural.

Masculino	Femenino
-o italian**o**	-a italian**a**
-**consonante** españo**l**	+a español**a**
-e canadiens**e**	
-a turist**a**	
-í iran**í**	

Singular	Plural
-vocal inteligent**e**	+s inteligente**s**
-**consonante** relo**j**	+es reloj**es**
-í iran**í**	+es iran**íes**
-z lápi**z**	-ces lápi**ces**
-s lun**es**	

Sustantivos masculinos y femeninos irregulares.

Los sustantivos que terminan en **-o** son masculinos.
Excepción: *la mano, la modelo, la soprano.*

Los sustantivos que terminan en **-or** son masculinos.
Excepción: *la flor.*

Los sustantivos que terminan en **-a** son femeninos.
Excepciones: *el mapa, el pijama, el sofá, el día, el clima, el idioma, el problema, el tema, el programa,* etc.

Los sustantivos que terminan en **-zón** son femeninos.
Excepción: *el corazón.*

Demostrativos.

Este	Ese	Aquel
Esta	Esa	Aquella
Estos	Esos	Aquellos
Estas	Esas	Aquellas

Adverbios relacionados.

AQUÍ	AHÍ	ALLÍ

Nuevo Avance Básico

Apéndice gramatical

Posesivos.

Masculino singular	Femenino singular	Masculino plural	Femenino plural
mi	mi	mis	mis
tu	tu	tus	tus
su	su	sus	sus
nuestro	nuestra	nuestros	nuestras
vuestro	vuestra	vuestros	vuestras
su	su	sus	sus

Mucho y Muy.

Mucho/a/os/as + sustantivo
Verbo + **mucho**
Muy + adjetivo
Muy + adverbio

Indefinidos.

algún / alguna	ningún / ninguna	mucho/a	
algunos/as	todos/as	muchos/as	
todo/a	nadie	poco/a	**Algo de** + nombre incontable
alguien	nada	pocos/as	**Nada de** + nombre incontable
algo			

Poco y *mucho* son adverbios de cantidad.

Interrogativos.

a. Para identificar: ¿QUIÉN?
- ¿**Quién** es la directora de la escuela?
- ▼ Es Marta García.

Para expresar la posesión: ¿DE QUIÉN?
- ¿**De quién** son las llaves?
- ▼ Son del portero.

b. Para hacer preguntas generales: ¿QUÉ?
- ¿**Qué** desayunas normalmente?
- ▼ Desayuno café con leche y un bocadillo.

Para preguntar sobre el color: ¿DE QUÉ?
- ¿**De qué** color son las gafas de Pilar?
- ▼ Son azules.

Para preguntar sobre la hora de las acciones: ¿A QUÉ HORA?
- ¿**A qué hora** cenan?
- ▼ Cenamos a las 21:00 (las nueve).

Para preguntar sobre la profesión: ¿QUÉ?
- ¿**Qué** eres?
- ▼ Soy dentista.

d. Para preguntar sobre el lugar: ¿DÓNDE?
- ¿**Dónde** cenas?
- ▼ Normalmente ceno en casa.

Para preguntar sobre la nacionalidad y el origen: ¿DE DÓNDE?
- ¿**De dónde** eres?
- ▼ Soy de Cuenca.

c. Para describir: ¿CÓMO?
- ¿**Cómo** es Carlos?
- ▼ Es joven, moreno y simpático.

Para preguntar sobre el modo:
- ¿**Cómo** viajas?
- ▼ Viajo en tren.

e. Para preguntar sobre el tiempo: ¿CUÁNDO?
- ¿**Cuándo** terminan las clases?
- ▼ Terminan a las 14:00 (dos).

f. Para seleccionar: ¿CUÁL?
- ¿**Cuál** es tu día favorito?
- ▼ El viernes.
- ¿**Cuál** es la capital de Hungría?
- ▼ Budapest.

Nuevo Avance Básico

Preposiciones.

Usos de A:
- marcar las horas a las que se hacen las acciones:
  - ● *Como **a** la una (13:00).*
  - ▼ *Pues yo como **a** las tres (15:00).*
- indicar la dirección:
  - *Voy **al** cine casi todos los sábados.*
- acompañar verbos que indican movimiento y expresan la dirección:
  - *Hoy he venido **a** clase en autobús.*
  - *He salido **a** la terraza para ver el mar.*

Usos de EN:
- años, estaciones, meses:
  - *Estamos **en** primavera.*
  - *Héctor ha nacido **en** febrero.*
- los medios de transporte:
  - *Prefiero viajar **en** tren.*
  - *Ir **en** metro es muy rápido.*

Usos de DE:
- indicar procedencia (movimiento):
  - *Salgo **de** casa muy temprano.*
  - *Venimos **del** cine.*
- indicar periodo de tiempo, unida a la preposición **a**:
  - *Trabajo **de** ocho a tres.*
- señalar el material de un objeto:
  - *El libro es **de** papel, la mesa **de** madera y aquel juguete es **de** plástico.*
- en las fechas, delante del mes y del año:
  - *Javier Bardem consiguió el Oscar el 24 de febrero **de** 2008.*

Usos de POR:
- indicar movimiento a lo largo de un espacio:
  - *He viajado **por** todo el país.*
  - *Ha ido a pasear **por** la playa.*
- preguntar la causa de algo:
  - ● *¿**Por** qué te gusta estudiar español?*
  - ▼ *Porque es la segunda lengua de uso internacional.*
- señalar periodos de tiempo:
  - *No me gusta trabajar **por** la tarde/ **por** la noche...*

Usos de PARA:
- expresar finalidad o la utilidad de algo:
  - *Estudiamos **para** aprender.*
- expresar el destinatario:
  - *Estos regalos son **para** mis amigas.*
- expresar opinión:
  - ***Para** mí (en mi opinión), esta ciudad es demasiado ruidosa.*

Usos de CON:
- señalar compañía:
  - *Estoy **con** mis amigos en la playa.*
- indicar el acompañamiento (en sentido figurado):
  - *Hoy he comido huevos fritos **con** chorizo.*
  - *Me gusta mucho el vino **con** gaseosa.*

Usos de SIN:
La preposición SIN expresa lo contrario de CON.
- Sin compañía:
  - *Fui al cine solo, **sin** mis amigos.*
- Sin acompañamiento:
  - *Yo prefiero el vino **sin** gaseosa y los huevos solos, **sin** chorizo.*

Usos de DESDE:
- indicar el principio de un recorrido espacial y temporal:
  - ***Desde** Madrid hasta Bruselas hay 1315 km.*
  - *Vivo en Bruselas **desde** 2002.*

Usos de HASTA:
- indicar el final de un recorrido espacial y temporal:
  - *Desde Madrid **hasta** Bruselas hay 1315 km.*
  - ***Hasta** la semana que viene no sabremos los resultados del examen.*

Adverbios.

pronto / temprano	siempre	después
bastante	tarde	nunca
poco	deprisa	antes
nada	despacio	ahora

Locuciones adverbiales.

encima de	a la derecha de
al lado de	a la izquierda de
junto a	al fondo de
detrás de	debajo de
delante de	

Apéndice gramatical

Apócope del adjetivo.

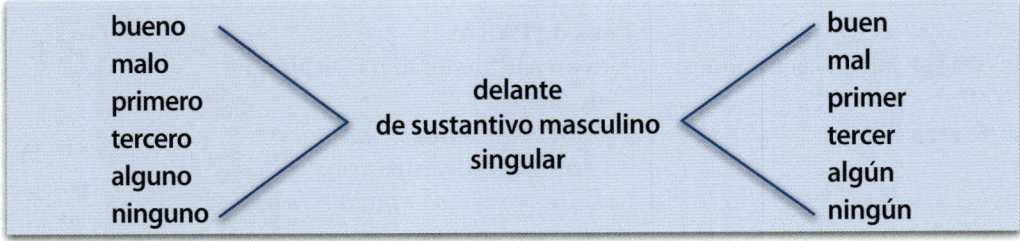

bueno, malo, primero, tercero, alguno, ninguno → delante de sustantivo masculino singular → buen, mal, primer, tercer, algún, ningún

La comparación.

Más	+ sustantivo + adjetivo + adverbio	+ que	*Juan tiene **más** pelo **que** Alfonso.* *Marta es **más** fuerte **que** Gloria.* *Nosotros vivimos **más** lejos **que** ustedes.*
Verbo	+ **más que**		*Yo desayuno **más que** los alumnos.*
Menos	+ sustantivo + adjetivo + adverbio	+ que	*Alfonso tiene **menos** pelo **que** Juan.* *Gloria es **menos** fuerte **que** Marta.* *Ustedes viven **menos** lejos **que** nosotros.*
Verbo	+ **menos que**		*Los estudiantes desayunan **menos que** yo.*
Tan +	adjetivo adverbio	+ como	*Es **tan** moreno **como** su hermana.* *Vive **tan** lejos **como** yo.*
Tanto/a/os/as + sustantivo + **como**			*Tienen **tantos** problemas **como** nosotros.*
Verbo + **tanto como**			*Duermo **tanto como** tú.*

Otros comparativos

Más bueno = **MEJOR** Más grande, de más edad = **MAYOR**
Más malo = **PEOR**   Más pequeño, de menos edad = **MENOR**

Pronombres personales sujeto.

SINGULAR	1.ª persona	yo	**Informal**	
	2.ª persona	tú	tú	
	3.ª persona	él / ella / usted	vosotros/as	
PLURAL	1.ª persona	nosotros / nosotras	**Formal**	
	2.ª persona	vosotros / vosotras	usted	
	3.ª persona	ellos / ellas / ustedes	ustedes	

Objeto directo	Objeto indirecto	Reflexivo
me	me	me
te	te	te
lo / la	le	se
nos	nos	nos
os	os	os
los / las	les	se

Presente irregular de...

	SER	ESTAR	IR
yo	soy	estoy	voy
tú	eres	estás	vas
él / ella /usted	es	está	va
nosotros/as	somos	estamos	vamos
vosotros/as	sois	estáis	vais
ellos / ellas / ustedes	son	están	van

Nuevo Avance Básico

Apéndice gramatical

Presentes regulares.

	ESTUDI-AR	COM-ER	VIV-IR
yo	estudio	como	vivo
tú	estudias	comes	vives
él / ella / usted	estudia	come	vive
nosotros / nosotras	estudiamos	comemos	vivimos
vosotros / vosotras	estudiáis	coméis	vivís
ellos / ellas / ustedes	estudian	comen	viven

a Verbos con cambio O > UE

	RECORD-AR	VOLV-ER	DORM-IR
yo	recuerdo	vuelvo	duermo
tú	recuerdas	vuelves	duermes
él / ella / usted	recuerda	vuelve	duerme
nosotros / nosotras	recordamos	volvemos	dormimos
vosotros / vosotras	recordáis	volvéis	dormís
ellos / ellas / ustedes	recuerdan	vuelven	duermen

b Verbos con cambio E > IE

	EMPEZ-AR	QUER-ER	PREFER-IR
yo	empiezo	quiero	prefiero
tú	empiezas	quieres	prefieres
él / ella / usted	empieza	quiere	prefiere
nosotros / nosotras	empezamos	queremos	preferimos
vosotros / vosotras	empezáis	queréis	preferís
ellos / ellas / ustedes	empiezan	quieren	prefieren

c Verbos con cambio UI > UY

	CONSTRU-IR
yo	contruyo
tú	construyes
usted	construye
nosotros / nosotras	construimos
vosotros / vosotras	construís
ellos / ellas / ustedes	construyen

d Verbos con cambio E > I

	PED-IR
yo	pido
tú	pides
él / ella / usted	pide
nosotros / nosotras	pedimos
vosotros / vosotras	pedís
ellos / ellas / ustedes	piden

e Verbo con cambio U > UE

	JUG-AR
yo	juego
tú	juegas
él / ella / usted	juega
nosotros / nosotras	jugamos
vosotros / vosotras	jugáis
ellos / ellas / ustedes	juegan

f Verbos con cambio en primera persona.

	HAC-ER	SAL-IR	PON-ER	TRA-ER	DA-R	CONOC-ER	SAB-ER
yo	hago	salgo	pongo	traigo	doy	conozco	sé
tú	haces	sales	pones	traes	das	conoces	sabes
él / ella / usted	hace	sale	pone	trae	da	conoce	sabe
nosotros / nosotras	hacemos	salimos	ponemos	traemos	damos	conocemos	sabemos
vosotros / vosotras	hacéis	salís	ponéis	traéis	dais	conocéis	sabéis
ellos / ellas / ustedes	hacen	salen	ponen	traen	dan	conocen	saben

Nuevo Avance Básico

Apéndice gramatical

g Verbos con dos irregularidades.

	TEN-ER	VEN-IR	OÍR	DEC-IR
yo	ten**go**	ven**go**	oi**go**	di**go**
tú	t**ie**nes	v**ie**nes	o**y**es	d**i**ces
él / ella / usted	t**ie**ne	v**ie**ne	o**y**e	d**i**ce
nosotros / nosotras	tenemos	venimos	oímos	decimos
vosotros / vosotras	tenéis	venís	oís	decís
ellos / ellas / ustedes	t**ie**nen	v**ie**nen	o**y**en	d**i**cen

Pronombre de o. indirecto + presente del verbo *gustar*.

Me		
Te		
Le		+ una cosa
Nos	+ *gusta*	+ infinitivo
Os		+ una persona
Les		
Me		
Te		
Le		+ varias cosas
Nos	+ *gustan*	
Os		+ varias personas
Les		

Colocación de los pronombres.

Los pronombres se colocan:

1. Delante del verbo conjugado.
2. Detrás del infinitivo o del gerundio.
3. Detrás del imperativo afirmativo.

Verbos reflexivos.

	LAVARSE	
yo	me	lav**o**
tú	te	lav**as**
él / ella / usted	se	lav**a**
nosotros / nosotras	nos	lav**amos**
vosotros / vosotras	os	lav**áis**
ellos / ellas / ustedes	se	lav**an**

Pretérito perfecto.

yo	he				
tú	has		-ar	-ado	compr**ado**
él / ella / usted	ha	+ PARTICIPIO:	-er	-ido	com**ido**
nosotros / nosotras	hemos				
vosotros / vosotras	habéis		-ir	-ido	viv**ido**
ellos / ellas / ustedes	han				

Participios irregulares.

Hacer	**hecho**	Decir	**dicho**
Poner	**puesto**	Volver	**vuelto**
Escribir	**escrito**	Ver	**visto**
Abrir	**abierto**	Descubrir	**descubierto**
Romper	**roto**	Poner	**puesto**
Morir	**muerto**		

Apéndice gramatical

Pretérito imperfecto.

a Formas regulares.

	ESTUDI-AR	COM-ER	VIV-IR
yo	estudi-**aba**	com-**ía**	viv-**ía**
tú	estudi-**abas**	com-**ías**	viv-**ías**
él / ella / usted	estudi-**aba**	com-**ía**	viv-**ía**
nosotros / nosotras	estudi-**ábamos**	com-**íamos**	viv-**íamos**
vosotros / vosotras	estudi-**abais**	com-**íais**	viv-**íais**
ellos / ellas / ustedes	estudi-**aban**	com-**ían**	viv-**ían**

b Formas irregulares.

	IR	SER	VER
yo	iba	era	veía
tú	ibas	eras	veías
él / ella / usted	iba	era	veía
nosotros / nosotras	íbamos	éramos	veíamos
vosotros / vosotras	ibais	erais	veíais
ellos / ellas / ustedes	iban	eran	veían

Pretérito indefinido.

a Formas regulares.

	ESTUDI-AR	COM-ER	VIV-IR
yo	estudi-**é**	com-**í**	viv-**í**
tú	estudi-**aste**	com-**iste**	viv-**iste**
él / ella / usted	estudi-**ó**	com-**ió**	viv-**ió**
nosotros / nosotras	estudi-**amos**	com-**imos**	viv-**imos**
vosotros / vosotras	estudi-**asteis**	com-**isteis**	viv-**isteis**
ellos / ellas / ustedes	estudi-**aron**	com-**ieron**	viv-**ieron**

b Formas irregulares.

	DAR	SER e IR	DORMIR	MORIR
yo	di	fui	dormí	morí
tú	diste	fuiste	dormiste	moriste
él / ella / usted	dio	fue	durmió	murió
nosotros / nosotras	dimos	fuimos	dormimos	morimos
vosotros / vosotras	disteis	fuisteis	dormisteis	moristeis
ellos / ellas / ustedes	dieron	fueron	durmieron	murieron

	ESTAR	ANDAR	TENER	TRAER
yo	estuve	anduve	tuve	traje
tú	estuviste	anduviste	tuviste	trajiste
él / ella / usted	estuvo	anduvo	tuvo	trajo
nosotros / nosotras	estuvimos	anduvimos	tuvimos	trajimos
vosotros / vosotras	estuvisteis	anduvisteis	tuvisteis	trajisteis
ellos / ellas / ustedes	estuvieron	anduvieron	tuvieron	trajeron

Se conjugan igual: *conducir, traducir.*

Nuevo Avance Básico

Apéndice gramatical

	DECIR	QUERER	PONER	SABER
yo	dije	quise	puse	supe
tú	dijiste	quisiste	pusiste	supiste
él / ella / usted	dijo	quiso	puso	supo
nosotros / nosotras	dijimos	quisimos	pusimos	supimos
vosotros / vosotras	dijisteis	quisisteis	pusisteis	supisteis
ellos / ellas / ustedes	dijeron	quisieron	pusieron	supieron

	PEDIR		LEER	
yo	pedí		leí	
tú	pediste	**OTROS VERBOS:**	leíste	**OTROS VERBOS:**
él / ella / usted	pidió	*servir, seguir, conseguir,*	leyó	*oír, creer, leer, construir,*
nosotros / nosotras	pedimos	*reírse, sonreír, vestirse,*	leímos	*destruir, caer(se).*
vosotros / vosotras	pedisteis	*divertirse, repetir.*	leísteis	
ellos / ellas / ustedes	pidieron		leyeron	

Futuro.

a Formas regulares.

	HABL-AR	COM-ER	SUB-IR
yo	hablar-**é**	comer-**é**	subir-**é**
tú	hablar-**ás**	comer-**ás**	subir-**ás**
él / ella / usted	hablar-**á**	comer-**á**	subir-**á**
nosotros / nosotras	hablar-**emos**	comer-**emos**	subir-**emos**
vosotros / vosotras	hablar-**éis**	comer-**éis**	subir-**éis**
ellos / ellas / ustedes	hablar-**án**	comer-**án**	subir-**án**

b Formas irregulares.

	QUERER	HACER	PONER
yo	querré	haré	pondré
tú	querrás	harás	pondrás
él / ella / usted	querrá	hará	pondrá
nosotros / nosotras	querremos	haremos	pondremos
vosotros / vosotras	querréis	haréis	pondréis
ellos / ellas / ustedes	querrán	harán	pondrán

Se conjugan igual: *saber, caber, poder y haber.*
Se conjuga igual: *decir.*
Se conjugan igual: *tener, valer, salir y venir.*

Imperativo.

a Formas regulares.

	HABL-AR	COM-ER	SUB-IR
tú	habl-**a**	com-**e**	viv-**e**
usted	habl-**e**	com-**a**	viv-**a**
vosotros / vosotras	habl-**ad**	com-**ed**	viv-**id**
ustedes	habl-**en**	com-**an**	viv-**an**

Apéndice gramatical

b Formas irregulares.

	DECIR	HACER	IR	PONER	SALIR	SER	TENER	VENIR
tú	di	haz	ve	pon	sal	sé	ten	ven
usted	diga	haga	vaya	ponga	salga	sea	tenga	venga
vosotros / vosotras	decid	haced	id	poned	salid	sed	tened	venid
ustedes	digan	hagan	vayan	pongan	salgan	sean	tengan	vengan

Perífrasis.

1. Para expresar futuro (ir + a + infinitivo)

yo	voy	
tú	vas	
él / ella / usted	va	+ **a** + infinitivo
nosotros / nosotras	vamos	
vosotros / vosotras	vais	
ellos / ellas / ustedes	van	

2. Para expresar obligación (tener que + infinitivo)

yo	tengo	
tú	tienes	
él / ella / usted	tiene	+ **que** + infinitivo
nosotros / nosotras	tenemos	
vosotros / vosotras	tenéis	
ellos / ellas / ustedes	tienen	

3. Otras perífrasis.

- **Hay que + infinitivo** para expresar obligación o necesidad, de forma impersonal o general.
- **Empezar a + infinitivo** para referirse al principio de una acción.
  Dejar de + infinitivo para referirse al hecho de interrumpir una acción.
- **Estar + gerundio** para indicar que la acción coincide con el momento en que hablamos. Esa idea se refuerza usando *ahora, en este momento*. También señala un progreso que llega hasta ahora. Esa idea se refuerza usando *últimamente, poco a poco*.

Gerundios regular.

yo	estoy		**Gerundio**
tú	estás		hablar > **hablando**
él / ella / usted	está	+ GERUNDIO	
nosotros / nosotras	estamos		comer > **comiendo**
vosotros / vosotras	estáis		
ellos / ellas / ustedes	están		escribir > **escribiendo**

Gerundios irregulares.

E > I
- decir ➔ diciendo
- elegir ➔ eligiendo
- pedir ➔ pidiendo
- reír ➔ riendo
- repetir ➔ repitiendo
- seguir v siguiendo
- sentir ➔ sintiendo
- sonreír ➔ sonriendo
- venir ➔ viniendo

O > U
- dormir ➔ durmiendo
- morir ➔ muriendo

-Y-
- caer ➔ cayendo
- construir ➔ construyendo   leer ➔ leyendo
- oír ➔ oyendo
- sustituir ➔ sustituyendo

Apéndice gramatical

Ser y Estar.

Usamos el verbo *Ser* para:	Usamos el verbo *Estar* para:

• Identificarnos.
    • Origen
    • Nacionalidad.
    • Profesión.
    • Color.
    • Material.
    • Posesión, relación.
    • Descripción física y de carácter.
    • La fecha.
    • La hora.
	• Localizar.
	• Hablar del resultado de la acción.
	• Expresar:
	    • Color.
	    • Una actividad transitoria.
	    • Material.
	    • La fecha.

Oraciones condicionales con *Si*.

Si + presente de indicativo, + presente de indicativo / + *ir a* + infinitivo / + imperativo.

- *Si no* entendéis alguna palabra, *podéis* usar el diccionario.
- *Si* el examen es muy difícil, no *va a aprobar* nadie.
- *Si quiere* estar en forma, *haga* ejercicio todos los días.

Conjunciones.

Porque	Sirve para expresar la causa. Recuerda que para preguntar debes usar **¿Por qué...?**
Y	Sirve para unir palabras y oraciones. Se convierte en **e** cuando la palabra siguiente empieza por **i-** o **hi-**.
Ni	Tiene la misma función que **y**, pero se usa cuando une elementos negativos.
Pero	Sirve para restringir lo expresado anteriormente.
Por eso y así que	Sirven para expresar la consecuencia de un hecho anterior.
Cuando	Sirve para unir dos oraciones que expresan tiempo.
Que (relativo)	El relativo **que** se refiere a una palabra anterior que se llama antecedente.

Expresar otras relaciones temporales.

Desde (***que*** + verbo) Se usa para indicar el principio de una acción. **Atención:** ***no se usa nunca con cantidades de tiempo.*** Necesitamos la conjunción ***que*** para introducir una oración. Para preguntar: ***¿Desde cuándo...?***	***Hace*** (***que*** + verbo) Se usa para indicar la cantidad total de tiempo que ha pasado entre dos momentos. **Atención:** ***no se usa nunca con fechas.*** ***Hace*** + cantidad de tiempo + ***que*** + oración. Para preguntar: ***¿Cuánto tiempo hace que...?***

Nuevo Avance Básico

Números.

0 cero	**20** veinte	**40** cuarenta	**100** cien
1 uno	**21** veintiuno	**41** cuarenta y uno	**101** ciento uno
2 dos	**22** veintidós	**42** cuarenta y dos	**112** ciento doce
3 tres	**23** veintitrés	**43** cuarenta y tres	**123** ciento veintitrés
4 cuatro	**24** veinticuatro	**44** cuarenta y cuatro	**134** ciento treinta y cuatro
5 cinco	**25** veinticinco	**45** cuarenta y cinco	**145** ciento cuarenta y cinco
6 seis	**26** veintiséis	**46** cuarenta y seis	**156** ciento cincuenta y seis
7 siete	**27** veintisiete	**47** cuarenta y siete	**167** ciento sesenta y siete
8 ocho	**28** veintiocho	**48** cuarenta y ocho	**178** ciento setenta y ocho
9 nueve	**29** veintinueve	**49** cuarenta y nueve	**189** ciento ochenta y nueve
10 diez	**30** treinta	**50** cincuenta	**200** doscientos/as
11 once	**31** treinta y uno	**51** cincuenta y uno	**300** trescientos/as
12 doce	**32** treinta y dos	**60** sesenta	**400** cuatrocientos/as
13 trece	**33** treinta y tres	**62** sesenta y dos	**500** quinientos/as
14 catorce	**34** treinta y cuatro	**70** setenta	**600** seiscientos/as
15 quince	**35** treinta y cinco	**73** setenta y tres	**700** setecientos/as
16 dieciséis	**36** treinta y seis	**80** ochenta	**800** ochocientos/as
17 diecisiete	**37** treinta y siete	**84** ochenta y cuatro	**900** novecientos/as
18 dieciocho	**38** treinta y ocho	**90** noventa	**1000** mil
19 diecinueve	**39** treinta y nueve	**95** noventa y cinco	**1001** mil uno

3000 tres mil	**100 007** cien mil siete
3001 tres mil uno	**200 034** doscientos mil treinta y cuatro
3022 tres mil veintidós	**300 478** trescientos mil cuatrocientos setenta y ocho
3543 tres mil quinientos cuarenta y tres	**406 982** cuatrocientos seis mil novecientos ochenta y dos
4000 cuatro mil	**642 182** seiscientos cuarenta y dos mil ciento ochenta y dos
5000 cinco mil	
6000 seis mil	**1 000 000** un millón
7000 siete mil	**1 890 515** un millón ochocientos noventa mil quinientos quince
8000 ocho mil	
100 000 cien mil	**2 000 000** dos millones

Transcripciones de las audiciones

Unidad 0: Unidad Preliminar

Pista 1
PRETEXTO. Actividad 1.
Alfabeto
A: amigo, ayer. **B:** botella, Bolivia. **C:** camarero, Colombia, coche, cerveza, ciudad. **Ch:** chocolate, Chile. **D:** dos, domingo. **E:** España, Ecuador. **F:** fábrica, fiesta. **G:** goma, Guatemala, gente, girasol, guitarra, Miguel. **H:** Honduras, hoy. **I:** Isabel, inteligente. **J:** jefe, jueves. **K:** kilo. **L:** literatura, lunes. **LL:** llave, lluvia. **M:** martes, mujer. **N:** Nicaragua, noche. **Ñ:** mañana, niño. **O:** oso. **P:** Perú, problema. **Q:** queso, quince. **R:** pero, tres, cuatro. **RR:** perro, Enrique, respuesta. **S:** sábado, Sevilla. **T:** té, tequila. **U:** Uruguay, uno. **V:** Venezuela, vaso. **W:** Washington. **X:** examen, excursión. **Y:** yo, ayer, rey. **Z:** zapato, zumo.

Pista 2
Actividad 1.
Bar, Bolivia, botella, beso, Venezuela, vaso, viernes, Zaragoza, zapato, cerveza, cero, cielo, ciudad, cinco, zorro, zumo, sábado, Sevilla, silencio.

Pista 3
Actividad 2.
En parejas. En grupos. Escucha. Habla. Lee. Escribe. Pregunta. Contesta. Completa. Subraya. Ordena.

Pista 4
Actividad 3.
Calle, España, guitarra, cuatro, examen, botella, Venezuela, jefe, uno, chocolate, perro, hacer, dos, excursión, girasol, Enrique, zapato, inteligente, Avance, cinco.

Pista 5
Actividad 5.
¿Qué significa...?, ¿Qué quiere decir...?, ¿Cómo se escribe...?, ¿Cómo se pronuncia...?, ¿Puede escribir en la pizarra?, ¿Puede deletrear?, ¿Cómo? No entiendo, ¿Puede repetir?

Pista 6
Actividad 6.
Hola. Buenos días. Buenas tardes. Buenas noches. Bienvenido / Bienvenida. ¿Cómo estás? Bien / Muy bien. ¿Qué tal? Mal / Regular. Hasta luego. Hasta mañana. Adiós. Chao. Por favor. Muchas gracias. De nada. Perdón / Lo siento.

Unidad 1: Ser o no ser

Pista 7
PRETEXTO. Actividad 1.
Es Yelena Isinbayeva. Es rusa. Es atleta. Es Alexandra Ambrosio. Es brasileña. Es modelo. Es Kiran Desai. Es india. Es escritora. Es Stephanie Rice. Es australiana. Es nadadora. Es Wangari Maathai. Es keniata. Es ecologista. Es Fatema Mernissi. Es marroquí. Es escritora y profesora. Son Serena y Venus Wiliams. Son estadounidenses. Son tenistas. Es Ángeles Mastretta. Es mexicana. Es escritora. Es Patricia Durán. Es chilena. Es cantante.

Pista 8
CONTENIDOS. Actividad 1.
Soy de Buenos Aires. Soy Olga López. Eres estudiante. Eres profesora. Es inteligente. Es marroquí. Es italiana. Es de Uruguay. Somos profesores. Somos médicas. Sois simpáticos. Sois brasileños. Son niños. Son jóvenes.

Pista 9
CONTENIDOS. Actividad 2.
Polaco / polaca, alemán / alemana, francés / francesa, sueco / sueca, marroquí / marroquí, belga / belga.

Pista 10
CONTENIDOS. Actividad 6.
1. blanco / blanca. 2. negro / negra. 3. rojo / roja. 4. amarillo / amarilla. 5. naranja. 6. azul. 7. verde. 8. marrón. 9. rosa. 10. gris. 11. violeta. 12. beige.

Pista 11
CONTENIDOS 7.
Recursos para presentarse, saludar y preguntar el origen y la profesión.
● ¿Cómo te llamas?
▼ Me llamo Hugo.
● Encantada. ¿De dónde eres?
▼ Soy de Argentina.
● ¿A qué te dedicas?
▼ Soy fotógrafo.

Pista 12
DE TODO UN POCO. Actividad 1.
A.
● Buenos días, soy Marta Navarro. ¿Es usted el Señor Ramírez?
▼ Sí, soy yo, ¿cómo está usted, Señora Navarro?
● Muy bien, gracias ¿y usted?
▼ Bien, gracias.

B.
● Hola, Joseba, ¿qué tal?
▼ Regular.
● ¿Cenamos juntos hoy?
▼ Vale, gracias.
● No hay de qué, hombre.

Transcripciones de las audiciones

Pista 13
DE TODO UN POCO. Actividad 6.
Gris, 5, rojo, 6, azul, 10, verde, 4, rosa, 2.

Pista 14
DE TODO UN POCO. Actividad 7.
A.
● Buenos días. Soy Agustín Carrero.
▼ Bienvenido, señor Carrero. Soy Carmen de La Fuente. ¿Cómo está usted?
● Encantado, señora La Fuente.

B.
● Hola, Manolo, ¿qué tal?
▼ Bien. Mira, esta es Cecilia.
● Hola Cecilia. ¿Cómo estás?
◆ Muy bien.
● Tú no eres española ¿no? ¿De dónde eres?
◆ Soy argentina, de Buenos Aires.

Unidad 2: ¿Estudias o trabajas?

Pista 15
PRETEXTO. Actividad 2.
1. Hola, me llamo Ana y estudio en el colegio «Miguel de Cervantes». **2.** Hola, me llamo Juan y estudio en el instituto «Pío Baroja». **3.** Hola, me llamo Miguel y trabajo en el taller «Todo coche». **4.** Hola, me llamo Lola y trabajo en el Banco de España. **5.** Hola, me llamo Paco y trabajo en una panadería. **6.** Buenos días, me llamo Carmen, soy jubilada y trabajo en casa y en el jardín.

Pista 16
CONTENIDOS 4. Interrogativos.
a.
● ¿Quién es la directora de la escuela?
▼ Es Marta García.

● ¿De quién son las llaves?
▼ Son del portero.

b.
● ¿Qué desayunas normalmente?
▼ Desayuno café con leche y un bocadillo.

● ¿Qué eres?
▼ Soy dentista.

● ¿De qué color son las gafas de Pilar?
▼ Son azules.

● ¿A qué hora cenan?
▼ Cenamos a las 21:00.

c.
● ¿Cómo es Carlos?
▼ Es joven, moreno y simpático.

● ¿Cómo viajas?
▼ Viajo en tren.

d.
● ¿Dónde cenas?
▼ Normalmente ceno en casa.

● ¿De dónde eres?
▼ Soy de Cuenca.

e.
● ¿Cuándo terminan las clases?
▼ Terminan a las 14:00.

f.
● ¿Cuál es tu día favorito?
▼ El viernes.

● ¿Cuál es la capital de Hungría?
▼ Budapest.

Pista 17
CONTENIDOS 5. Lugares.
la casa, la oficina, el colegio, el instituto, la biblioteca, el taller, la farmacia, el banco, el bar, el restaurante, la discoteca, el mercado, el supermercado, la piscina, la ciudad, la calle, el parque, el pueblo.

Pista 19
DE TODO UN POCO. Actividad 4.
● ¿Qué eres?
▼ Soy periodista.

● ¿Cómo es Valencia?
▼ Es una ciudad grande y agradable.

● Buenos días, ¿qué tal está usted?
▼ Muy bien, gracias.

● ¿Cómo se escribe ciudad?
▼ C-i-u-d-a-d.

● ¿Cómo te llamas?
▼ Susana.

Pista 18
DE TODO UN POCO. Actividad 5.
21, 29, parque, instituto, 17, ciudad, biblioteca, 13, 26, farmacia, banco, 15, 18, bar, discoteca, 28, 14, mercado, supermercado, 20, 23, piscina, 19, calle, 22.

Unidad 3: Estoy en España

Pista 20
PRETEXTO. Actividad 2.
● ¿Dónde está Valencia?
▼ Está en el este.
● ¿Dónde está San Sebastián?
▼ Está en el norte.
● ¿Dónde está Madrid?
▼ Está en el centro.
● Cuántas ciudades españolas hay en África?
▼ Hay dos.
● ¿Dónde hay un volcán?
▼ En Tenerife.

Pista 21
CONTENIDOS 2.
a. Preguntar por el estado de las personas.
● Buenos días señor Goñi, ¿cómo está usted?
▼ Muy bien, gracias.

Transcripciones de las audiciones

● Hola Laura, ¿cómo estás?
▼ Estoy cansada.

● Hola Carlos, ¿qué tal?
▼ Bien.

Pista 22
CONTENIDOS 2.
● ¿Dónde está la Biblioteca General?
▼ La biblioteca está en el centro histórico.

● ¿Dónde está Marta?
▼ Está en la cafetería.

● ¿Dónde está Managua?
▼ Está en Centroamérica.

Pista 23
CONTENIDOS 3.
a. Localizar.
● ¿Dónde hay un banco?
▼ En la siguiente calle a la derecha.

● ¿Dónde hay una farmacia?
▼ Hay una farmacia en la plaza.

Pista 24
CONTENIDOS 3.
b. Expresar cantidad.
● ¿Cuánto dinero hay en la caja?
▼ En la caja hay 24,30 euros.

● ¿Cuántos empleados hay en la oficina?
▼ Creo que 45.

Pista 25
CONTENIDOS 4.
a. ¿Dónde está?
Aquí. Ahí. Allí.

Pista 26
CONTENIDOS 4.
b. Los puntos cardinales.
Norte, Sur, Este, Oeste, Noreste, Noroeste, Sudeste, Sudoeste.

Pista 27
CONTENIDOS. Actividad 6.
32, 38, 44, 47, 50.

Pista 28
DE TODO UN POCO. Actividad 2.
Señores pasajeros. Les informamos de las puertas de embarque ya asignadas para los vuelos de conexión de la compañía Iberia. Iberia 4500 con destino Caracas, puerta M48. Iberia 3251 con destino Barcelona, puerta J38. Iberia 2443 con destino México DF, puerta S40. Iberia 0249 con destino Bilbao, puerta H25. Iberia 1879 con destino Sao Paulo, puerta R35.

Pista 29
DE TODO UN POCO. Actividad 4.
En mi oficina hay tres mesas. No están una junto a la otra. Una es redonda. Hay tres sillas azules. Hay un ordenador fijo y otro portátil. Hay una estantería para libros. Todo está limpio y ordenado. La ventana no es grande, es normal. Mi oficina es agradable.

Repaso Unidades 1, 2 y 3

Pista 30
Actividad 1.
Soy de Guipúzcoa. Para mi trabajo necesito buenos ingredientes. Trabajo en la cocina de mi restaurante.

Soy de Cádiz. Para mi trabajo necesito un micrófono y una buena guitarra. Los jóvenes escuchan mis canciones.

Soy de Puerto Rico. Para mi trabajo necesito comprender a mis personajes. Tengo un Óscar.

Pista 31
Actividad 8.
El perro de san Roque no tiene rabo porque Ramón Ramírez se lo ha robado.

Unidad 4: La familia bien, gracias

Pista 32
PRETEXTO Actividad 1.
En mi familia somos cinco personas en total. Bueno, cuatro personas en total más un gatito. Bueno, tres personas en total más un gatito y un bebé.

Pista 33
CONTENIDOS 9. Pedir y dar información.
● Perdón, ¿sabe usted dónde está la parada del autobús número 7?
▼ Creo que está cerca de aquí, en la primera calle a la derecha.
● Muchas gracias.

● Buenos días, necesito información sobre los trenes a Córdoba para esta tarde.
▼ Esta tarde hay dos. Uno a las 16:15 y otro a las 18:30.
● Muy amable.

● Hola, ¿sabes si Juan está en su despacho?
▼ No tengo ni idea. Lo siento.

● ¿Sabes algo de Antonio?
▼ Sí, que está de vacaciones en el Caribe.

Pista 34
DE TODO UN POCO. Actividad 5.
Hola:
Os presento a Héctor, mi nieto. ¿Verdad que es guapo? Estamos en Istán, un pueblo de la Sierra de las Nieves, en Málaga. La foto está tomada junto al árbol que hay en una plaza pequeña que está delante de mi casa. Héctor y yo estamos de vacaciones. Sandra y Francisco, los padres de Héctor, están en Madrid, trabajando.

Transcripciones de las audiciones

Unidad 5: De fiesta en fiesta

Pista 35
PRETEXTO. Actividad 1.
Antigua, 28 de marzo
Querida Carmen:
Estoy en Antigua. La Semana Santa aquí es maravillosa. Hay alfombras de flores naturales de todos los colores. Es muy diferente a la Semana Santa de Valladolid. Un abrazo y hasta pronto.
José Luis

Málaga, 23 de junio
Hola, Juan:
¡Felicidades! Estoy en Málaga. Hoy es la fiesta de san Juan. Todo el mundo va a la playa por la noche.
A medianoche se encienden hogueras por todas partes y luego hay una verbena en la playa. Pienso mucho en ti.
Besos.
Marta

Janitzio, 1 de noviembre
Queridos padres:
Estamos en Janitzio. Hoy es la fiesta de Todos los Santos y mañana el día de los muertos. Aquí se celebra la fiesta de un modo diferente al de España. Es muy curioso: preparan altares increíbles y pasan todo el día y toda la noche en el cementerio sin dormir acompañando a la persona muerta.
Un abrazo para vosotros y un beso para el abuelo.
Tere y Fernando.

Pista 36
DE TODO UN POCO. Actividad 4.
1. El 7 de julio es San Fermín. Durante una semana hay fiesta en Pamplona (España). Esta fiesta se llama sanfermines. Lo más importante de ella son los toros. Es una fiesta popular en todo el mundo, gracias, en parte, al escritor Ernest Hemingway.

2. La Feria de Abril se celebra durante una semana en Sevilla (España). Los caballos y los toros son muy importantes en la feria. La gente lleva el vestido típico y hay música durante toda la noche; la gente baila, come y disfruta todo el tiempo.

3. El 6 de enero los niños españoles reciben los regalos que los tres reyes magos dejan en sus zapatos.
Es la fiesta de Epifanía, pero todos los españoles dicen «los reyes». Los niños, por la mañana temprano, sonríen cuando ven sus zapatos con los regalos.

Unidad 6: Un día normal en la vida de…

Pista 37
PRETEXTO. Actividad 2.
Depilarse, secarse, despertarse, maquillarse, vestirse o ponerse la ropa, peinarse, afeitarse, levantarse, ducharse, bañarse, lavarse los dientes.

Pista 38
CONTENIDOS 3. El aseo diario.
El cepillo de dientes. La toalla. El secador. El cepillo de pelo. El jabón. El gel de baño. El champú. La cuchilla de afeitar. El peine. El cortaúñas. La pasta de dientes o dentífrico.

Pista 39
CONTENIDOS 7. Expresar coincidencia y divergencia.
Coincidencia
● Desayuno mucho.
▼ Yo también.

● Me levanto a las 08:00.
▼ Yo también.

● No sé hablar chino.
▼ Yo tampoco.

● No me siento bien.
▼ Yo tampoco.

Divergencia
● No sé hablar italiano.
▼ Yo sí.

● No me aburro nunca.
▼ Yo sí.

● Tomo té.
▼ Yo no.

● Hablo 4 idiomas.
▼ Yo no.

Pista 40
PRACTICAMOS LOS CONTENIDOS. Actividad 6.
1. En este autocar caben 65 pasajeros. **2.** La entrada para el concierto cuesta 45 euros. **3.** En esta escuela hay 459 estudiantes. **4.** El abuelo de Mercedes tiene 86 años. **5.** Mi hermano mide 1 metro 95. **6.** De Málaga a Madrid hay 550 kilómetros aproximadamente. **7.** Córdoba (España) está a 120 metros sobre el nivel del mar. **8.** Córdoba (Ecuador) está a 924 metros sobre el nivel del mar. **9.** Isabel pesa 63 kilos. **10.** Este libro tiene 728 páginas.

Pista 41
DE TODO UN POCO. Actividad 3.
El 67% de los españoles es feliz en sus vacaciones. Esta es la conclusión de un informe sobre la felicidad basado en entrevistas personales.
Según este estudio, los jóvenes entre 18 y 35 años son los que están más satisfechos y felices (47%). Este porcentaje disminuye entre las personas de más edad. El 57% de los españoles pasan sus vacaciones con la familia, un 35% con la pareja, un 17% con amigos y un 4% en solitario.

Transcripciones de las audiciones

Pista 42
DE TODO UN POCO. Actividad 4.
Inditex abre su tienda número 4 000
Tokio, 21/09/2008
Zara abre en Tokio su tienda número 4 000. Zara está en una de las zonas más comerciales de la ciudad. Inditex tiene ya 35 tiendas en este país y espera tener 40 antes de final de año. Inditex es uno de los grupos de moda más importantes del mundo (Zara, Pull & Bear, Massimo Dutti, Bershka, Stradivarius, Oysho, Zara Home, Uterqüe). Hay tiendas en 70 países de Europa, América, Asia y África.

Inditex en el mundo:
Zara: 1 474; Pull and Bear: 555; Massimo Dutti: 454; Bershka: 558; Stradivarius: 430; Oysho: 348; Zara Home: 233; Uterqüe: 22. TOTAL: 4 074

Pista 43
DE TODO UN POCO. Actividad 5.
● Buenos días, Victoria. Queremos saber cómo es un día normal de tu vida.
▼ Me despierto muy temprano, sobre las seis, pero no me levanto hasta las seis y media. Me ducho y me preparo un buen desayuno: zumo de naranja, café con leche, un bocadillo de tomate con aceite y queso fresco. Después organizo un poco la comida. Me visto, nunca me maquillo porque no tengo tiempo, me peino, despierto a mis dos hijos y me marcho. Normalmente salgo de casa a las ocho menos cuarto. ¡Ah! Y nunca olvido coger fruta para la pausa entre las clases.
● ¿Vives lejos de tu centro de trabajo?
▼ A cuatro kilómetros. Voy siempre andando, tardo 40 minutos.
● ¡Qué bien! Así estás en forma, claro.
▼ Sí, es estupendo llegar al trabajo a pie, así no tengo problemas de aparcamiento.
● ¿Cuántas clases das cada día?
▼ Doy cinco. Las clases son de 50 minutos que pasan muy rápidos. Nunca me aburro.
● ¿Nunca?
▼ De verdad, nunca, nunca. Me divierto y me río con frecuencia.
● ¿Das las clases sentada?
▼ No. Me levanto y me siento continuamente. Es bueno para la salud, lo dicen los médicos.
● Entonces, ¿terminas las clases a las dos?
▼ Sí. Vuelvo a mi casa en autobús. Llego a casa a las tres menos veinte y como con uno de mis hijos. No podemos comer todos juntos porque tenemos diferentes horarios. Luego veo las noticias, leo el periódico y corrijo los deberes de los estudiantes. Después estudio.
● ¿Estudias?
▼ Sí, para mí es muy importante avanzar. Quiero aprender siempre.
● Bueno, ¿y cómo termina tu día?
▼ Cenamos juntos mis hijos y yo, pero poco. Nunca comemos mucho por la noche; charlamos un rato y me acuesto sobre las once, pero no me duermo inmediatamente.
● Pues muchísimas gracias, Victoria.
▼ A vosotros. Adiós.

Repaso Unidades 4, 5 y 6

Pista 44
Actividad 1
Hola, me llamo Alfonso. Me levanto a las 9:00. Me ducho, me visto y me voy al trabajo en moto o en coche. Trabajo de 10:00 a 2:00, después como en una cafetería cerca de mi trabajo, doy un paseo y vuelvo al trabajo. Trabajo hasta las 8:00. Juego al baloncesto y al fútbol. Ceno con mi mujer y nos acostamos tarde.

Hola, soy Jaime. Me levanto a las 9:00, me ducho, me afeito. Desayuno mucho: zumo de naranja, café con leche, un bocadillo, yogur y fruta. Voy al trabajo a pie porque está al lado de mi casa. Trabajo de 10:00 a 4:00 de lunes a sábado. Como en mi casa muy tarde, a las cuatro y media. Por la tarde hago muchas cosas. Nunca ceno. Me acuesto tarde: nunca antes de la una.

Pista 45
Fonética. Actividad 9
Un tigre, dos tigres, tres tristes tigres comen trigo en un trigal.

Unidad 7: Para gustos están los colores

Pista 46
PRETEXTO. Actividad 1.
a. Me gusta mucho la música y el arte. Voy a conciertos y a visitar exposiciones. Me gusta el cine, pero no la ciencia ficción; está muy lejos de ser ciencia. b. Comemos muy bien en el País Vasco porque nos gusta mucho comer. c. Me gustan muchísimo Truffaut, Bergman, Scorsese, WalkerWay, Alexander Pynne. d. Me gusta bailar flamenco con el alma. e. Me gusta pescar y jugar al golf en Mallorca. f. Me gustan las camisas blancas. Una camisa blanca siempre está bien, es muy fresca, femenina. g. Me gustan mucho Stravinsky, Rachmaninoff, Ravel y Bach. h. Me gusta trabajar con Pedro Almodóvar. Me siento muy bien con él.

Pista 47
CONTENIDOS 6.
Preguntar sobre gustos y aficiones
¿Te gusta....?, ¿Qué te parece....?, ¿Eres aficionado a...?
Expresar lo que a uno le gusta.
Me gusta mucho. Me encanta. Soy muy aficionado a...
Expresar lo que a uno no le gusta.
No me gusta... No me gusta nada...
Odio... No soy aficionado a...

Transcripciones de las audiciones

Expresar coincidencia. Expresar divergencia.
A mí, sí. A mí, también. A mí, no. A mí tampoco.

Pista 48
DE TODO UN POCO. Actividad 3.
1. A Estefanía le gusta la ropa cómoda. 2. A Pablo le encanta dormir. 3. A Alicia no le gustan las faldas. 4. A Alfonso le encantan las iglesias. 5. A Eduardo le duele la cabeza. 6. A Miriam le encanta ir de compras. 7. Sergio lleva uniforme, pero no lleva falda. 8. A Lourdes le encanta viajar. 9. A Santiago le encanta el café.

Pista 49
DE TODO UN POCO. Actividad 4.
Me llamo Gaspar y vivo con otros tres estudiantes en un piso. Los cuatro tenemos gustos muy diferentes. A Pedro le encanta tocar la guitarra, pasear, leer, hablar de filosofía, el té y el pescado y montar en bicicleta. No le gusta el fútbol. A Guillermo le encanta levantarse temprano para ir al gimnasio. Le gusta mucho el fútbol, montar en moto, comer y no le gusta salir por la noche. A Miguel le gusta mucho fumar, salir por la noche, ver la tele y comer bocadillos. Le encantan las chicas. A mí me gusta mucho el campo. Me encantan los animales, especialmente los perros y los caballos. Mi familia vive en el campo y yo vivo en este piso mientras estudio en la Universidad. En vacaciones vuelvo a mi casa. Allí me encanta salir con mis perros, montar a caballo, trabajar en el campo y comer buena comida y beber buen vino. Cuando estoy en la ciudad voy mucho al cine y al teatro. Los cuatro somos muy diferentes pero vivimos juntos sin problemas.

Unidad 8: ¡Qué bueno!

Pista 50
PRETEXTO
La alimentación tiene que ser variada. Cada persona tiene que comer según sus necesidades.
Tenemos que consumir preferentemente alimentos vegetales.
Tenemos que tomar menos sal.
Tenemos que tomar pocos dulces.
Tenemos que beber pocas bebidas alcohólicas.
Tenemos que comer menos alimentos de origen animal.

Pista 51
CONTENIDOS 4. Los alimentos.
La leche. El aceite. El cacao. El arroz. Los cereales. El queso. El yogur. El chocolate. Las galletas. La pasta. La margarina. La mermelada.

Pista 52
CONTENIDOS 6. La comparación.
● ¿Cómo es el nuevo director?
▼ Es mejor que el anterior.

● ¿Qué tal estas hoy?
▼ Peor que ayer. Tengo 38° de fiebre.

● ¿Tus hermanos son menores que tú?
▼ No, mis siete hermanos son mayores que yo.

Pista 53
CONTENIDOS 7. Expresar énfasis.
¡Qué fresas más ricas!
¡Qué guapa es tu hija!

● Vivo a 63 kilómetros de mi trabajo.
▼ ¡Qué lejos!

● ¡Cuánto trabajas!
▼ Sí... mucho.

● ¡Cuánto café tomas!
▼ Es verdad. Tomo cinco cafés al día.

● ¡Cuánta gente hay hoy en la playa!
▼ Claro hace un día muy bueno y es domingo.

¡Cuántos pájaros hay en ese árbol!
¡Cuántas rocas hay en esta playa!

Pista 54
DE TODO UN POCO. Actividad 5.
Recordamos a los señores bañistas que:
No deben tirar cosas al suelo.
No se puede jugar a la pelota a la orilla del mar.
Está prohibido traer animales.
No se puede poner la música alta.

Pista 55
DE TODO UN POCO. Actividad 6.
● Buenos días ¿qué quiere?
▼ Dos lechugas, un kilo de cebollas y una coliflor.
● ¿Grande o pequeña?
▼ Esta pequeña.
● ¿Algo más?
▼ Sí, ¿tiene cerezas?
● No, lo siento; pero tengo manzanas, peras, melocotones, sandías...
▼ ¿A cuánto están las peras?
● A 2,20 euros.
▼ Pues un kilo de peras y una sandía. ¿Cuánto es todo?
● A ver..., 4,85 euros.
▼ Aquí tiene. Adiós, buenos días.
● Adiós, muchas gracias.

Transcripciones de las audiciones

Unidad 9: ¿Qué te ha dicho el médico?

Pista 56
PRETEXTO. Actividad 1.
Hasta ahora:
Hemos reducido las listas de espera para las operaciones quirúrgicas.
Hemos implantado la salud dental para niños hasta 7 años.
Hemos reducido el gasto farmacéutico.
Hemos construido más centros de salud.
Hemos modernizado nuestras instalaciones con la última tecnología.
Hemos conseguido tener el mayor número de donantes del mundo.
¡PERO VAMOS A HACER MUCHO MÁS!

Pista 57
CONTENIDOS 6. Proponer un plan.
¿Quieres ir al cine? ¿Vamos a tomar un café? ¿Por qué no vamos a Granada este fin de semana? Tengo una idea. Vamos a visitar el zoo. Luego vamos a un concierto, ¿vienes?

Aceptar un plan.
Sí, por supuesto. Bueno. Vale, de acuerdo. ¡Qué buena idea!

Decir que no a un plan.
Lo siento, no puedo. Imposible.

Pista 58
DE TODO UN POCO. Actividad 4.
Queremos saber si los españoles cuidan de su salud.
● Caballero, por favor ¿qué ha hecho usted hoy para cuidar su cuerpo?
▼ ¿Yo? Pues esta mañana he paseado una hora por la playa, y después he tomado mi zumo de naranja y una tostada con aceite. ¡De oliva, eh!
● Y usted, joven, ¿qué ha hecho hoy para cuidar su cuerpo?
▼ Como siempre, he dormido hasta las 11:00 luego he tomado un café bien grande y he fumado un cigarrillo para relajarme.
● Chica, por favor, ¿puedes contestarme a esta pregunta: qué has hecho hoy para cuidar tu cuerpo?
▼ He ido a las siete y media a clase de yoga. Después he trabajado, he hecho una comida ligera y ahora voy a un curso de meditación.

Repaso Unidades 7, 8 y 9

Pista 59
Actividad 5.
Pablito clava un clavito, un clavito clava Pablito. ¿Qué clase de clavito clava Pablito?

Unidad 10: Ser o estar, esta es la cuestión

Pista 60
PRETEXTO. Actividad 1.
Todos necesitamos puntos de referencia para saber dónde estamos.
Para saber cómo somos.
Es maravilloso estar es las Islas Canarias.
Gracias por ser mi madre y estar siempre a mi lado.

Pista 61
CONTENIDOS 1. Usos de *ser*.
Buenos días. Soy Santiago Pérez Segura.
● ¿De dónde es Mario Vargas Llosa?
▼ Es de Perú.
Soy periodista.
El bolso es negro.
La camiseta es de algodón 100%.
Creo que ese coche es de Maribel.
Javier es muy guapo y muy simpático.
Hoy es viernes 24.

Pista 62
CONTENIDOS 1. Usos de *estar*.
La camisa está en el armario.
● Buenos días, señora Enríquez, ¿qué tal está usted?
▼ Estoy bien, gracias.
La puerta está abierta.
Los libros están ordenados.
Las luces están encendidas.
El ordenador está apagado.
El jefe está de viaje.
María está de vacaciones.
● ¿A cuántos estamos...?
▼ Hoy estamos a viernes 24.
● Hola, Pedro, ¿qué tal estás?
▼ No sé, no me encuentro (estoy) bien, me siento (estoy) regular, creo que tengo fiebre.

Pista 63
EN SITUACIÓN. Actividades 1 y 3.
● Buenos días, señora, ¿para ir al Museo de Arte Abstracto?
▼ Está un poco lejos, pero el camino es muy bonito. ¿Quieres andar 15 minutos o prefieres ir en autobús?
● Prefiero andar; hace un día muy bueno.
▼ ¿Ves aquella calle que sube?
● Sí.
▼ Pues aquella calle sube hasta la Plaza Mayor. La plaza es muy antigua. Bueno, al llegar a la plaza tienes que bajar por la calle que rodea a la catedral. ¿De acuerdo?
● Sí, vale. Sigo esta calle hasta la plaza, después bajo por la calle que rodea a la Catedral...
▼ Sí, entonces... Sí, te encuentras una plaza. A un lado están las Casas Colgadas y allí está el Museo de Arte Abstracto.

Nuevo Avance Básico

Transcripciones de las audiciones

● Muchísimas gracias, señora.
▼ De nada.

Pista 64
DE TODO UN POCO. Actividad 3a.
1. ● He aprobado el examen.
   ▼ ¡Qué bien!
2. ● Joaquín no puede venir de excursión. Tiene fiebre.
   ▼ ¡Qué pena!
3. ● Otra vez tengo que trabajar el sábado. Estoy harto.
4. ● Mis abuelos van a divorciarse.
   ▼ ¡No me digas!
5. ● Mar se ha peleado con su novio.
   ▼ ¿Sí? Me parece increíble.
6. ● He perdido mi cartera.
   ▼ ¡Qué mala suerte!
7. ● Me ha tocado un coche en un sorteo.
   ❖ ¡Qué suerte!
8. ● Su novio ha tenido un accidente y está en el hospital.
   ▼ ¡Qué lástima!
9. ● Mis padres no me dejan salir esta noche.
   ▼ ¡Qué rollo!
10. ● He encontrado mi primer empleo.
    ▼ ¡Enhorabuena!
11. ● Me voy a trabajar a Canadá.
    ▼ ¿De verdad? ¿Cuándo lo has decidido?

Unidad 11: *Hay que hacer muchas cosas*

Pista 65
PRETEXTO. Actividad 1.
Hay que limpiar esta carretera.
¿Por qué no dejáis de fumar?
Están tirando de la cuerda.
Empezamos a cenar dentro de cinco minutos.
Hay que comer para disfrutar de la vida.
Estoy jugando.
Mira, aquí están construyendo una urbanización.

Pista 66
EN SITUACIÓN. Actividades 1 y 3.
● Buenos días, ¿qué van a tomar?
▼ Yo una cerveza y una tapa de ensaladilla rusa.
■ Yo un tinto y una tapa de tortilla.
● Ahora mismo. ¿La cerveza con o sin alcohol?
▼ ¡Con alcohol!, claro.
● Aquí están la cerveza y el vino. Enseguida vienen las tapas.
▼ Muchas gracias.
● A ver... la ensaladilla por aquí y la tortilla para usted.
▼ ¿Me trae un salero, por favor?
● Aquí está.
▼ Gracias.
▼ Camarero, por favor, otra ronda
● Claro, ¿otra tapa?
▼ ¿Qué tienen de pescado?
● Calamares, boquerones...
▼ Para mí, una de calamares.
■ Para mí, otra.
● Marchando.
● Aquí están, dos de calamares.
▼ Por favor, ¿cuánto es?
● De eso nada. Hoy pago yo.
▼ Bueno, mañana yo.
● Aquí tiene, quédese con la vuelta. Y muchas gracias.

Pista 67
EN SITUACIÓN. Actividades 5 y 7.
1. Hola está usted llamando al 969 345 761. No estamos en este momento, por favor, deje su mensaje después de la señal. Gracias.

2. Servicio de compañía Lemon: el teléfono al que usted llama se encuentra apagado o fuera de cobertura en este momento.

3.
● ¿Dígame?
▼ ¿Está Carlos, por favor?
● Claro, ahora se pone. Carlos, para ti.
▼ ¡Hola, Carlos! Soy Ana.
■ ¿Qué tal, Ana?, ¿cómo estás?
▼ Bien, bien... Mira, te llamo para saber si quieres venir el sábado al concierto de Julieta Venegas.
■ ¡Claro que quiero! Me apetece mucho.
▼ ¿Entonces nos vemos mañana para sacar las entradas? ¿A las 17:30?
■ Fenomenal, a las 17:30 en el «Musical»
▼ Muy bien. Hasta mañana. Chao.

4.
● Compañía de seguros «La Malagueña» ¿en qué puedo ayudarle?
▼ Buenos días, necesito hablar con la señora Rico García.
● ¿De parte de quién?
▼ De Sergio del Alcázar.
● Lo siento, señor del Alcázar, pero en este momento está en una reunión. Por favor, ¿puede llamar dentro de 30 minutos?
▼ De acuerdo. Adiós.

Pista 68
DE TODO UN POCO. Actividad 2.
1. ¿Crees que va a ganar el Boca este año?
2. A veces los vendedores no son amables.
3. La gente, en general, toma demasiadas grasas y azúcar.
4. La culpa del fracaso escolar la tienen los maestros.
5. Creo que vamos a aprobar el examen.

Unidad 12: *De viaje*

Pista 69
PRETEXTO. Actividad 1.
- Hola, Jaime, ¿qué tal? ¿Te apetece una taza de té o un café o algo?
- No gracias, he tomado ya un café con leche. ¿No está Miguel?
- No, ha tenido que ir a la oficina esta tarde. ¿Quieres ver ya las fotos del viaje a la Patagonia?
- ¡Claro! ¿Cuántos días pasasteis allí?
- Dos semanas. Fue un viaje maravilloso. Mira el mapa. Viajamos por todos estos lugares.
- Lo organizaste todo por Internet, ¿verdad?
- Sí, casi todo.
- ¿Qué es lo que más te gustó?
- Buenos Aires, la vista del Aconcagua desde el avión y, sobre todo, el Sur de la Patagonia: el glaciar Perito Moreno y el Parque Nacional de Torres del Paine. Ya sabes que, como soy azafata, he viajado por casi todo el mundo. Creo que estos dos lugares son mis favoritos. ¡Mira qué fotos! Es maravilloso: hay lagos, cascadas, ríos, montañas y hay invierno y verano en un mismo día. ¡Tienes que ir!
- Claro que voy a ir y muy pronto. Me ha encantado todo lo que he visto. ¿Reservaste los hoteles también por Internet?
- Sí, unos solo con desayuno, otros con media pensión y otros con pensión completa.
- ¿Y la comida?
- Estupenda. Pescados, mariscos, carnes asadas y vinos chilenos buenísimos.
- Pilar, muchísimas gracias por todo. Tengo que marcharme. Recuerdos a Miguel de mi parte.
- Adiós, Jaime. Nos vemos.

Pista 70
CONTENIDOS 1. Pretérito indefinido.
El año pasado fui a Argentina.
Rafael Nadal ganó su primer Grand Slam en 2005, a la edad de 19 años y dos días.
Anteayer dormí muy mal.
La semana pasada conocimos a un estudiante libanés.
Hace unos días jugué al tenis con Gema y perdí.
Llegué a Málaga el 15 de septiembre de 1983.
- El viernes fui al cine y vi una película estupenda.
- Pues yo el viernes fui a cenar a un restaurante caro y bastante malo.
Esta mañana he desayunado en una cafetería. Ayer también desayuné en una cafetería.
Esta semana he jugado dos partidos de tenis. La semana pasada también jugué dos partidos.
Este año he viajado poco. El año pasado viajé mucho.

Pista 71
EN SITUACIÓN. Actividades 1 y 3.
- Buenas noches, ¿tienen mesa reservada?
- Pues no.
- ¿Cuántas personas son?
- Somos cuatro.
- ¿Quieren esta mesa junto a la ventana o prefieren otra?
- Esta está bien, gracias.
- Por la noche no servimos menú. Ahora mismo les traigo la carta. ¿Quieren algo de beber?
- Sí, tres cervezas y un agua mineral con gas, por favor.
- Enseguida.
- Camarero, por favor.
- Sí, dígame.
- ¿Qué lleva la ensalada de la casa?
- Lechuga, tomate, zanahoria, maíz, con una salsa especial del chef.
- Bien, de primero queremos dos ensaladas y dos sopas de marisco.
- ¿Y de segundo?
- Un lenguado a la plancha, una brocheta de solomillo de cerdo, unos calamares fritos y un entrecot a la pimienta.
- ¿Van a continuar con la cerveza?
- No, queremos un vino, ¿cuál nos recomienda?
- El de la casa, es un Rioja que está muy bien.
- De acuerdo.
- ¿Van a tomar postre?
- ¿Qué tienen?
- Helados, natillas, flan, y tarta de chocolate. De fruta natural, melón, manzanas y plátanos.
- Pues nos trae un helado de fresa, dos flanes, y melón.
- De acuerdo, ¿van a tomar café?
- Sí, dos solos y uno con leche.
- Camarero, por favor, ¿nos trae la cuenta?
- Ahora mismo.

Pista 72
DE TODO UN POCO. Actividad 1.
Hemos preguntado a varias personas sobre un día especial de su vida y esto es lo que han contado.
(Verónica, 19 años)
¿El día más feliz de mi vida? El día que aprobé la Selectividad. Hicimos una fiesta que duró casi dos días. Lo pasamos de maravilla. Todos los amigos juntos en la playa por la noche... ¡Increíble!
(Jorge 28)
El día más feliz de mi vida fue el día que conocí a Cristina. La conocí y me enamoré. Fue estupendo. Pasamos juntos toda la tarde y por la noche bailamos en una discoteca hasta muy tarde ¡Qué recuerdos!
(Antonio 55)
¿El día más importante de mi vida?
No sé... tengo varios. Bueno, el día que nació mi primera hija. Fue maravilloso. Acompañé a mi mujer todo el tiempo. La niña nació bien de salud y ¡claro! ¿qué voy a decir yo que soy su padre?... Bueno pues que fueron unas horas inolvidables.

Transcripciones de las audiciones

Unidad 13: Un poco de nuestra Historia

Pista 73
PRETEXTO. Actividad 1.
- ¿Cómo llevas el examen de Historia de América?
- ▼ Creo que bien. ¿Y tú?
- Así, así. Tengo que repasar algunas cosas. Si quieres, te tomo la lección.
- ▼ Muy bien. Toma el libro. Pregunta algo.
- A ver... Vale. ¿Qué sabes de los incas?
- ▼ Los incas..., los incas. Hoy en día son conocidos como el imperio del sol, su dios más importante. ¡Fíjate! Durante mucho tiempo el sol o el inti palabra quechua para decir sol) fue la moneda del Perú moderno.
- ¡Hala! ¡Cuánto sabes! ¡Más, más!
- ▼ Fueron una civilización y un imperio que ocupó las tierras de los actuales países de Bolivia, Perú, Ecuador, parte de Chile y de Argentina y el sur de Colombia.
- ¿Y en qué época vivieron?
- ▼ El imperio inca empezó a formarse en el siglo XV y se terminó en el siglo XVI, cuando llegaron los españoles. La capital del imperio fue Cuzco, que en su lengua significa «el ombligo del mundo». Bueno, en realidad, hubo un periodo preincaico en el siglo XII con Manco Cápac. Él mandó construir el famoso Templo del sol.
- ¡Muy bien! Seguro que apruebas el examen. Oye ¿Y el quechua se habla todavía en Perú?
- ▼ Sí; y también en Bolivia. Otro día te cuento la leyenda de Manco Cápac y su esposa.
- ¿Y por qué no ahora?
- ▼ Porque ahora vamos a descansar.

Pista 74
EN SITUACIÓN. Actividad 2.
(En la frutería)
- Buenos días ¿qué le pongo?
- ▼ Tres kilos de patatas, un kilo de cebollas y un kilo de tomates.
- ¿Verdes o maduros?
- ▼ Verdes, para ensalada.
- ¿Algo más?
- ▼ Sí, ¿qué tiene de fruta?
- De todo, manzanas, peras, melocotones, ciruelas, mangos, kiwis...
- ▼ ¿A cuánto están los melocotones?
- A 3,20 euros.
- ▼ Pues un kilo de melocotones. ¿Y las ciruelas?
- A 3,15 euros el kilo.
- ▼ Póngame otro kilo. ¿Cuánto es todo?
- A ver... 14,05 euros.
- ▼ Aquí tiene. Adiós, buenos días.
- Adiós, muchas gracias.

(En la carnicería)
- ¡Hola, Jorge!, ¿qué tal?
- ▼ Muy bien, ¿y usted?
- Ahí vamos, ponme medio kilo de pechugas de pollo.
- ▼ ¿En filetes?
- Sí, y un kilo de carne picada, mitad de cerdo, mitad de ternera.
- ▼ Tengo unas chuletitas de cordero buenísimas.
- Vale, me llevo un kilo.
- ▼ ¿Le pongo también unas salchichas que tengo muy frescas...?
- No, gracias. Con esto tengo para varios días. ¿Cuánto es?
- 28,30 euros.
- ❖ Toma, y recuerdos a la familia.
- Adiós, hasta pronto.

Pista 75
DE TODO UN POCO. Actividad 2b.
Simón Bolívar nació en Caracas, Venezuela, en 1783. Es conocido como el Libertador porque ayudó a conseguir la independencia de Suramérica en las famosas batallas de Junín y Ayacucho. De joven viajó con su familia por Europa. En París tomó contacto con las ideas de la Revolución y conoció personalmente a Napoleón. Bolívar escribió *La Constitución* de 1826 para una América independiente de los españoles, pero nunca se usó. En 1827 explotaron guerras civiles que destrozaron la unión sudamericana. El Libertador Simón Bolívar murió el 17 de diciembre de 1830.

Repaso Unidades 10, 11, 12 y 13

Pista 76
Actividad 3.
Colombia es el único país de América que lleva el nombre de su descubridor: Cristóbal Colón. Originariamente los españoles la llamaban «Nueva Granada» en recuerdo de la otra Granada de España. Hoy día conocemos Colombia por ser patria del autor de *Cien años de soledad*, Gabriel García Márquez y por su buen café, que era antes el primer producto para la exportación. Lamentablemente ahora el producto más «exportado» es la coca.
Colombia era un país de gran tradición cultural: a Bogotá la llamaban la Atenas de Latinoamérica. Hoy en día allá se publican tal vez los mejores periódicos del continente de habla hispana: *El tiempo* y *El Espectador*, famoso este último por su lucha contra las mafias de la droga.
Un bello recuerdo de un viaje a Colombia es ver bailar la cumbia (baile típico de las costas del Caribe) por la noche, en la playa, con velas en las manos.
Para terminar, debemos recordar que el español o castellano que hablan los colombianos es uno de los más bellos del mundo.

Transcripciones de las audiciones

Unidad 14: ¡Qué tiempos aquellos!

Pista 77
PRETEXTO. Actividad 1.
Publicidad aspirina
Tengo un recuerdo de muy pequeña. A mi padre, a veces, le dolía la cabeza y algunas veces entraba en el comedor para coger Aspirina. Yo estaba en la cama despierta. A veces tenía miedo, pero cuando veía la luz por debajo de la puerta, el miedo desaparecía, porque sabía que él estaba ahí. Quizás por eso le tengo más cariño.

La fiesta de cumpleaños
Cuando éramos pequeños celebrábamos los cumpleaños en casa. Nuestras madres preparaban bocadillos y hacían la tarta. Venían amigos que traían regalos. Cuando aparecía la tarta todos aplaudíamos y cantábamos «Cumpleaños feliz». Después, jugábamos toda la tarde. ¡Qué recuerdos!

El 600
El 600 era el coche típico de los años 60. Lo llamábamos utilitario. Era pequeño, pero parecía de goma: en él cabía mucha gente. Tenía dos puertas que se abrían al revés que los coches de ahora.

Benidorm y Torremolinos
En los años 60 y 70 los españoles iban de vacaciones a Benidorm y a Torremolinos. Eran dos ciudades costeras, no muy grandes. Tenían hoteles y edificios de apartamentos.

Pista 78
CONTENIDOS 1. El pretérito imperfecto.
Antes celebrábamos los cumpleaños en casa. Nuestras madres hacían las tartas. Algunos días mi padre entraba en el comedor para coger Aspirina.
Cuando era pequeña, leía mucho ahora prefiero ver la televisión.
De niño le gustaba escribir; ahora es un escritor famoso.
De niña yo vivía con mi tía y mi abuela. Las dos eran mujeres muy guapas que tenían un carácter muy parecido: se enfadaban fácilmente, pero conmigo eran muy cariñosas.
Siempre he tenido perros, pero Peki era un perro especial y muy listo; paseábamos juntos y yo lo quería mucho.
Torremolinos y Benidorm en los años 60 y 70 eran mucho más pequeños que ahora.
La casa de mi abuela y de mi tía parecía un castillo: tenía muchas habitaciones llenas de cosas misteriosas para mí. Había una habitación donde yo no podía entrar porque siempre estaba cerrada: era la habitación de los fantasmas.

● El antiguo conserje era muy serio y eficiente.
▼ ¿Y dónde trabaja ahora?

● Buenos días, ¿qué deseaba?
▼ Quería probarme ese traje.

● ¿Podía hablar con la señora Escámez?
▼ Un momentito, por favor, voy a ver si está.

Pista 79
PRACTICAMOS LOS CONTENIDOS. Actividad 2.
● A mí me gustaba el fútbol de antes, no el de ahora. Todos los domingos íbamos al campo con la familia a ver jugar a nuestro equipo. Es verdad que los asientos eran más incómodos que los de ahora, pero eso no era importante. Ponían un solo partido en la tele, en blanco y negro. Ahora todos los días hay fútbol. Entonces, seguíamos al equipo de nuestra ciudad, no como ahora que los jóvenes son mayoritariamente del Madrid o del Barcelona.
▼ Eso no es verdad: para mí el equipo más importante es el Málaga.
● No había tantos intereses económicos. Los clubes no pagaban tanto dinero por el traspaso de un jugador. Antes cobraban un buen sueldo y no los millones de euros que cobran ahora. Y no llevaban publicidad. No había jugadores extranjeros. Los futbolistas no se creían ídolos como hoy.
▼ En eso tienes razón.
● Los futbolistas eran sólo deportistas y no modelos como ahora. Los jugadores luchaban por el equipo, ahora sólo les interesa el dinero. Antes había calidad, ahora sólo importa ganar.
▼ ¡Qué dices! Hoy se juega muy bien al fútbol.
● Y, afortunadamente, no existía la violencia que hay ahora en los campos de fútbol.
▼ La violencia está presente en toda la sociedad. No es exclusiva del fútbol.
● No sé, no sé... ¡Ay! ¡Qué tiempos aquellos!

Pista 80
EN SITUACIÓN. Actividad 2.
Doctor: Adelante, adelante ¡Hombre, Doña Amalia! ¡Cuánto tiempo!
Doña Amalia: Pues sí, la verdad es que hace ya algunos meses.
Doctor: Y, dígame, ¿qué le pasa?
Doña Amalia: Verá, doctor, estaba muy bien, pero desde que ha empezado el otoño, me duele todo: las piernas, los brazos... hasta los dedos.
Doctor: ¿Ha hecho usted algún esfuerzo especial en estos días?
Doña Amalia: Pues no recuerdo, pero el otro día me dio un tirón en la espalda.
Doctor: Ya, ya. ¿Le dolió mucho?
Doña Amalia: No, no fue muy fuerte.
Doctor: Y una pregunta ¿ha hecho gimnasia este verano?
Doña Amalia: Ay, doctor, no. Con la playa, el calor que hacía, las visitas, los nietos...
Doctor: Bueno, tranquila. ¿Tiene usted problemas de estómago?
Doña Amalia: Yo no, ¿por qué?
Doctor: Porque va a tomar usted estas pastillas. Si le molesta un poco el estómago, debe tomar estas otras. Además, tiene que empezar su gimnasia inmediatamente.
Doña Amalia: Sí, doctor, voy a volver a Pilates dos veces por semana. Y voy a hacer todo lo que usted dice, de verdad.
Doctor: La creo, la creo. Va a volver el mes que viene.
Doña Amalia: ¿Qué día?, porque el 5 no puedo, tengo una boda.
Doctor: No hay problema, ahora habla usted con la enfermera.

Pista 81

Transcripciones de las audiciones

DE TODO UN POCO. Actividad 2.
Con ustedes, como todas las tardes, Onda Meridional. Hoy nuestra reportera ha salido a la calle para preguntar a la gente por sus recuerdos. Les presentamos sus entrevistas.
● Hola, ¿cómo te llamas?
▼ Irene.
● ¿Puedes contestar a algunas preguntas, por favor? Son para Onda Meridional.
▼ Vale.
● ¿Cuántos años tienes y qué haces?
▼ Tengo 22 y estudio Ingeniería Industrial.
● Bien. Oye, Irene ¿qué recuerdas de la adolescencia?
▼ Pues… que de adolescente tenía muchos granos. Para mí era horrible. Me quedaba en casa y pensaba que estaba fea. También recuerdo que discutía con mis padres por la hora de volver a casa.
Cuando tenía trece años, me gustaba un chico que vivía en el edificio de enfrente. Me pasaba horas tumbada en la cama y él en el balcón. ¡Qué tontos éramos!
● Muchas gracias, Irene.
▼ De nada.
● Buenos días, señor, ¿Puede contestar a algunas preguntas, por favor? Son para Radio Meridional.
■ De acuerdo.
● Gracias. ¿Cómo se llama?
■ Enrique Moreno.
● Enrique ¿qué recuerdos tiene de la adolescencia?
■ Yo de adolescente era feliz. Me pasaba el día jugando al balonmano, iba al gimnasio tres veces por semana. No me apetecía salir con chicas. Me levantaba muy temprano todos los días para entrenar o jugar. A menudo viajaba con el equipo para jugar la liga. ¡Qué tiempos más felices!
Ahora tengo 47 años y soy directivo de mi equipo de balonmano.
● Pues muchísimas gracias.
Hasta aquí las respuestas dadas por las personas entrevistadas por nuestra reportera. Si ustedes desean compartir sus recuerdos con nosotros pueden enviarnos un e-mail a radio.meridional@onda.net. Gracias por acompañarnos. Les dejamos con las noticias de las 11:00 en punto.

Unidad 15: ¡Si tú me dices ven…!

Pista 82
PRETEXTO. Actividad 1.
Invierte en justicia. Gana en solidaridad. Manos Unidas.
La solidaridad da sentido a tu vida. Practícala. Trabajamos para la justicia. Caritas.
Discúlpanos. Hemos estado observando tus sueños. Mercedes Benz.

Pista 83
CONTENIDOS 1. El imperativo.
● Tengo que adelgazar.
▼ Es fácil, come menos dulces.
● Si salís este fin de semana, tened cuidado, hay mucha gente en las carreteras.
● ¿Puedo entrar?
▼ Pasa, pasa.
● ¿Qué te parece si hago una paella para la comida del domingo?
▼ Por mí, haz paella el domingo, el lunes, el martes… me encanta la paella.
▼ Tranquila, que no vamos lejos.
● Francis, pon la mesa que ya vamos a comer.
▼ Vale. Estoy muerto de hambre.
● El director no está, vuelvan mañana a las 10:00h.
▼ Es que nunca está en su despacho.

Pista 84
EN SITUACIÓN. Actividad 1.
● Buenos días, ¿habla usted español?
▼ Sí, señora, ¿en qué puedo ayudarla?
● Quería una habitación para tres noches para dos personas.
▼ Un momento por favor…, sí, tenemos una con vistas a la calle y otra que da al jardín. ¿Desean verlas?
● Sí, por favor.
▼ Aquí tenemos la 129 que da al jardín, pero en esta época no hay mucha gente. La 311 da a la calle. En verano hay mucho ruido, pero ahora es muy tranquila. Las dos tienen minibar, aire acondicionado…
● ¿Qué opinas, cariño?
■ A mí me gusta más la del jardín, ¿y a ti?
● ¿Cuánto vale?/ ¿Qué precio tiene?
▼ Son 75 euros con desayuno.
● A mí me parece bien.
■ A mí también. Nos quedamos en la 129.
▼ Muy bien. ¿Pueden dejarme sus pasaportes, por favor?
● Sí, claro, aquí los tiene. ¡Ah!, una cosa más, hemos aparcado el coche enfrente del hotel, ¿tienen un aparcamiento vigilado?
▼ Sí, señora, pueden dejar el coche ahí, es gratuito.

Pista 85
DE TODO UN POCO. Actividad 2.
Los bailes caribeños proceden de las islas del Caribe. Tienen mucho éxito en los países europeos porque mucha gente ya ha estado alguna vez en Cuba, República Dominicana o Jamaica. Otra de las razones para el éxito de estos bailes es que permiten la socialización, es decir, bailar en parejas y pasarlo bien en las discotecas o bares de moda y no tener miedo a moverse.

Pista 86
DE TODO UN POCO. Actividad 4.
Cambia tus ideas sobre el tabaco.
Habla de este tema con otras personas.
Cuida tu alimentación.
Duerme bien.
Haz diferentes actividades para ocupar el tiempo.
Muévete y haz ejercicio.
Bebe mucha agua.
Piensa de forma positiva.
Aprende a superar el impulso de fumar.
Sé paciente.
Aprende a relajarte.

Unidad 16: Cuaderno de viajes

Pista 87
PRETEXTO. Actividad 1.
La profesora nos ha pedido un trabajo sobre nuestra estancia en España. Yo he decidido hacer un cuaderno de viaje porque me gusta mucho la fotografía. Así que empiezo este cuaderno para no olvidar todo lo que he visto. Cuando miro estas fotos otra vez, vuelvo a vivir momentos maravillosos.

• Unos amigos de mi familia me invitaron a cenar en su casa. Para ellos la fiesta más importante es la Nochebuena, (la noche del 24 de diciembre), por eso ponen una mesa tan elegante. No celebran la Navidad, ni la noche del 31 de diciembre (Nochevieja) ni los Reyes Magos (la noche del 5 al 6 de enero).

• Este hombre se llama Juan Galea. Vive en Istán, un pueblo blanco de Málaga. Está haciendo cestas que la gente del pueblo usa para poner la fruta, las patatas... Parece el Norte de España, pero es el sur: es la Sierra de las Nieves. Este paisaje está solo a unos 15 km de la Costa del Sol. Está protegido hace mucho tiempo.

• Este gesto que hace Liliana tocándose la cara varias veces significa ¡qué cara más dura tienes! En mi país no lo hacemos.

Pista 88
EN SITUACIÓN. Actividades 1 y 2.
Al llegar.
● Hola, ¿llegamos demasiado pronto?
▼ ¿Qué tal? No, Martin y Birgit ya están aquí, adelante.
■ ¡Qué casa tan bonita!
▼ Bueno, la compramos hace muchos años. Luego os la enseño.
■ Hemos traído una botella de vino de Málaga.
▼ Muchas gracias, ¿para qué os habéis molestado? Voy a ponerla en el frigo y luego la tomamos con el postre.

Hablando con otros invitados.
▲ ¡Cuánto tiempo sin veros! ¿Cómo estáis?
■ Es verdad, no nos vemos nunca.
● No nos podemos quejar. De momento todo va bien.
★ ¿Y las niñas?
■ Las hemos dejado con la abuela. Esta noche podemos volver tarde.
✱ Bueno, chicos, a cenar.

En la mesa.
★ ¡Qué rico! Eres un artista, no sé cómo lo haces.
✱ Todo está buenísimo, oye ¿de dónde sacas tiempo para hacer tantas cosas?
● ¿Sí? ¿Te gusta? Es que me encanta la cocina y, además, me relaja. ¿Queréis un poco más?
▼ Yo no puedo más, de verdad, es que no suelo cenar mucho.
● Venga, un poquito.
✱ Bueno, pero muy poco, en serio.
● Yo quiero un poco más, es que está...
✧ ¿Qué os parece si abrimos ahora el vino de Málaga para acompañar lo pasteles que han traído Birgit y Martin?
♠ Sí, buena idea, estupendo.

Pista 89
DE TODO UN POCO. Actividad 2.
● Hola, ¿cómo te llamas?
▼ Darío.
● Darío, queremos saber si quieres casarte o prefieres vivir en pareja.
▼ Me casé el año pasado, pero no por la iglesia. Me casé en el Ayuntamiento de mi pueblo el 1 de abril.
● Gracias por contestar.
● Hola, ¿cómo te llamas?
▼ Iñigo.
● Iñigo, queremos saber si quieres casarte o prefieres vivir en pareja.
▼ Me caso el 25 de julio por la iglesia. Soy católico y mi novia también, por eso queremos celebrar la boda en una iglesia.
▼ Muchas gracias. ¡Ah! ¡Enhorabuena!
● Gracias.

● Buenas tardes, ¿Cómo se llama?
▼ Arturo
● ¿Arturo está usted casado?
▼ Ya no. Estuve casado 15 años, pero me divorcié.
● ¿Y usted se casó por lo civil o por la iglesia?
▼ Me casé por la iglesia porque nuestros padres eran religiosos. Fue una boda muy bonita y el banquete en un jardín precioso.
● Bueno, pues gracias y suerte.

● Hola, ¿cómo te llamas?
▼ Marisa.
● Marisa queremos saber si quieres casarte o prefieres vivir en pareja.
▼ Pues...nunca lo he pensado; no tengo novio y no sé... la verdad es que no me preocupa.
● Pues gracias.

● Buenas tardes, ¿cómo se llama?
▼ Hortensia.
● Hortensia, queremos saber qué opina sobre las bodas civiles, religiosas o vivir en pareja.
▼ Pues en mi caso está clarísimo. Hace 22 años que vivo con mi compañero y padre de mis dos hijos: Teresa de 19 y Ricardo de 18. Gonzalo, mi compañero, dice que por qué no nos casamos, pero a mí no me apetece. No quiero. Soy muy feliz así.
● Gracias.
▼ De nada.

Unidad 17: Nos despedimos, pero seguiremos en contacto

Pista 90
PRETEXTO. Actividad 1.
- El curso se acabó.
- Sí, y quizá no nos veremos más.
- Sí, hombre, yo sí iré a visitaros, así que, preparad una habitación de invitados.
- Y si no podemos viajar, podremos vernos por Internet. Tenéis *web cam* ¿no?
- Yo todavía no, pero me compraré una al volver a casa.
- Además, los *chats* son otra forma de encontrarnos. Podemos quedar un día a la semana para hablar todos juntos.
- Buena idea, así seguiremos en contacto. Mirad, he hecho una lista para apuntarnos todos los correos. Pero ni así os libraréis de mí. Iré a visitaros de todas formas.
- Vale. Y seguiremos estudiando español, ¿verdad?
- ¡¡Por supuesto!!

Pista 91
CONTENIDOS 1. El futuro.
Iré a Barcelona dentro de unos días. Podremos seguir en contacto por Internet.
A finales del siglo XXI la gente se marchará de la ciudad y volverá al campo.
Si su hijo sigue cantando así de bien, será un gran tenor.
- ¿Dónde está Armando?
- Estará tomando café.
- No encuentro a Armando.
- Estará tomando café en la cafetería.
Si no te das prisa, perderemos el tren.
Si no come menos grasas, tendrá problemas de salud.

Pista 92
EN SITUACIÓN. Actividades 1 y 2.
Jenny: Os he llamado para organizar la fiesta de fin de curso.
Enrico: ¿Para qué día?
Jenny: No sé, para eso nos hemos reunido.
Charles: Yo no pienso ir. Las despedidas son tristes y hay varios compañeros que me caen muy mal.
Enrico: Bueno, pues te perderás una fiesta estupenda. Jenny, ¿dónde la vamos a hacer?
Jenny: En casa de Willy, porque no tiene vecinos.
Martine: Pero es mejor ir a un restaurante. Si no, tendré que cocinar yo, como siempre....
Enrico: Bueno, vamos a una pizzería, y después tomamos las copas en casa de Willy.
Martine: Vale, así sí. Pero ¿quién comprará las bebidas?
Jenny: Entre todos, tranquila, nos repartiremos el trabajo.
Charles: ¿Habrá calimocho?
Enrico: Pero ¿tú no has dicho que no vienes?
Charles: A las copas, quizás.
Jenny: Yo prefiero ir a un restaurante español.
Enrico: Eso podemos decidirlo después. Ahora lo importante es pensar qué bebidas vamos a comprar.
Charles: Tequila y vodka.
Jenny: Un momento, primero tenemos que hacer una lista para saber cuántos seremos.
Enrico: Voy a mandar un *sms* a todo el mundo.
Martine: Vale, a ver.... No puede faltar ron, ginebra y güisqui, hielo y refrescos.
Jenny: Y habrá que llevar algo de comer, patatas fritas o algo.
Enrico: Chicos, noticias, somos 16.
Jenny: ¿Solo?
Enrico: Patty y Tomas no vienen, ya sabéis, el amor..., vuelven a su país antes y quieren estar solos. Miriam dice que no tiene dinero... y a Laurent no le gustan las fiestas.
Charles: ¡Ah! Pues si Laurent no va, yo sí voy.
Enrico: Bueno, entonces... 17.
Jenny: Vale, Enrico y Charles os encargáis de comprar las bebidas, María y yo reservamos mesa en el restaurante y compramos las patatas y algo más.
Martine: Bueno, pues todo listo.

Pista 93
DE TODO UN POCO. Actividad 1.
- Catalina ¿eres tú?
- ¿Willy? ¡Qué alegría! ¿Dónde estás? ¿Qué haces?
- Estoy aquí, en Madrid. He venido para hacer una entrevista de trabajo.
- ¿Para trabajar en España?
- Sí. Después del tiempo que pasé aquí, del curso de español, de las charlas contigo... mi español mejoró mucho. Quiero volver a España, así que mandé varios currículos y me han contestado de dos empresas.
- ¡Qué bien! ¿Y tendrás tiempo de tomarte algo conmigo?
- Pues claro. Por eso te llamo. Mañana terminaré la entrevista sobre las 12:00 y después tendré la tarde libre. ¿Quedamos para comer?
- ¡Genial! Busco un sitio y te mando al móvil la dirección. ¡Qué ganas tengo de verte!
- ¡Y yo! Hasta mañana. Un beso.
- Un beso y ¡mucha suerte en la entrevista!

Transcripciones de las audiciones

Repaso Unidades 14, 15, 16 y 17

Pista 94
Actividad 2.
- Buenas tardes, señor. Una pregunta, por favor, es para Onda Meridional. ¿Duerme usted la siesta?
- Sí, trabajo de 8:00 a 15:00, como y después me echo la siesta en el sofá unos veinte minutos. ¡Ah! Una cosa, necesito tener el televisor encendido, si no, no puedo dormir.

- Hola, chico, ¿puedes contestar a una pregunta? Es para Onda Meridional. ¿Te echas la siesta?
- No siempre, pero cuando tengo exámenes, como ahora, sí duermo la siesta. Duermo cuatro o cinco horas por la noche y, luego, duermo una hora o más de siesta.
- Gracias y suerte en los exámenes.

- Señora, por favor, una pregunta: ¿Duerme usted la siesta?
- No puedo, no tengo tiempo, pero los domingos, sí. Terminamos de comer y me voy a la cama y duermo entre 45 y 50 minutos.
- Gracias.

- Hola, chica, una pregunta, por favor, es para Onda Meridional. ¿Duermes la siesta?
- Nunca. Cuando termino de comer, me pongo las zapatillas deportivas y salgo a andar una hora. La siesta es para las personas mayores, como mis abuelos, por ejemplo.
- Gracias.

Pista 95
Actividad 4.

1.
- Buenos días, ¿qué va a tomar?
- Una cerveza y una tapa de tortilla.

2.
- ¿Cuántas personas son?
- Somos cuatro.
- ¿Quieren esta mesa junto a la ventana o prefieren otra?

3.
- ¡Qué rico! Eres una artista, no sé cómo lo haces.
- Todo está buenísimo, oye ¿de dónde sacas tiempo para hacer tantas cosas?
- ¿Sí? ¿Te gusta? Es que me encanta la cocina.

4.
- Dígame ¿qué le pasa?
- Verá, estaba muy bien, pero desde que ha empezado el otoño, me duele todo: las piernas, los brazos… hasta los dedos.

5.
- Compañía de seguros La malagueña. ¿En qué puedo ayudarle?
- Buenos días, necesito hablar con la señora Rico García.
- ¿De parte de quién?

6.
- ¿Qué precio tiene?
- Son 105 euros en media pensión.

7.
- Os he llamado para organizar la fiesta de fin de curso.
- ¿Para qué día?
- No sé, para eso nos hemos reunido.

8.
- ¿A cuánto están las peras?
- A 3,20 euros.

9.
- ¿Para ir al Museo de Arte Contemporáneo?
- Está un poco lejos ¿Quiere ir andando o prefiere ir en autobús?

Unidad 18: Modelo Examen

Pista 96
II. PRUEBA DE COMPRENSIÓN AUDITIVA
Tarea 1.
A continuación escucharás cinco diálogos breves entre dos personas. Oirás cada diálogo dos veces. Después, marca la opción correcta (a, b, c, d).

Diálogo 1
- Cómo sueles viajar?
- Normalmente viajo en el AVE.

Diálogo 2
- ¿Dónde está la calle de Los Reyes?
- Creo que es una calle que atraviesa la Gran Vía.

Diálogo 3
- ¿Qué tal tu novia?
- Está contentísima porque está jugando en la selección nacional de baloncesto.

Diálogo 4
- Oye, están llamando.
- Abre tú, que yo estoy haciendo la comida.

Diálogo 5
- ¿Quieres un poco más?
- Está muy bueno, pero no puedo más, de verdad. Estoy llena.

Pista 97
Tarea 2.
A continuación escucharás cinco textos muy breves. Los oirás dos veces seguidas. Relaciona los textos con las imágenes. Marca la opción correcta. Hay tres imágenes que no debes seleccionar.

(6) Texto 1:
- ¿Dónde está Luisa, que no la encuentro?
- Estará estudiando en la biblioteca, creo yo.

(7) Texto 2:
- ¿Vendrás a la fiesta de fin de curso?
- No puedo, tengo que trabajar en el bar de mis padres.

Nuevo Avance Básico

Transcripciones de las audiciones

(8) Texto 3:
- ¿Dónde conociste a Regina?
- La conocí en un curso de informática.

(9) Texto 4:
- ¿Qué sabes de los incas?
- No mucho, tengo que estudiar ese tema para el examen.

(10) Texto 5:
- ¿Recuerdas cuando de pequeños íbamos al parque a jugar?
- Perfectamente. Lo pasábamos fenomenal ¿verdad?

Pista 98
Tarea 3.
Vas a escuchar a Belinda describir la casa de sus abuelos. Cada audición se repite dos veces. Relaciona a cada persona con una letra. Hay tres letras que no se pueden seleccionar.

¿Cómo es la casa de mis abuelos?
(11) Es muy grande y está en un pueblo pequeño, en la montaña.
(12) Alrededor de la casa hay un jardín pequeño.
(13) En la planta baja hay una cocina grande.
(14) Al lado de la cocina está el salón.
(15) En el salón se reúne toda la familia durante las fiestas.
(16) Hay cinco dormitorios y están arriba.
(17) Mi dormitorio tiene una terraza con muchas plantas.
(18) ¡Ah! Una cosa importante. En el salón también hay una chimenea.

Pista 99
Tarea 4.
Francisco se ha encontrado en el gimnasio con Héctor, un amigo, y le pregunta por qué no contestó ayer al teléfono. Héctor le cuenta.
Completa el texto con la información que falta. La audición se escucha 3 veces.

- ¡Hola, hombre! ¿Cómo estás?
- Bien, ¿por qué pareces tan sorprendido de verme?
- Porque ayer te llamé varias veces al móvil y al fijo para ir juntos al partido y no te encontré en ninguno.
- Claro, es que fui a comer a casa de Roberto y me dejé el móvil en casa. Hizo una comida para reunir a los compañeros y compañeras de la facultad.
- ¿Y fuisteis todos?
- Sí, todos. Nos juntamos en su casa todo el grupo: quince personas.
- ¿Y qué tal?
- Fue una sorpresa. Roberto nos llamó a todos y nos invitó a su casa sin explicarnos nada.
- Y todo salió bien, supongo.
- Fenomenal. Estuvimos en su casa, hablando, hasta muy tarde.
- ¿Y habéis pensado organizar más encuentros así?
- Sí, sí. Vamos a reunirnos por lo menos una vez al año.
- ¡Qué bien! Bueno, vamos a mover un poco el cuerpo.
- Sí, vamos. Yo lo necesito. Ayer comí y bebí demasiado.